JN414539

개정판

이해중심 교육과정

-백워드 설계-

김경자 · 온정덕 지음

교육아카데미

서 문

이 책은 개정판으로 이미 2011년에 출판된 책을 읽은 독자들에게는 매우 익숙할 것이다. 초판에서 담은 내용들은 그대로 실었으며 보다 많은 예시를 넣고 통합교육과정 개발을 첨가했다는 점에서 차이가 있다. 학교 교육에서는 시대와 국가를 막론하고 교육의 질 개선 특히 학습의 질을 높이기 위해 다양한 교육개혁을 시도해왔다. 하지만 결국 학생의 성장과 변화가 일어나는 곳은 교사의 실천을 매개로 한 교실 현장이다. 국가 교육과정이 개정되고 수많은 교육개혁이 시도되었지만 결국 교사의 전문성과 자율성이 뒷받침되지 않으면 아무리 좋은 교육적 의도라 할지라도 학생의 학습 결과로 나타나지 않는다.

교사는 국가 교육과정 문서, 교사용 지도서와 교과서를 참조하여 그 내용 중에서 가치 있는 것을 선택하고 그것을 자신의 학생들에 맞게 가르칠 방법을 강구하여 수업한다. 결국 교사는 교육과정 운영자이면서 동시에 개발자인 것이다. 이 책에서는 교사들이 교수적 의사결정을 할 때 즉 무엇을 어떻게 가르칠 것인가를 결정함에 있어서 교육내용의 엄격성과 학습자에의 적절성을 준거로 삼을 것을 제안한다.

교육내용의 엄격성은 학생들에게 높은 수준의 사고기능과 핵심 개념들을 가르쳐야 하는 교사의 책무를 의미한다. 교사는 모든 학습자들이 반드시 알고 할 수 있어야 할 "중요한" 내용을 확인할 필요가 있다. 중요한 교육내용은 시대 상황과 관점에 따라서 다르게 규정될 수 있지만 적어도 많은 사실들을 단순암기하게 하는 것은 아니다. 이해중심 교육과정에서는 학습자의 진정한 '이해'를 목표로 한다면 가르쳐야 할 교육내용은 전이가가 높은 개념, 원리, 고등 사고 기능이 된다. 학습자에의 적절성은 '모든' 학습자가 핵심 개념을 깊이 이해할 수 있도록 다양한 경로와 과정을 제공하고 그 이해를 드러낼 수 있는 기회를 제공하는 것을 의미한다. 이를 위해 교사는 학생의 특성과 필요를 고려하여 유의미한 학습경험이 이루어지도록 해야 하며 실생활 맥락 속에서 문제를 해결할 수 있게 도와주어야 한다.

최근 교육에서 강조되는 학문적 수월성은 단편적인 지식과 기능을 습득하게 하는 것이 아니라 학교에서 배운 것을 적용하고 활용할 수 있도록 하는 것을 강조한다. 즉 한 교과에서 습득한 내용과 문제해결 방법을 다른 문제 상황에 전이시키고 이전 학년에서 배운 것을 상위 학년의 학습에 응용하며 더 나아가 학교에서 학습한 것을 학교 밖의 상황에서 필요한 능력으로 전이할 수 있기를 원한다. 이러한 전이 능력을 Wiggins와 McTighe는 '이해'의 개념으로 설명한다. 학습자들이 습득한 지식을 서로 연관 지어 맥락 속에서 의미를 파악하고 새로운 상황에 유연하고 유창하게 적용할 수 있을 때 이해에 도달했다고 한다.

교과서에 담긴 모든 내용을 절대 진리로 삼아 진도 나가기에 급급한 것, 학생들의 관심을 순간적으로 집중시키기 위해 다양한 매체를 활용하여 여러 가지 활동을 하는 것은 더 이상 교과내용을 심층적으로 이해하게 할 수도, 창의성의 발현을 도울 수도 없다. 교과서 지식에 대한 피상적 학습과 머리는 움직이지 않고 손과 몸만 바쁘게 만드는 활동중심의 학습은 겉보기에는 아주 다른 수업 같지만, 실제로는 두 가지 모두 '바람직한 학습결과'로서의 목표를 제시하지 않았으며, 이를 달성하기 위한 일관되고도 조직화된 수업 설계를 하지 않은 공통점을 갖는다. 이러한 교과서중심의 수업과 활동중심의 수업에 대하여 교육과정 연구자들은 교육의 두 가지 원죄라고까지 비판을 한다.

그리고 교육의 수월성을 추구한다는 것이 형평성과 반대방향으로 나아가는 것이 아님을 지적하고 싶다. 오히려 학생들의 학업성취가 사소하고 많은 사실적 지식을 암기하고 문제풀이를 연습한 결과에 좌우된다면 문제풀이를 많이 할 기회를 가진 환경에서 자란 학생들에게 더 유리할 수 있으며 공부는 즐거움의 대상이라기보다 참고 견뎌야 하는 일이 된다. 이 책에서는 '모든' 학생들의 학습을 지원하기 위해서 교육과정 설계의 측면에서는 이해중심 교육과정(백워드 설계), 수업 계획의 측면에서는 맞춤형 수업을 제안한다.

이해중심 교육과정에서 교사들은 교육과정 문서상의 내용기준들을 교과 기반의 학문적 개념과 원리들로 해석하고, 이 교육내용들을 맥락 속에서 학습자들의 영속적인 이해를 돕는 방식으로 접근한다. 다시 말하면, 이해라는 목표는 교육과정 설계를 통해서 도모될 수 있기 때문에, 교사들은 단원을 가르치기 전에 우선 바람직한 학습의 결과물로써 학습자가 습득해야 할 '중요한' 내용들을 핵심개념, 원리, 탐구 및 사고과정에 근거하여 추출하는 접근을 해야 한다.

그 다음 학습자들이 이를 제대로 이해했다면 무엇을 할 수 있어야 하고 그것은 어떤 모습이어야 할 것인가를 수업활동을 계획하기 전에 평가의 형태로 떠올려보라고 한다. 이해의 증거를 먼저 생각한 다음 평가과제들의 성공적 수행을 뒷받침하는 방식으로 수업활동을 구성하는 이 방식은 수업에 구심점을 주고 내용의 '이해'를 드러내는 방식으로 가르칠 수 있게 도와준다. 즉 평가는 이해의 청사진을 제공하여 핵심내용과 수업활동의 연결고리 역할을 하며, 내용과 평가 그리고 수업의 일관성(alignment)을 높이게 된다.

이러한 설계 방식은 Tyler모형처럼 기대하는 학습의 결과를 먼저 생각해보게 한다는 면에서는 동일하지만, 평가가 수업을 인도하기 때문에 전통적인 교육과정 구성 방식에 비추어 백워드 디자인(backward design)이라는 별칭으로 불리기도 한다. 그러나 이해중심 교육과정이 백워드 설계와 동일어는 아니다. 이해(understanding)를 설계(by design)를 통해 실현하고자 하는데, 그 설계방식이 전통적인 관점에 비추어 볼 때 백워드로 이루어짐을 강조하는 것이다. 따라서 백워드 설계는 주로 학교 혹은 학급 수준에서 적용되지만 이해중심 교육과정은 학급에서 뿐 아니라 국가 수준에서도 적용된다. 실제로 미국을 비롯하여 호주, 싱가폴, 캐나다 등에서 이해중심 교육과정의 아이디어에 기초하여 국가 수준의 교육과정을 개발하고 있다.

이번 개정판에서는 다음과 같이 장을 구성하였다.

첫째 장에서는 이해중심 교육과정이 무엇인가를 간략히 논의한 다음, 이해란 무엇이며, Tyler의 교육과정 설계의 원리와 Bruner의 교육내용 선정의 기준이 된 교과의 구조와 탐구방식이라는 개념과의 공통점과 차이점을 검토하였다.

둘째 장에서는 우리나라 교육과정과 이해중심 교육과정과의 관련성을 논의하였다. 즉, 2009 개정 교육과정에서의 핵심 아이디어는 피상적인 학습을 탈피하여 창의 인재 육성을 위한 심층적 학습을 하게 하는데 있다고 할 때, 이해중심 교육과정은 2009 개정 교육과정의 성공적 실행을 위한 하나의 적절한 설계 모델이 될 수 있음을 논의하였다.

셋째 장에서는 이해중심 교육과정에 따른 단원 및 차시 개발 과정을 단계별로 예시와 함께 제시하였다. 설계의 첫 번째 단계에서는 '중요한' 핵심내용을 사실들, 기저의 학문 기반 개념, 원리, 탐구과정으로 추출하고 구조화한다. 또한, 이러한 교육내용을 핵심 질문의 형태로 전환시켜 학습자들을 그 내용으로 안내하고, 광범위하고 추상적인 아이디어들을 사실과 개념적 지식 그리고 기능들로 구체화시킨다. 두 번째 단계에서는 학습자들이 중요한 핵심내용들을 이해했는지를 보기 위해서, 즉 핵심 질문들에 답할 수 있도록 수행과제들을 개발한다. 그리고 마지막 단계에서는 개별 차시들에서 이루어질 수업활동들에 대한 구체적인 계획이 세워지는데, 이는 학생들이 앞서 계획한 수행평가 과제를 성공적으로 완수할 수 있도록 도와주는 방식으로 조직된다.

넷째 장에서는 이해중심 교육과정의 틀 안에서 모든 학습자가 공통의 이해에 도달할 수 있도록 도와주는 맞춤형 수업에 대해 논의하고 수업전략들을 제시하였다. Tomlinson(2006)이 주장하였듯이 다양화된 수업은 질적으로 우수한 교육과정에 바탕하고 있으며, 학습자들은 선행지식, 학습자 프로파일, 이해와 재능 면에서 모두 다르다고 가정한다. 교사는 실제 수업에서 학습자들의 다양한 요구와 필요에 부응하여 교사와 학생들 간의 상호작용을 통하여 그리고 그 상호작용의 결과로 다양화된 학습경험을 제공하게 된다.

다섯째 장에서는 통합교육과정을 설계할 때 이해중심 교육과정의 설계논리를 적용하는 방식을 제시하였다. 교사가 기존 교과들을 다학문, 간학문, 탈학문적으로 접근할 때에 어떠한 방식으로 교육과정을 재구성할 수 있는지 보여주고 다양한 사례를 포함하였다. 여섯째 장에서는 이해중심 교육과정이 우리나라 교육과정 개발체제에서, 특히 교사가 이를 설계할 때 적용되는 논리를 제시하였다. 그리고 마지막으로 교사가 이해중심 교육과정 설계를 하기 위해서 갖추어야 할 교육과정 역량에 대하여 논의하였다. 부록에는 초·중·고등학교에서 수업을 설계하려는 교사들과 대학에서 이해중심 교육과정 설계와 수업 모형을 강의하려는 사람들이 사용할 수 있는 템플릿, 자료, 유용한 웹사이트들을 제시하였다.

이 책은 교실에서 다양한 능력과 요구 및 흥미를 가진 학습자들의 '영속적 이해'를 도모하는 방식으로 가르치는 것에 관심이 있는 현장의 교사들에게 실제적인 교육과정 및 수업 설계의 틀을 제공하게 될 것이다. 대학에서 예비교사들에게 이해를 위한 교수와 학습을 가르칠 때나 수업설계를 위한 현장 연구를 할 때도 유용한 자료가 되어 줄 것이다. 이에 더하여, 교육과정과 수업을 분석하기 위한 연구의 틀이 될 수 있으며, 연구의 결과 해석의 기반으로 사용될 수도 있다.

이 책은 저자들의 연구 및 강의 과정에서 산출된 것이다. 특히 저자들의 대학원 강의를 들은 학생들의 노고가 보이지 않게 녹아 있다. 이들은 대부분 현직 교사들로서 저자들의 아이디어가 정련될 수 있도록 피드백을 제공하였고, 수업 중에 제출한 과제물들은 이 책의 적절한 부분에 예시로 제시되기도 하였다. 감사의 마음을 전한다. 또한 책의 출판을 도와주시고, 편집 및 제본을 꼼꼼히 해 주신 교육아카데미 김의용 대표님과 편집부 직원 여러분들에게도 심심한 감사를 드린다.

2014년 8월

저 자

Contents

목 차

Contents

Chapter 01

이해중심 교육과정이란 무엇인가

제1장 이해중심 교육과정이란 무엇인가

1.1. 이해중심 교육과정의 개관

이해중심 교육과정(understanding by design)이라는 교육과정 설계 모형은 1990년대 말 미국에서 교육의 수월성이 강조되던 시기에 Wiggins와 McTighe(1998)에 의해서 제안되었다. 이는 설계의 방식이 기존의 과정과는 반대로 이루어지는 것처럼 보인다고 하여 백워드 디자인이라는 별칭으로 불리기도 한다. 이들이 이해중심 교육과정 설계 모형을 제안하던 당시 미국에서는 국가 및 주 수준에서 주요 교과별로 내용기준과 내용을 이해했다는 증거로서의 수행기준(performance standards 혹은 benchmarks)이 개발되던 때였다.

이들은 교육과정을 질적으로 우수한 수업으로 구현하기 위해서는 교과의 교육내용이 학문 기반의 핵심 개념과 원리들로 구성이 되어야 한다고 주장하였다. 그리고 이러한 교육내용을 학습자들에게 '지속가능한 이해'를 구성하고, 이를 실생활 맥락 속에서 드러내는 방식으로 가르쳐야 한다고 보았다.

Wiggins와 McTighe(1998)는 '이해'를 돕기 위한 단원 설계 및 수업 계획은 기존과는 다른 방식을 취해야 한다고 주장하였다. 이제까지 교사들은 주어진 학습목표를 보고 어떤 재미있는 활동을 수업에 포함시킬 것인가를 생각하고, 수업이 모두 이루어진 후에 평가를 실시하였다. 그러나 이들이 제시하는 이해중심 교육과정 설계 모형에서는 교사들이 수업을 하기 전에 단원의 기반이 되는 '중요한 내용'이 무엇인지를 학문의 핵심 개념과 원리들에 기초하여 끌어내고, 학습자들이 그 내용을 제대로 이해하였음을 드러내는 증거로서 평가과제를 개발한다. 그렇게 한 후 학생들이 평가과제를 성공적으로 수행할 수 있도록 뒷받침해주는 방식으로 학습활동을 계획하고 조직한다.

따라서 평가과제는 교수학습에 있어 중요한 내용의 이해를 수행으로 드러낼 수 있는 형식으로 구성되어야 한다. 왜냐하면 평가과제는 내용에 대한 이해의 결과물 혹은 증거로 기능할 뿐 아니라 수업에 통합된 부분으로서 후속 학습활동을 이끄는 매우 중요한 역할을 하기 때문이다. 이러한 방식으로 단원을 개발하면 교육내용과 평가 그리고 수업 간의 일관성을 유지할 수 있으면서 학습자들의 '이해'를 보장하는, 질적으로 높은 학습이 이루어질 수 있다.

한편, 교육과정 및 단원 설계의 틀로서 이해중심 교육과정이 있다면, 학습자들의 다양한 필요와 요구에 부응하여 수업을 계획하는 전략으로서 맞춤형 수업이 있다. 이 개념은 교사가 수업을 계획하고 실행할 때, 학습자들의 능력, 학습 스타일, 관심 등에 따라서 과제와 활동들을 다양화 하는 것을 의미한다. 그러나 이 개념의 주창자인 Tomlinson(2006)은 높은 질의 교육과정이 담보되지 않는 맞춤형 수업이라는 것은 없다고 말한다. 교사의 첫 번째 과제는 교육과정이 일관되면서도 체계적으로 구성되어 있는지를 먼저 확인하는 것이며, 경우에 따라서는 학급이나 학교수준에서 재구성할 수 있어야 한다. 무엇을 가르칠 것인가를 먼저 결정한 다음, 학생들의 능력과 흥미 및 학습유형에 맞게 다양한 활동과 과제들을 구성해야 한다는 것이다.

하지만, 미국에서 90년대 말부터 교육의 수월성이라는 기치를 내걸고 이루어진 다양한 교육개혁의 노력들이 2000년에 들어와서 Bush 대통령 정권 하에서 No Child Left Behind 법안의 통과와 함께 많은 어려움과 부작용에 부딪치게 되었다. 이 법안은 2012년까지 어떤 학생도 뒤쳐지지 않고 '모든' 학생들이 일정 수행 수준에 도달해야 하고 이를 객관식 평가 결과로 판단하겠다는 좋은 아이디어에 근거하고 있었다. 그러나 실행방식과 처벌, 보상의 문제로 인해 이는 시험에 맞춘 수업을 하는 것과 같은 현장의 왜곡을 가져왔다. 또한 이해중심 교육과정과 비슷한 맥락에서 사용된 평가유도수업(measurement driven instruction) 역시 학생들에게 중요한 지식과 기능을 평가에 반영함으로써 질적으로 높은 교육과정과 수업을 끌어내겠다는 아이디어에 근거하지만 본래의 의도와는 달리 실제 현장에서는 객관식 시험문제에 나오는 '사실' 위주로 가르치게 되면서 고등사고력을 간과하게 되었고, 오히려 학력의 하향평준화를 가져오게 되었다.

이에, 미국 학교 현장과 학계에서는 이러한 교육 현상에 대한 비판과 함께 지속적인 반성이 일어났고, 이해의 의미를 재규정하게 되었다. 그리고 '사실'에 대한 '기억'이 아니라 심층적인 지식의 구조에 대한 앎과 적용이 이루어졌는가를 평가과제로 제시하는 백워드 디자인, 이해중심 교육과정에 주목하기 시작하였다. 표준화된 시험과 같은 외부 평가가 아닌 교사들에 의한 학교 교육과정 재구성과 단원 개발을 통해서 학습자들의 심층적 이해를 높이고자 하는 움직임이 활발히 전개되기 시작한 것이다. 많은 주의 교육부에서는 이러한 수업 수준, 교실 기반의 교육개혁이 효과적으로 이루어질 수 있도록 돕기 위하여 주 수준의 교육과정이 중요한 핵심 내용을 반영하고 있는지를 확인하고, 여러 경로의 교사 교육을 통하여 교사들이 이해중심 교육과정 설계 모형에 따라 교육과정을 재구성하고 단원 개발에 적용하도록 지원하게 되었다.

지금은 미국을 비롯한 선진 각 나라들은 국가 간 무한 경쟁의 시대에 '모든' 학생의 교육적 수월성 성취를 통해 국가 경쟁력을 키우려는 인재 정책을 전면에 내세우고 있다. 우리나라도 이와 다르지 않은 인재 육성 전략을 2009 개정 교육과정에 반영하고 있다. 2009 개정 교육과정에서는 '나눔과 배려를 실천하는 글로벌 창의 인재 육성'을 강조하고 있다. 이러한 교육적 의도는 훌륭하고 적절한 것이라고 할 수 있다. 그러나 성공의 관건은 이러한 의도를 현장에서 얼마나 일관성 있고 체계적인 방식으로 실행하는가에 있다고 할 수 있다.

이해중심 교육과정 설계를 개관하기 전에, 자주 혼용되거나 혼동을 불러올 수 있는 용어들의 의미를 살펴볼 필요가 있다. 먼저, 이해중심 교육과정 설계에서는 가르쳐야 할 교육내용을 범주화할 때 사실, 개념, 빅 아이디어(big idea), 기능 등의 용어를 사용한다. '사실'은 단편적이고 분절적인 정보들을 의미하며, 개념은 이 '사실들'을 묶어주는 보다 추상적인 명칭이다. 특정 사실들은 공통된 속성(attributes)에 근거하여 특정 개념의 이름으로 범주화된다. 사실들이 어떤 속성으로 묶이는가에 따라 같은 사실이 다른 이름의 개념에 속하게 될 수 있다.

빅 아이디어는 큰 개념이라고 해석되기도 하며 개념들 중에서 보다 일반적이며 추상적인 개념을 의미한다. 빅 아이디어는 하위 개념들을 포함하거나 여러 개념에 걸쳐 적용될 수 있는 포괄적인 개념을 뜻한다. 일반화는 개념과 개념, 개념과 빅 아이디어, 혹은 빅 아이디어들 간의 관계를 나타내는 진술문으로, 흔히 명제의 형태로 진술된다. 학문의 고유한 성격을 드러내는 인식론적 이해나 원리, 원칙이 일반화에 포함된다. 빅 아이디어와 개념, 일반화의 구체적인 예는 이 책의 3장에 제시되어 있다. 기능은 일반적 사고기능과 학문 특유의 탐구기능 모두를 일컬으며, 학습자들이 사실과 개념들을 서로의 관계 속에서 구조화하고 일반화에 도달하는 데 활용하는 사고 과정과 탐구기능 모두를 의미한다.

다음으로는 지식의 전이와 학습의 전이라는 용어이다. 이 둘은 같은 의미로 사용이 되기도 하지만 지식의 전이는 학습자가 특정 맥락과 상황에서 습득한 사실과 개념 혹은 일반화를 다른 상황에 유연하게 적용하는 것을 의미한다. 이에 비해 학습의 전이는 학습의 결과물에 좀 더 초점을 맞춘다. 학습의 결과로써 자신이 이해한 것을 실생활이나 다른 종류의 탐구 영역에 활용하여 새로운 산출물을 만들어낼 수 있을 때에 학습의 전이가 이루어졌다고 할 수 있다.

그렇다면, 이해중심 교육과정 설계의 핵심은 무엇인가?

첫째, 교육과정은 학생들이 학습 상황 속에서 무엇을 할 것인가에 관심을 두는 것이 아니라 학생들이 그것을 하는 결과로써 무엇을 배울 것인가에 있다(Tanner & Tanner, 2006). 이해중심 교육과정은 이처럼 기대되는 학습의 결과물이 무엇인가에 관심을 기울인다.

둘째, '이해를 위한 교수와 평가'는 학습을 향상시킨다. 이해를 위한 교수와 평가는 교과서에 담긴 정보와 공식을 암기하고 기계적으로 기억해 내는 과정이 아니라, 학습자들이 핵심개념과 원리들을 설명하고, 여러 다양한 상황에 적용하도록 도와줌으로써 학습의 전이를 도모한다. 단편적인 정보와 사실들을 맥락 없이 무조건적인 암기를 통해서 가르치게 되면 시간이 지나면 잊어버리는 의미 없는 지식이 되고 만다. 그러나 학생들이 핵심 개념과 원리들을 서로 관련짓고 큰 그림 속에서 그리고 특정 맥락 속에서 학습하게 되면, 인지 심리학자들이 주장하듯이 학습자들의 마음속에 특정 인지 구조가 구성된다. 그렇게 형성된 인지 구조는 정보와 사실들을 학습자들의 기억 속에 오래 남을 수 있게 도와줄 뿐 아니라, 맥락과 상황이 달라졌을 때에도 빅 아이디어들을 이용하여 현상과 사건들 간의 연결고리들을 찾음으로써 실제를 더 잘 이해하고 문제를 해결할 수 있도록 도와준다.

셋째, 기존의 훌륭한 교육과정도 '백워드 디자인'을 통해 보다 유의미하고 효과적인 수업을 유도할 수 있다. 교사가 백워드 디자인에 따라 단원을 개발할 때에는 먼저 가르쳐야 할 내용을 빅 아이디어들을 중심으로 재조직한다. 그 다음 학습자들이 이해했다는 것을 드러내주는 수행과제들을 개발해야 한다. 이 과제들은 학습자들이 설명하고, 해석하고, 적용하고, 관점을 가지고 보고, 감정이입을 하며, 자신의 사고 과정을 반성하는 기회를 제공해야 한다. 이렇게 내용을 이해하였다는 것을 보여주는 수용 가능한 증거들을 결정하고 나면, 마지막으로 학생들이 평가과제들을 성공적으로 수행할 수 있도록 뒷받침해주는 방식으로 학습활동들을 계획한다. 즉 **평가과제 개발이 수업활동 계획 전에** 이루어지며 그 과제들은 중요한 교육내용을 반영할 뿐 아니라 수업활동의 통합된 부분으로서 교수의 구심점을 제공한다.

Wiggins와 McTighe(2005)는 교사들의 이해중심 교육과정 설계 과정을 용이하게 하기 위하여 <표 1-1>과 같이 템플릿을 개발하였고, <표 1-2>와 같이 '영양' 단원을 사례로 제시하였다.

<표 1-1> Wiggins와 McTighe(2005)의 이해중심 교육과정 설계 템플릿

<table>
<tr><th colspan="2">1단계 - 기대하는 학습결과 확인하기</th></tr>
<tr><td colspan="2">목적/기준 :
어떤 목표(예를 들어 내용기준, 교과 목표, 학습결과)가 단원 목표와 관련되는가?</td></tr>
<tr><td>이해 :
학생들은 다음을 이해할 것이다.[1]
- 빅 아이디어들은 무엇인가?
- 어떤 구체적인 이해들이 바람직한가?
- 학생들이 가질 수 있는 오개념은 무엇인가?</td><td>핵심 질문 :
- 어떠한 질문들이 학생의 탐구와 이해 그리고 학습의 전이를 유도할 것인가?</td></tr>
<tr><td>학생들은 다음을 알게 될 것이다.
- 바람직한 이해를 하기 위해서 어떤 주요한 지식과 기능들을 학습해야 할 것인가?</td><td>학생들은 다음을 할 수 있게 될 것이다.
- 학생들은 결국 그러한 지식과 기능을 학습한 결과, 무엇을 할 수 있어야 할 것인가?</td></tr>
<tr><th colspan="2">2단계 - 다양한 이해의 증거 결정하기</th></tr>
<tr><td>수행과제 :
- 어떤 실제적인 수행과제들을 통해서 학생들은 바람직한 이해를 드러낼 것인가?
- 어떤 준거에 의해서 이해의 수행들이 평가될 것인가?</td><td>그 외 증거들 :
- 어떤 다른 증거(예를 들어, 퀴즈, 시험, 프롬프트, 관찰, 숙제, 글짓기 등)들을 통해서 학생들은 바람직한 이해를 성취했음을 보여줄 것인가?
- 학생들은 어떻게 자신의 학습을 반성하고 자기평가를 할 것인가?</td></tr>
<tr><th colspan="2">3단계 - 학습활동 계획하기</th></tr>
<tr><td colspan="2">학습활동 : 어떠한 학습경험들과 수업이 학생들로 하여금 바람직한 학습결과를 성취할 수 있게 해줄 것인가? 이 단원 설계는...[2]</td></tr>
</table>

1) 후속하는 세 개의 질문은 교사들이 이해의 진술문(일반화)을 끌어낼 수 있도록 도와주는 안내자 역할을 한다. 이 질문에 대한 개별적 답이 바로 '이해'의 진술문이 되는 것은 아니다. 이해는 이 답들을 이용하여 일반화 형태로 진술해야 한다.

2) 학습활동을 계획하는 안내자로 WHERETO라는 머리글자를 사용한다. W는 Where, H는 hook, E는 equip, experience, explore, R은 rethink, revise, E는 evaluate, T는 tailored(personalized), O는 organize의 머리글자이다.

- W : 학생들에게 단원이 어디로 향해 가는지, 단원에서 학생들에게 기대하는 것이 무엇인지 알게 해 주는가? 교사가 학생들의 사전 지식과 관심이 무엇인지 알게 도와주는가?
- H : 모든 학생들에게 흥미를 불러일으키고 관심을 유지시켜주는가?
- E : 학생들에게 필요한 지식을 학습하게 하고 주요 아이디어들을 경험하게 하며 문제를 탐구할 수 있게 하는가?
- R : 학생들이 이해한 것과 자신이 만들어낸 결과물들을 다시 생각하게 하고 수정 및 보완할 기회를 제공하는가?
- E : 학생들이 자신이 수행한 과제와 결과물들의 의미를 평가하게 하는가? (E-2)
- T : 학생들의 다양한 필요, 관심, 능력에 맞추어 개별화를 하는가?
- O : 초기의 흥미와 지속적인 참여를 유지하고 학습의 효과를 극대화하도록 잘 조직되었는가?

<표 1-2> Wiggins와 McTighe(2005)의 ‘영양’ 단원의 예

<table>
<tr><th colspan="2">1단계 - 기대하는 학습결과 확인하기</th></tr>
<tr><td colspan="2">목적/기준 :
학생들은 영양과 식사에 대한 핵심개념들을 이해한다. 학생들은 자신과 다른 사람들을 위해 영양에 대하여 이해한 것을 이용하여 적절한 식단을 계획한다. 학생들은 자신의 식습관을 이해하고 개선할 수 있는 방안을 세운다.</td></tr>
<tr><td>어떤 핵심 질문들이 고려될 수 있는가?
· 건강한 식습관이란 무엇인가요?
· 여러분은 건강한 식습관을 가지고 있나요? 그것을 어떻게 알 수 있나요?
· 누군가에게는 건강한 음식이 다른 사람에게는 해로운 것이 될 수도 있나요?
· 그토록 많은 정보들에도 불구하고 왜 나쁜 영양 상태로 인한 건강 문제가 많은가요?</td><td>어떤 이해들이 바람직한가?
· 균형 잡힌 식사는 신체 및 정신 건강에 기여한다.
· 미국 농무부에서 제공하는 식품 피라미드는 영양을 비교하기 위한 지침을 제시한다.
· 음식의 필요량은 나이, 활동수준, 몸무게와 전반적인 건강 상태에 따라 개인별로 다르다.
· 건강한 삶을 위해서는 비록 익숙한 식습관을 버리게 되더라도, 영양섭취에 대한 유익한 정보를 받아들여야 한다.</td></tr>
</table>

<table>
<tr><td colspan="2">학생들이 이 단원의 결과로서 획득할 주요한 지식과 기능은 무엇인가?</td></tr>
<tr><td>학생들은 다음을 알게 될 것이다.
· 주요 용어들 -단백질, 지방, 칼로리, 탄수화물, 콜레스테롤
· 각 식품군내의 음식의 종류와 영양가
· 미국 농무부 식품 피라미드 지침
· 필요한 영양에 영향을 미치는 변수들
· 나쁜 영양에 의해 야기되는 일반적인 건강 문제들</td><td>학생들은 다음을 할 수 있게 될 것이다.
· 식품 라벨에 적혀 있는 영양에 관한 정보를 읽고 해석하기
· 식품의 영양가를 분석하기
· 자기 자신과 다른 사람들을 위해서 균형 잡힌 식단을 계획하기</td></tr>
<tr><td colspan="2">2단계 - 다양한 이해의 증거 결정하기</td></tr>
<tr><td colspan="2">어떤 증거가 학생들이 이해했음을 보여주는가?</td></tr>
<tr><td colspan="2">수행과제 :
· '사람은 먹는 대로 만들어진다'(You Are What You Eat.) -학생들은 하급생들에게 건강한 생활을 하기 위해서는 영양이 중요하다는 것을 가르치기 위해서 그림이 들어간 브로슈어를 만들어야 한다. 브로슈어에는 어린 학생들이 나쁜 식습관을 고칠 수 있는 아이디어들을 담아야 한다.

· 식사 메뉴 -학생들은 곧 있을 삼일 동안의 야외 교육 캠프에서 먹을 스낵과 식사 메뉴를 개발해야 한다. 이때 학생들은 캠프 관리자에게 왜 메뉴를 그렇게 선택하였는지에 대하여 설명하는 편지를 써야 한다(이때 메뉴는 미국 농무부 식품 피라미드 권장 내용을 만족하면서도 맛이 좋다는 것을 보여주어야 한다). 학생들은 특별한 경우(당뇨가 있거나 채식주의자인 학생을 위해)나 종교적인 이유를 고려하여 적어도 하나 이상의 다른 메뉴를 제시해야 한다.</td></tr>
<tr><td colspan="2">1단계의 기대하는 학습결과에 비추어 볼 때 수행과제 이외에 어떤 다른 증거가 수집되어야 하는가?</td></tr>
<tr><td colspan="2">그 밖의 이해의 증거 : (예를 들어, 시험, 퀴즈, 프롬프트, 과제 샘플, 관찰 등)
· 퀴즈 -식품군과 미국 농무부 식품 피라미드
· 프롬프트 -좋지 않은 영양의 결과로 생길 수 있는 건강 문제를 두 가지로 기술하고 그러한 문제들을 어떻게 피할 수 있는지를 설명하기
· 기능 확인 -식품 라벨에 있는 영양 정보를 해석하기</td></tr>
</table>

학생의 자기 평가 및 반성

- '사람은 먹는 대로 만들어진다' 브로슈어를 스스로 평가하기
- 야외 교육 캠프의 '식사 메뉴'를 스스로 평가하기
- 단원 시작하기 전과 비교하여 단원이 끝나는 시점에 어느 정도 더 건강하게 먹는지를 반성적으로 평가하기

3단계 - 학습활동 계획하기

바람직한 학습결과-이해-를 성취하기 위해서 어떠한 교수 · 학습경험을 배열해야 하는가? 머리글자로 된 WHERETO에 따라 부호화한다.

1. 학생들에게 영양이 학생들의 삶에 주는 영향을 생각하도록 흥미를 유발한다. '여러분이 먹는 음식이 여드름을 유발할 수 있을까요?'라는 도입 질문으로 시작한다. H
2. 핵심 질문들을 소개하고 수행과제('사람은 먹는 대로 만들어진다.'와 '식사메뉴')에 대해서 논의한다. W
3. 필요에 따라 주요 용어들을 다양한 학습활동과 수행과제를 통해서 소개한다. E
4. 식품군에 대한 개념획득 수업을 한다. 그리고 학생들에게 음식의 사진들을 식품군에 따라 범주화하는 연습을 하게 한다. E
5. 식품 피라미드를 소개하고 각 식품군에 있는 음식들을 확인한다. 학생들은 모둠별로 식품군에 속하는 음식의 사진들을 가지고 식품 피라미드 포스터를 만든다. 완성된 포스터는 교실이나 복도에 전시한다. E
6. 식품군과 식품 피라미드에 대한 퀴즈를 본다.(짝 맞추기 퀴즈) E
7. 미국 농무부의 영양 브로슈어를 복습하고 토론한다. 토론의 질문은 '건강해지기 위해서 모든 사람들이 동일한 식단을 먹어야 하는가?'이다. R
8. 소집단으로 협동작업을 하면서, 학생들은 가상의 가족의 식단(일부러 균형 잡히지 않은 것)을 분석하고, 영양 개선을 위한 추천의 글을 쓴다. 교사는 학생들이 과제를 수행하는 것을 관찰한다. E-2
9. 소집단별로 분석한 것을 발표하고 반 전체가 함께 토론한다. E, E-2 (주 : 교사는 학생들이 분석한 것을 잘 살펴 본 다음, 혹시 가르칠 필요가 있는 오개념들이 있는지를 확인한다.) E, E-2
10. 학생들은 개별적으로 어린 아이들에게 건강한 생활을 위한 좋은 영양의 중요성과 잘못된 식습관으로 인해 생기는 문제들에 대해서 가르칠 수 있도록 그림이 포함된 영양 브로슈어를 디자인한다. 이 활동은 교실 밖에서 이루어진다. E, T
11. 학생들은 자신이 속한 소집단의 학생들과 브로슈어를 교환한 다음, 평가

기준에 비추어 상호평가를 한다. 그 다음 다른 학생들로부터 받은 피드백에 따라 브로슈어를 수정한다. R, E-2

12. 비디오 "영양과 우리들"을 보여주고 토론을 한다. 토론은 나쁜 식습관으로 인한 건강 문제들에 대해서 이루어진다. E
13. 학생들은 초청 강사(지역 병원의 영양사)가 나쁜 영양으로 인해 생기는 건강 문제들에 대해서 이야기하는 것을 듣고 질문한다. E
14. 학생들은 주어진 프롬프트에 따라 글쓰기를 한다 : 잘못된 영양의 결과로 생길 수 있는 건강 문제 두 가지를 기술하고 그 문제를 해결하기 위해 식단에 어떤 변화가 있어야 하는지를 설명한다. E-2
15. 교사는 식품 라벨 정보로부터 영양가를 읽고 해석하는 것을 시범으로 보여준다. 그다음 학생들에게 상자, 캔, 병들의 식품 라벨을 이용하여 연습하게 한다. E
16. 학생들은 개별적으로 각자 3일간의 캠프 메뉴를 개발한다. 학생들은 캠프 메뉴를 루브릭에 따라 자기평가를 하고 동료평가를 통해 서로 피드백을 제공한다. E-2, T
17. 단원을 마칠 때 학생들은 완성한 식단을 다시 보고 자신들이 먹는 것이 건강한지를 자기평가한다. 스스로에게 어떤 변화가 있었는지, 개선된 점이 있었는지, 어떻게 느끼고 있는지 그리고 용모에 어떠한 변화가 있었는지를 자문한다. E-2
18. 학생들은 건강한 식사를 위한 자신만의 "식사계획"을 개발한다. 이 내용은 잘 보관해두었다가 학부모 상담 때에 제시한다. E-2, T
19. 학생들은 자신의 식습관에 대한 자기평가를 하고 단원을 마친다. 각 학생들은 "건강한 식사"라는 목표를 달성하기 위한 자신의 계획을 만든다. E-2, T

*출처: Wiggins, G. & McTighe, J. (2005). *Understanding by Design.* p. 24-26

하지만, Wiggins와 Mctighe가 고안한 템플릿과 예시 단원에서 1단계의 '할 수 있다'로 기술된 '기능'의 영역은 좀 더 주의를 기울일 필요가 있을 것으로 보인다. 백워드 디자인은 1단계에서 학생들의 바람직한 학습결과물을 '중요한 내용'에 비추어 미리 설정하고, 마지막 단계에서 학습활동을 고려하는 것이라고 할 때, 위의 예시에 포함된 기능은 학습목표나 활동이 되어서는 안 된다. 그러나 '식품 라벨의 영양 정보를 읽기'나 '균형 잡힌 식단을 계획하기'는 각각 수업활동 또는 차시 목표와 같은 인상을 준다.

1단계에서는 무엇을 가르칠 것인가를 진술하는 것이기 때문에 하위 영역인 '기능'은 사고기능이나 교과 특수적 탐구기능과 같은 과정적 지식(procedural knowledge)으로서 개념과 지식을 가르치듯이 학생들이 습득해야 할 '무엇'이 되어야 할 것이다. 동시에 이러한 사고기능과 탐구기능은 Bruner(1960)가 주장했듯이 사실, 개념, 원리들을 파악하고 검증하는 수단이 된다. 예를 들어, 과학 교과에서 가설을 세우고, 실험을 계획하면서 실험 집단과 통제 집단을 설정하고, 결과를 추론하고 가설을 입증하는 과정을 거치면서 과학적 개념과 원리에 도달할 수 있다고 할 때, 이때 관여되는 과정적 기능들이 1단계의 '할 수 있다'로 진술되는 기능에 해당한다고 할 수 있다. 또 다른 예로서 사회과의 역사 영역에서 1차 사료들을 선택하고 해석하는 과정을 거쳐서 역사적 의미를 도출하는 과정은 그 자체로서 가르쳐져야 할 기능이 된다. 학생들은 이러한 해석의 과정을 거치면서 역사적 사실과 개념을 습득할 뿐 아니라 역사란 공통된 절대 불변이 될 수는 없다는 일반화에 도달할 수 있게 된다.

이에, 이 책에서는 Wiggins와 McTighe(2005)가 고안한 템플릿의 '기능' 부분을 교과의 과정적 지식과 사고기능의 의미로 수정, 적용한다. 이를 사례로 보여주기 위하여 미국의 초등 사회과 6학년의 역사와 정치 영역에 초점을 둔 '고대 그리스 로마' 단원을 다음과 같이 재구성하였다. 이 예는 미국 버지니아 주 제임스 매디슨 대학의 초등교육과에 재학할 당시 예비 교사들이 작성한 것들 중의 하나이다. 그 다음의 예시는 우리나라 교육대학교 대학원생인 현직 교사들이 작성한 것이다. 교사들과 예비 교사들이 사용할 수 있는 단원 재구성 및 설계를 위한 수정된 템플릿은 <부록 1>에 수록하였다.

<표 1-3> 단원 재구성의 예 : 미국의 사회과 '고대 그리스 로마'

<table>
<tr><th colspan="2">1단계 - 기대하는 학습결과 확인하기</th></tr>
<tr><td colspan="2">교육과정 상의 내용기준 :
- 학생들은 고대 그리스와 로마가 오늘날의 사회에 어떻게 공헌했는지를 설명할 수 있다.
- 학생들은 그리스와 로마의 위치를 지도에 표시할 수 있다.
- 학생들은 정부는 입법, 행정, 사법부에서 법을 만들고, 실행하며, 법이 옳은지를 판단하고, 잘 지켜지는지를 결정하며, 개인의 권리와 재산을 보호한다는 것을 설명할 수 있다.</td></tr>
<tr><td>추출된 일반화 :
· 고대 국가들과 문화는 현재의 사회 발전에 다양한 방식으로 공헌했다.
· 지리적 위치와 특성은 정부의 조직과 형태에 영향을 미친다.
· 정부의 기본 목적에는 법을 만들고 실행하며, 법이 지켜지는 지를 판단하는 것이 포함된다.
· 민주 정부는 개인의 권리와 재산을 보호하며, 시민들은 다양한 방식으로 의사결정에 참여한다.</td><td>핵심 질문 :
· 정부는 왜 존재하는가?
· 고대 그리스와 로마의 지리적 위치가 그 나라의 정부 형태에 어떠한 영향을 미쳤는가?
· 고대 그리스와 로마는 어떤 방식으로 현재 미국의 정부 구조에 영향을 주었는가?
· 미국 시민으로서의 개인은 정부의 의사결정에 어떻게 관여할 수 있는가?</td></tr>
<tr><td>사실과 개념적 지식 :
· 의사결정의 과정
· 정부
· 직접 민주주의
· 간접 민주주의
· 고대 그리스의 정부 형태
· 고대 로마의 정부 형태
· 고대 그리스와 로마의 지리적 특성들</td><td>기능/과정적 지식 :
· 지도위에 표시된 방위, 기호, 범례, 축척을 읽고 해석한다.
· 인쇄된 자료와 그 외 자료들로부터 정보를 획득하고 사용한다.
· 과거와 현재를 연결한다.
· 구체적인 사실과 정보들을 종합한다.</td></tr>
<tr><th colspan="2">2단계 - 다양한 이해의 증거 결정하기</th></tr>
<tr><td>수행과제 :
1. 국가와 정부 수립하기: 학생들은 짝을 지어 국가를 건설하는데, 그 국가는 다양한 지리적 특성(학생들은 리스트에서 그것을 선택할 수 있다.)</td><td>그 밖의 이해의 증거 :
주요 용어들의 정의를 적어 보도록 하는 간단한 낱말 퀴즈, 고대 그리스와 로마의 지리적 특성 및 그들이 각기 다른 정부 형태에 미친 영향을 묻는</td></tr>
</table>

을 가지고 있으며, 학생들은 이 요소들을 고려하여 특정한 정부 형태를 구상해야 한다. 또한 학생들은 적어도 10개의 법률과 정부가 책임져야 할 정책들을 만들어야 하는 데, 이때 왜 그러한 법률이 필요한 지에 대한 정당화를 해야 하고, 다 완성한 후에는 미국의 정부형태와 비교를 해야 한다. 2. 대의제[3] 정부 시뮬레이션: 학생들은 대의제 혹은 간접 민주주의의 시뮬레이션에 참가한다. 모든 학생들이 출마할 수 있으며 그 중 두 명의 학급 대표를 선출하는데, 한 명이 학급 절반의 학생을 대표하게 된다. 학급 대표들은 학급규칙을 만들어야 하고, 이때 "합헌성[4]"을 고려해야 한다. 그 다음 전체 학급의 학생들이 참여하여 직접 민주주의와 간접 민주주의 중 어떤 것을 택하는 것이 좋을지에 대하여 토론을 한다.	객관식 시험, 학생들이 만들어낸 학급 대표 깃발 및 글쓰기를 포함하는 모든 과제의 샘플들 **자기평가 :** · 수행과제를 시작하고 완성할 때 루브릭을 비롯한 평가 준거들을 제공하고, 학생들은 스스로 자신의 수행과정과 결과물들을 평가한다. · 단원을 시작하기 전에 알고 싶은 것이 무엇인지를 적고, 단원을 마친 후 학습활동과 경험을 통해서 무엇을 알게 되었는지, 혹은 무엇을 더 알고 싶은지에 대하여 토론한다. · 민주 정부의 목적과 기능을 고대 그리스 로마의 정부체제들과 관련지어 저학년 학생들에게 민주주의에 대하여 설명하는 글쓰기를 한다. · 단원을 학습하면서 학습자로서 어떠한 사고과정을 경험하였는지 그리고 어떠한 성장을 경험하였는지에 대하여 토론한다.

3단계 - 학습활동 계획하기
· 학생들에게 '학교와 가정에서는 누가 규칙을 만드는가?' '만약 학교에 교장 선생님이나 선생님들이 없다면 어떤 일들이 일어날까?'와 같은 질문을 한다. 이에 대하여 간단한 토론을 한 후에 단원의 핵심 질문들을 소개하고 학생들과 함께 K(알고 있는 것)W(알기를 원하는 것)L(알게 된 것) 차트를 작성한다. 이 외에도 학생들이 더 알고 싶어 하는 것이 있으면 핵심 질문에 포함시킨다. 핵심 질문과 KWL차트는 교실 벽에 걸어놓고, 단원을 마친 후에 L(알게 된 것)칸에 채워 넣는다. W, H

3) 대의제란 국민들이 스스로 선출한 대표자들을 통해 법률제정 및 정책결정에 참여하는 정치제도 또는 그 절차를 의미함.

4) 합헌성(constitutionality)

- 교사는 직접민주주의 체제의 정부와 간접민주주의 체제의 정부와 관련된 용어들을 소개하고 개념획득 모형을 통하여 두 체제의 차이점과 공통점을 제시한다. E
- 그 다음 고대 그리스와 로마의 지도를 가지고 지도의 구성 요소와 함께 지도를 어떻게 읽어야 하는지를 가르치고, 고대 그리스와 로마 정부에 대한 정보를 제시한다. E
- 학생들은 제시된 정보들과 인터넷을 이용하여 고대 그리스와 로마의 지리적 특성들이 어떠한 방식으로 정부 형태에 영향을 미쳤는지 탐구 조사를 한다. E
- 기본 용어들의 정의를 묻는 간단한 퀴즈와 고대 그리스와 로마의 지리적 특성들 및 정부 형태의 특성을 묻는 객관식 시험을 본다. E-2
- 퀴즈와 시험의 결과로서 학생들의 사실적 지식과 개념에 대한 이해가 드러나면, 학생들로 하여금 다음 중 하나의 활동을 선택하게 한다. 학생들은 고대 그리스와 로마 정부를 미국 정부와 비교하거나, 설득하는 편지 쓰기 활동을 한다. 이때 학생들은 고대 아테네의 남성으로서 땅을 소유하고 있는 시민의 관점을 가지고 다른 그리스 도시 국가에 사는 남성에게 직접민주주의를 채택하라고 권유하는 편지를 쓴다. E, T
- Brainpop.com에서 '민주주의' 비디오를 보여주고 그 단어의 의미와 민주 정부가 어떻게 기능하는지에 대한 토론을 하고, 지금까지 학습한 내용들을 정리한다. E
- 그 다음 학생들은 대의제 정부 시뮬레이션에 참가하며, 이때 수행평가 준거를 제시한다. (수행과제2) E, E-2
- 그 다음 모둠별로 자신들이 알게 된 사실을 평가하는 방식으로 퍼즐 게임을 만들어보고 서로 바꾸어서 그 게임을 해본다. E
- 마지막으로 학생들은 자신들 고유의 국가를 건설하고, 그 국가의 법률을 미국의 법률과 비교하는 과제를 완성한 다음, 제시한 수행평가 준거에 따라 자기평가 및 상호평가를 한다. (수행과제1) E, E-2
- 단원의 전 과정 동안 개인적으로 작성해온 저널을 읽고, 스스로 학습자로서 어떠한 성장을 하였는지 어떠한 사고과정들을 거쳤는지에 대한 반성을 한다. R
- 학급의 모든 학생을 대표하는 교실 깃발을 함께 만들고, 민주 정부의 목적과 기능을 고대 그리스 로마의 정부체제들과 관련지어 저학년 학생들에게 설명하는 글쓰기를 한다. 민주 국가의 시민으로서 민주주의를 이해하는 것이 왜 중요하다고 생각하는지에 대한 토론으로 단원을 마무리 한다. E, E-2

<표 1-4> 단원 재구성의 예 : 우리나라 초등학교 국어과 '깊이 있는 생각'

<table>
<tr><td colspan="2">학년 : 초등학교 5학년
교과/단원명 : 국어과/깊이 있는 생각</td></tr>
<tr><td colspan="2">1단계 - 기대하는 학습결과 확인하기</td></tr>
<tr><td colspan="2">교육과정상의 목표 :
- 광고의 내용을 보다 설득력 있게 표현하기 위하여 사용된 광고의 표현 특성을 이해하고, 이를 바탕으로 하여 광고가 의도한 사항을 파악하는 방법을 학습하도록 한다.</td></tr>
<tr><td>추출된 일반화(영속적 이해) :
· 다른 사람들을 설득하기 위한 방법은 다양하다.
· 사람들은 정보를 선택적으로 받아들이며, 이를 해석하는 방법도 다양하다.
· 사람들은 글을 쓸 때 특정 목적을 가지고 글을 쓴다.</td><td>핵심 질문 :
· 어떻게 하면 사람들을 효과적으로 설득할 수 있는가?
· 사람들은 어떠한 목적을 갖고 글을 쓰는가?
· 왜 광고를 보면 광고하는 물건에 관심이 가게 되는가?
· 광고는 다른 표현 방법과 어떻게 다른가?</td></tr>
<tr><td>사실과 개념(지식) :
· 설득의 방법, 매체
· 광고의 성격, 광고의 표현 특성, 광고의 구성요소</td><td>기능/과정적 지식 :
· 글쓴이의 의도를 파악하며 읽기
· 주제 찾기
· 사실과 정보 종합하기
· 적절한 어휘 사용하여 표현하기
· 필요한 자료를 수집 · 분류 · 활용하기</td></tr>
<tr><td colspan="2">2단계- 다양한 이해의 증거 결정하기</td></tr>
<tr><td>수행과제 :
1. 광고에 대한 의견서 제출하기(이 광고는 설득력이 있는가?)
광고회사에서 초등학생들을 대상으로 한 운동화 광고 카피를 만들고 출시하기 전에 초등학생들의 관심을 끌고 구매력을 높일 수 있는지 광고에 대한 의견을 받고 싶어 하는 상황이</td><td>그 밖의 증거 :
· 광고가 다른 표현 방법들과 다른 점들을 묻는 객관식 시험, 다른 사람들을 효과적으로 설득하는 방법을 묻는 서술형 평가와 함께 학생들이 만들어낸 활동 결과물을 수집하고, 학생들의 활동을 관찰 평가한다.</td></tr>
</table>

다. 학생들은 광고를 다양한 각도로 읽고 그 광고에 대한 의견서를 제출한다. 이때 먼저 이 광고의 특성을 찾아보고, 자신이 카피라이터라면 어느 부분을 고치고 싶은지를 정하여 그 부분은 인상적이고 창의적인 표현으로 고쳐본다. 그리고 광고를 보고 그 상품을 구매하고 싶은 마음이 들었는지, 만약 그렇다면 왜 선택을 할 것인지, 그렇지 않다면 왜 선택을 안 하겠는지를 광고카피라이터에게 근거를 들어 자신의 의견서를 제출한다. 2. 특정 목적을 가지고 설득하기(우리 학교를 살리자!) 학생들은 근처에 신도시가 생기면서 자신의 학교 규모가 점차 줄어드는 상황에 놓여 있다. 많은 학생들이 우리 학교로 올 수 있도록 하기 위해서 전교 어린이회가 열리고 학교 살리기 프로젝트 실시하기로 한다. 이를 위해 학교의 자랑거리를 포함하여 어떻게 하면 효과적으로 알릴 수 있을지를 토론과 토의를 통해 결정한다. 그리고 학생들은 그 결정에 따라 다양한 매체를 활용하여 학교를 알리는 자료를 만든다.	**자기평가 :** · 단원 시작 전과 수행과제 실행과정 중간, 실행한 후에 가지게 된 질문들과 알게 된 내용들을 느낌과 함께 기록한다. · 수행과제에 대한 평가기준을 체크리스트의 형태로 제시하고 자기 평가 및 상호 평가가 이루어질 수 있게 한다. · 근거를 들어 의견서를 작성하는 과정에서 새롭게 알게 된 것에 대하여 반성하는 짧은 글쓰기를 한다. · 다른 사람을 설득하거나 자신의 생각을 전달할 때 어떠한 사고과정을 거치는지 함께 이야기한다.

3단계- 학습활동 계획하기

1. TV 광고와 전단지 광고를 보여 주고 이런 광고를 왜 하는지에 대하여 아이들과 이야기를 나누면서 관심을 불러일으킨다. 좋아하는 광고 유형, 광고의 목적, 설득하는 방법에 대한 사전 지식도 함께 확인한다. W, H
2. 여러 가지 광고를 보고 이 단원에서는 무엇에 대해 배울지 서로 토의를 통해 핵심 질문을 찾아내고 탐구주제를 확인한다. 교사의 핵심 질문 안내 및 아이들이 찾은 핵심 질문을 중심으로 수행과제를 위한 논의를 한다. W

3. 여러 가지 광고를 보고 광고의 성격, 표현 방법, 설득의 방법에 대하여 알아본다. 광고를 제시할 때 사전조사 자료를 활용하여 아이들의 흥미도에 따라 자료를 제시한다. 예를 들면 스포츠, 음식, 옷, 학용품 등) E, T
4. 광고가 다른 글과 다른 점, 특징, 요소들을 마인드맵으로 나타내본다. E
5. 설득의 다양한 방법에 대하여 사전과제로 제시하여 조사해 온 것을 토의를 통해 알아본다. 이때 아이들 수준별로 사전과제를 준다. E. T
6. 광고가 다른 종류의 글과 다른 표현 방법에 대한 객관식 시험을 본다. E-2
7. 광고의 구성요소와 광고를 왜 만드는지, 인상적인 표현 방법, 광고에서의 정보와 사실을 분석하기 등에 대한 골든벨 퀴즈 평가를 통해 재점검한다. R
8. 수행과제 1을 수행한다. E, E-2
9. 그 외에 내가 만든 공익광고, 광고 바꿔보기, 광고 제안서 등 수업활동을 수행하고 난 후 학생들은 학습결과물들을 모아놓아 스스로의 진보를 평가할 수 있도록 한다. E-2
10. 학생들은 자신이 쓴 광고 제안서를 평가기준에 따라 스스로 평가한다. E-2, R
11. 근거를 들어 의견서를 작성하는 과정에서 새롭게 알게 된 것에 대하여 짧은 글쓰기를 한다. R, E-2
12. 수행과제 2를 수행한다. E, E-2
13. 단원 전체에 걸쳐 토의 토론 시 활동 내용과 태도에 대하여 관찰한다. E-2
14. 학생들은 자신이 학습한 것을 학급 친구들과 이야기해 봄으로써 정리하는 시간을 갖고 배움 공책에 기록한다. R

<표 1-5> 단원 재구성의 예 : 우리나라 초등학교 수학과 '경우의 수와 확률'

<table>
<tr><td colspan="2">학년 : 초등학교 6학년
교과/단원명 : 수학과/경우의 수와 확률</td></tr>
<tr><th colspan="2">1단계 - 기대하는 학습결과 확인하기</th></tr>
<tr><td colspan="2">교육과정상의 목표 :
- 자신의 생활에서 경험할 수 있는 구체적인 상황에서 여러 가지 경우의 수를 확률의 개념과 연관 지어 설명한다.
- 수집한 자료를 토대로 확률적으로 유리한지 불리한지 판별한다.
- 실험을 통해 다음에 어떤 일이 발생할지 예측해 보고, 실험 결과가 무엇을 의미하는지 추론한다.</td></tr>
<tr><td>추출된 일반화 :
· 확률은 우리 실생활에서 널리 활용된다.
· 확률은 판단과 결정을 요하는 상황에서 불확실한 상황을 예측하게 해준다.
· 행위의 횟수가 많아지면 경험적 확률이 수학적 확률에 가까워진다.</td><td>핵심 질문 :
· 우리는 확률을 어디에 이용하는가?
· 확률은 왜 필요한가?
· 경험적 확률과 수학적 확률은 어떻게 다른가?</td></tr>
<tr><td>사실과 개념적 지식 :
· 경우의 수, 확률, 수학적 확률, 경험적 확률, 확률이 활용되는 상황의 사례들, 경험적 확률이 수학적 확률에 가까워지는 사례들</td><td>기능/과정적 지식 :
· 자료 수집하기
· 자료를 통해 추론하기
· 결과 도출하기
· 결과 해석하기</td></tr>
<tr><th colspan="2">2단계 - 다양한 이해의 증거 결정하기</th></tr>
<tr><td>수행과제 :
1. 날씨에 적합한 활동 계획 세우기
학생들은 10월 3~5일 연휴기간 동안 자신이 가게 될 목적지에 대한 날씨 정보를 기상청의 관측자료 중에서 2009년부터 2013년까지 10월 3~5일의 기온과 강수량을 수집한다. 그리고 그 정보를 활용하여 3일간의 계획표를 만든다. 이때 예상 기온과 강수</td><td>그 밖의 증거 :
· 확률을 경우의 수와 관련지어 정의할 수 있는지, 시행 횟수가 많아질수록 경험적 확률이 수학적 확률에 가까워지는 확률의 특징을 설명할 수 있는지 객관식 평가를 한다. 확률이 활용되는 상황의 사례를 기술할 수 있는지 서술형 평가를 실시한다. 또한 단원 전반에 걸쳐 학생활동에 대해 비</td></tr>
</table>

<table>
<tr>
<td>
확률에 대한 정보와 3일간의 주요 활동을 포함해야 한다. 계획표에는 예상 기온과 강수 확률을 구하는데 사용한 기온과 강수량 정보를 보여 주는 표를 포함하고, 완성한 날씨에 따른 활동 계획표를 친구, 부모, 혹은 다른 보호자에게 보여주고 설명한다.

2. 내기상황 설명하기
3학년 동생들 사이에서 즐겨하는 놀이 중에서 동전던지기 게임이 있다. 동생들을 위해 동전 앞면과 뒷면 중 어느 쪽이 더 많이 나오는지 이해하기 쉽도록 표와 그래프를 사용하여 설명해 주어야 한다. 먼저 동전을 각자 10번씩 던져서 그 결과를 표와 그래프로 나타내보고, 10번을 더 던져서 20번 던진 결과를 표와 그래프로 나타내어 본다. 표와 그래프를 그리는 것 이외에도, 여러분은 실험 결과를 바탕으로 동생들에게 설명할 때 도움이 될 만한 자료를 만들어서 제시한다.
</td>
<td>
공식적 관찰을 한다.

자기평가 :
· 수행평가 과제들을 준거에 따라 자기평가하고 상호평가를 통해 피드백 받는다.
· 단원을 마칠 때 수행을 통해 학습한 것, 여전히 궁금한 것, 어려운 점들을 공유한다.
· 확률을 공부하면서 자신이 어떠한 부분에 강점이 있고 약점이 있는지를 짧은 글로 써본다.
</td>
</tr>
<tr>
<th colspan="2">3단계 - 학습활동 계획하기</th>
</tr>
<tr>
<td colspan="2">
1. 단원을 시작할 때 2009년-2013년 크리스마스 날씨를 기상청 사이트에서 보여준 후 이번 크리스마스에는 날씨가 어떠할지에 대하여 예측해보고 이야기해 본다. H
2. 경우의 수와 확률이라는 용어를 소개하고 단원에서 다룰 탐구주제를 탐색한다. W
3. 핵심 질문을 제시하고 학생들에게 더 알고 싶은 것이 있는지 물어보고 첨가한다. W
4. 우리 생활에서 쓰이는 경우의 수와 확률에 대해 조사하고 설명하는 활동을 한다. (신문, 상황극, 역할극, 동영상, 사진, 그림, 만화 등) E
5. 단원 전체에 걸쳐서 실생활에서 자신에게 확률이 필요한 상황과 이유를 배움 공책에 기록하고, 후에 그것을 보면서 ‘확률과 나의 생활’에 대한 글을 쓰며 자기평가를 내릴 수 있도록 한다. R
</td>
</tr>
</table>

6. 수행과제1을 소개하고 과제를 수행하는 데 필요한 과학적 지식과 기본적인 기능을 제시한다. (기상청 접속, 날씨정보 보는 법 등) E
7. 확률과 날씨에 대한 개념획득을 위해 참고 자료를 읽고 토론한다. 토론한 내용을 자신의 공책에 정리하고 이해가 안 된 부분은 함께 공유한다. R
8. 확률과 날씨에 대한 개념 획득 수업을 실시한다. 개념 획득 과정에서 어려움을 겪는 학생에게는 낱말과 그림이 함께 제시된 단어 포스터를 사용하여 이해를 돕는다. E, T
9. 학생들은 각자 수행과제1을 완성한다. E, E-2
10. 채점기준에 따라 자기 평가한 후에 친구, 보호자에게 보여주며 피드백을 받는다. 피드백 받은 내용을 바탕으로 자신의 수행과제를 수정하여 재평가 후 함께 연휴를 보낼 사람에게 계획서를 보낸다. E-2, R
11. 수행과제1을 마친 후 새롭게 알게 된 점, 궁금한 점에 대하여 각자의 방식으로 정리하기. (글, 그림, 마인드 맵 등) E-2, T, R
12. 수행과제2와 관련된 핵심 질문을 소개하고 과제에 대해 함께 논의한다. W
13. 우리 생각과 다른 확률에 대하여 조사한다. (주사위, 윷놀이 등) 왜 우리가 생각했던 확률과 실제 확률이 다른지에 대하여 논의한다. E
14. 수행과제2를 수행한다. E, E-2
15. 친구들에게 자신의 방식으로 설명해주고 부족한 부분을 피드백 받는다. R
16. 수행을 마무리하며 어려웠던 점, 반성할 점에 대하여 자기 평가하고 부족한 부분에 대해 상호 피드백을 받는다. R, E-2

1.2. '이해'의 의미

이해를 위한 수업과 이해 중심 교육과정 설계를 비롯하여 '이해'가 최근 교육과정 연구 분야의 중심어로 등장하고 있다. 그러나 미국을 비롯한 많은 나라에서 이해를 위한 수업을 유도하고 있음에도 그 의미를 한 마디로 정의내리기는 어렵다. 사전적 정의를 살펴보면, 1898년의 Universal Dictionary of English Language에서 이해란 "1) 완전히 파악하거나 깨닫다, 2) 의미, 의도, 동기, 속뜻을 알거나 파악한다, 3) 마음(mind)으로 인식한다, 4) 가치와 영향력을 인정한다, 5) 의미나 해석을 부여한다 6) 해석한다, 7) 설명한다, 8) 지적이고 의식이 있는 존재가 된다."는 것을 뜻한다(Perrone, 1998, p.15). '이해를 위한 수업'(Teaching for Understanding)에서도 이해는 이와 비슷한 용어로 사용되지만 수행의 의미가 보다 강조된다(Wiske, 1998).

이해를 위한 수업을 지지하는 사람들은 이해를 '창의적 수행'으로 정의한다(Perkins, 1998, p.83). 이해란 '학생들이 아는 것을 자유자재로 유연하게 사고하고 행동하는 수행능력'이며, 이해를 했다는 것은 그들이 논리적, 비판적, 창의적 사고를 통해 지식을 융통성 있게 수행할 수 있다는 것을 의미한다. 즉 학생들은 복잡한 아이디어와 탐구 양식을 습득하기 위해서는 수행을 통해서 배워야 하고 이해의 평가는 수행능력을 보는 것이어야 한다는 것이다. 그리고 이때 이해를 위한 수행은 다양한 것이 있을 수 있지만 학생들이 배웠던 것 그 이상을 하게 되었을 때 진정으로 이해에 도달했다고 말할 수 있다는 것이다(김명희, 2001).

이러한 관점은 역사적으로 보면 진보주의자들의 표어인 '행함으로써 배운다.'(learning by doing)와 맥락을 같이 한다고도 볼 수 있다. 그러나 여기에서 행함은 그냥 활동이 아니라 반드시 사고를 포함하는 수행(Perform)을 의미한다. 또한 이러한 이해 수행은 오랜 기간 동안 지속되어온 도제 학습과도 관련지을 수 있다. 왜냐하면 도제 제도에서는 전문가들이 해온 작업을 '행함'으로써 학습이 일어나는데, 행하는 중에 과정과 절차를 깨닫고 궁극에는 전문가의 숙련된 지식과 기능을 넘어서는 새로운 산출물을 낳게 된다고 보았기 때문이다(Perkins, 1998).

그리고 수행의 바탕이 되는 가르쳐야 할 내용에 대해서는 교과를 중시하고, 교과에 대한 심층적 이해를 강조하면서 교과의 구조 속에서 개념, 원리, 아이디어의 관계성을 포함해야 한다고 주장한다. 이러한 내용에 대한 이해는 단순한 지식의 전달이 아닌, 학습자가 그들의 경험과 지적 활동을 통해 배움의 내용을 스스로 '구성'하는 과정에서 이루어질 수 있기 때문에 이해를 위한 수업에서는 학습자의 능동적 학습이 강조된다.

이와 함께 이해를 위한 수업에서는 학습자들의 선지식에 기초한 학습의 중요성이 함께 논의된다. 사실 이 아이디어는 전혀 새로운 것이 아니다. Pestalozzi는 무의미한 암기 학습은 학생의 삶과 연결되지 않는다고 하였다. 그는 교육의 출발점은 아동의 경험이며, 학습의 구체적 결과물, 다른 아이디어들과 경험 및 자료와의 관련성들이 이해를 위한 수업의 기초가 되어야 한다고 지적하였다. Herbart 또한 모든 학습은 관계적이라고 말하면서 파편화된 지식에 반대하고 새로운 학습은 이전의 학습에 근거해야함을 강조하였다. 즉 선행 학습과의 연결지점이 후속 학습의 출발점이 되고 학생의 관심으로부터 시작된 구체적인 경험들은 원리와 같은 일반화와 관련지어져야 한다고 보았다. Dewey는 경험에 근거한 교육과정과 수업은 학생들이 알고 있는 것과 모르는 것, 새로운 것과 오래된 것, 문제로 인식된 것과 명백한 것을 연결 짓고 통합시킴으로써 이해를 유도해야 한다고 하였다(Perrone, 1998).

Wiggins와 McTighe(2005)는 이해를 지식의 완전 습득과 적용으로 규정한다. 학습자들이 습득한 지식을 서로 연관지어 맥락 속에서 의미를 파악하고, 새로운 상황에 유연하고 유창하게 적용시킬 수 있을 때에 이해에 도달했다고 한다. 이들은 비록 이해의 의미를 완벽하게 정의를 내리기는 힘들지만, 수행으로서의 이해는 세 가지 요소 -추론, 전이, 개인에게 패턴화된 지식- 으로 구성된다고 하였다. 첫 번째 '추론'은 습득의 과정으로 볼 수 있다. 이는 교과의 구조를 이해하는 과정으로서 학습자들은 행간의 의미를 이해하고 패턴이나 구조를 파악하는 사고과정을 의미한다고 볼 수 있다. 두 번째 '전이'는 적용의 과정으로 해석될 수 있다. 학습자들은 습득한 지식을 새로운 상황에 적용하여 새로운 방식으로 결과물을 산출할 수 있어야 한다. 이 두 가지 요소들이 동사로서의 '이해하다'에 초점이 맞추어 기술되었다면, 마지막 이해의 요소는 명사로서의 '이해'를 의미한다. 학습자들이 다양한 사례 속에서 일반화하고 새로운 맥락 속에서 배운 지식을 사용할 수 있도록 조건화하여 자신의 지식을 조직하여 가진 상태, 즉 개인적으로 패턴화한 지식으로서의 이해를 의미한다고 볼 수 있다.

그리고 이들은 이해를 여섯 가지 측면의 수행으로 구체화하여 제시하였는데, 학습자가 1) 설명할 수 있고, 2) 해석할 수 있고, 3) 적용할 수 있고, 4) 관점을 가지고 바라볼 수 있고, 5) 통찰로서의 감정이입을 할 수 있고, 6) 스스로의 사고과정을 반성할 수 있다 라는 것이 그것이다. 이러한 이해의 각 측면은 학습자들이 이해했는지를 드러내주는 지표(indicator)로서 기능하며, 이 후 교사가 학생들의 이해를 평가할 때 사용하는 수행의 유형을 안내한다. 각 이해의 측면들이 어떻게 다르며 어떠한 유형의 질문 및 활동들과 관련되는가는 3장에 자세히 서술하였다.

Wiggins와 McTighe(2005)는 단순히 앎을 요구하는 자료와 이해를 요구하는 자료는 다르다고 하면서 이해를 요구하는 자료는 다음과 같은 특징을 갖는다고 하였다.

- 교실 상황에서의 학습을 넘어서는 일반화된 맥락 속에서도 지속적인 가치를 지니는 빅 아이디어를 필요로 한다.
- 학문의 핵심이면서 학문의 탐구과정을 관련시킬 수 있는 것이어야 한다.
- 추상적이거나 종종 잘못 이해된 아이디어(오개념)를 드러낼 수 있는 것이어야 한다.
- 학생들이 능동적으로 참여하고 몰입할 수 있는 것이어야 한다.

역사적으로 많은 사람들이 이해를 목표로 하는 학습은 학습의 지속성(전이)과 지식의 확장이라는 측면에서 많은 가능성을 가지고 있으며, 이해가 교육의 근본적 목적이 되어야 한다고 믿어 왔으나, 그 목적은 구체적으로 실현되지는 못하였다. 아무리 좋은 교육적 의도라고 하더라도 교사를 외부에서 만들어진 교육과정의 단순 전달자로 본다면 그 의도는 실현되기 어렵다. 이해를 목표로 하는 수업에서 교사는 이론과 실제의 매개체로서, 교육과정 실행자일 뿐 아니라 교육과정 설계자이다. 그렇다면, 이해를 도모하는 교육과정 개발과 수업에서 교사는 어떠한 역할을 수행해야 하는가? 이에 대해 Perrone(1998)과 Perkins(1998)는 교사의 역할을 다음과 같이 제시하였다.

첫째, 각 교과의 기반이 되는 학문 영역의 학자들이 하는 사고과정을 모델링 할 수 있어야 한다. 과학자들의 탐구기능 및 사고과정은 역사가들의 것과 다르다. 이는 학생들에게 과학 교과와 역사 교과를 가르칠 때, 내용과 함께 어떤 종류의 사고과정과 탐구기능을 포함해야 하는지를 암시한다. 과학교과 특유의 탐구기능은 관찰하기, 실험 설계하기, 가정하기, 추론하기, 결론 도출하기 등을 포함하게 될 것이며, 역사교과의 경우는 자료원의 타당성과 신뢰성을 분석 · 평가하기, 다양한 관점에서 해석하기, 일련의 사건들에 대해 잠정적인 설명하기 등을 포함할 것이다. 이러한 탐구기능과 사고기능들은 주로 탐구-기반 학습(inquiry-based learning)을 통해서 습득될 수 있을 것이다.

둘째, 학생들이 정보들로부터 핵심 아이디어를 끌어내고, 그것을 새로운 상황에 적용할 수 있도록 도와주어야 한다. 이를 위해서 교사는 교과서를 비롯한 교육과정 문서들로부터 교과의 핵심 아이디어들이 무엇인지를 파악하고 사실과 정보들을 개념과 원리와 같은 내용 요소들을 중심으로 재조직할 수 있어야 한다. 또한 이러한 핵심 아이디어를 다양한 상황 하에 제시함으로써, 특정 개념들이 어떻게 적용이 되는지를 보여줄 수 있어야 한다.

셋째, 교사는 학생들과 상호작용을 할 때 지식의 전달자가 아니라 안내자 혹은 코치의 역할을 해야 한다. 학생들이 질문하고 문제를 해결하기 위한 전략들을 개발하고 서로 자신의 생각을 교환하는 환경을 조성해 주어야 한다. 이러한 환경 속에서 교사는 학생들로 하여금 자신의 생각을 설명하고 어떻게 결론에 도달했는지를 토론하도록 장려해야 한다. 그리고 학생들이 설명하고 적용할 수 있는 과제나 프로젝트를 평가과제로 활용한다. 흔히 평가라고 하면 단원 말미에 또는 학기말에 이루어지는 총괄평가를 연상하기 쉽지만 이해중심 수업에서는 개개인의 성장과 진보에 초점을 맞춘, 다양하고 비공식적인 피드백이 자주 이루어져야 한다. 학생들에게 자신이 어떻게 사고하고 있는지, 어떠한 방식으로 사고를 개선하고 바꿀 수 있는지를 생각할 기회를 주어야 하고, 자신이 지식을 적절하게 활용하고 있음을 보여줄 수 있는 평가가 제공되어야 한다.

마지막으로, 교사는 학생들이 교실로 가지고 들어오는 생활 경험과 선행 지식을 파악해야 한다. 이는 사전 평가를 통해서 공식적으로 파악할 수도 있고, 수업 중간에 학생들의 반응을 통해서 끌어낼 수도 있다. 이 과정에서 가장 중요한 것은 학생들이 가지고 있는 오개념을 파악하는 것이다. 학생들이 가지고 있는 잘못된 개념들을 학습의 자료로 이용하여 학습자들이 스스로 오개념을 바로잡도록 도와주고, 새로운 내용과 연결 지을 수 있도록 도와주어야 한다.

1.3. 타일러와 브루너와의 공통점 및 차이점

사실 백워드 디자인의 핵심개념과 기본 아이디어들은 이미 Tyler와 Bruner에 의해서 주장되고 충분히 논의되었던 것이다. Wiggins와 McTighe(1998)는 Tyler(1949)와 Bruner(1960)의 기본적 아이디어들을 교사와 교육과정 개발자 및 행정가가 좀 더 쉽고 효과적으로 적용할 수 있도록 교육과정 설계의 모형을 제시한 것이라고 볼 수 있다. 다음의 표는 Tyler와 Bruner 그리고 Wiggins와 McTighe가 설계의 측면에서 어떻게 다른지를 요약하여 제시한 것이다.

<표 1-6> Tyler, Bruner, Wiggins & McTighe의 교육과정 개발 단계의 비교

Tyler	Bruner	Wiggins & McTighe
교육목표 설정 ↓	교과의 구조 : 학문의 핵심 아이디어, 개념, 원리와 탐구과정	기대하는 학습결과로서의 이해 도출 ↓
학습경험 선정 ↓	나선형 교육과정 직관적 사고·분석적 사고 학습동기	'이해'의 증거로서 평가 개발 ↓
학습경험 조직 ↓		
학습결과 평가	도구 세가지 표현양식	학습경험의 선정 및 조직

Tyler의 교육과정 개발 절차는 첫째, 학교에서 달성하고자 하는 교육목표는 무엇인가, 둘째, 이러한 목표를 달성하기 위하여 학습경험의 선정은 어떻게 이루어져야 하는가, 셋째, 이러한 학습경험을 효과적으로 조직하는 방법은 무엇인가, 넷째, 교육목표의 효과적 달성 여부를 어떻게 평가할 수 있는가 라는 네 가지 질문에 답하는 방식으로 이루어진다. 목표를 설정할 때에는 학습자에 대한 연구, 학교 밖 사회의 현재적 삶에 대한 연구, 교과 전문가의 제안에 기초하여 잠정적인 교육목표를 추출하고 그 다음 교육철학과 학습심리의 기준에 비추어 중요하고 일관성 있는 명세적인 목표를 설정한다. 목표 설정 시 학습자의 행동과 학습내용 모두를 포함해야 한다. 학습경험을 선정할 때는 학생들로 하여금 목표에 설정된 행동과 내용을 경험하게 해야 하고, 학습경험을 통해 학생들이 만족을 느낄 수 있어야 하고, 학습자 수준에서 수행이 가능한 것이어야 하고, 목표 달성을 위해서 여러 가지 학습경험을 제공해야 하고, 하나의 학습경험이 다양한 학습결과를 가져온다는 점을 고려해야 한다. 그 다음 학습경험을 조직할 때에는 계속성, 계열성, 통합성을 고려해야 하며, 마지막에 학생 평가와 프로그램 평가가 이루어진다.

Tyler는 자신의 교육과정 구성요소들이 개발 과정에서 반드시 선형적으로 작용하는 것이 아니라고 언급하였고, 교육목표는 기대하는 학습결과로서 표현되어야 한다고 하였다. 그러나 무엇이 중요한 목표인지를 구체적으로 규정하지는 않았다.

이에 반해 Bruner는 중요한 교육내용 선정의 기준을 '교과의 구조'라고 하면서, 교과의 구조를 가르치는 것이 중요하다고 하였다. 교과의 구조는 기본적인 아이디어, 개념 및 원리 그리고 탐구방법을 의미하는데, 이때 사실적 지식들은 원리의 특수한 사례가 된다. 그리고 교과의 구조를 이해한다는 것은 관련 현상에 대한 안목을 갖는 것을 의미한다. 따라서 Bruner는 교과의 구조를 반영할 수 있도록 교육과정이 설계되어야 하고, 학생들은 개념과 원리를 각각의 상호 관련성 속에서 그리고 교과의 전체적 구조와의 관련 속에서 탐구방법을 통해서 배워야 한다고 하였다.

Bruner는 교육방법의 측면에서는 학생의 지적 발달단계를 고려해서 학생의 인식방식에 맞게 교과의 구조를 '표현' 해주어야 한다고 주장하였다. 이는 흔히 세 가지 표현양식이라고 하는데, 작동적, 영상적, 상징적 표현양식이 그것이다. 또한 직관적 사고와 분석적 사고를 활용해야 하는데, 직관적 사고는 전체 문제 사태에 대한 포괄적인 지각에 기초하고 분석적 사고는 직관을 통해 발견해 낸 원리나 지식의 타당성을 확정하는 것을 의미한다. 이때 기초 지식이 중요한 역할을 하게 된다. Bruner는 이를 해당 분야의 지식의 구조 또는 교과의 구조라고 하였으며, 이는 직관적 사고와 분석적 사고를 가능하게 하는 지적인 힘이라고 하였다. 그가 논의한 교육방법의 요소로서의 학습동기는 밖으로부터 주어지는 보상에 의존하는 것이 아니라 학습자가 스스로 발견의 희열을 느낄 수 있고 몰입할 수 있는 내적동기를 의미한다. 이에 대하여, Bruner는 자료를 제시하고 학생들의 경험의 범주를 확장시키고 구조의 이해에 도달하는 것을 돕기 위해 도구의 사용을 제안하였다.

Bruner의 교과의 구조 아이디어는 1960년대 학문중심 교육과정 개발의 근간이 되었다. 당시에 각 교과 전문가들은 교과의 구조, 즉 교과의 핵심 아이디어, 개념, 원리와 해당 교과에서 지식을 발견하고 검증하는 탐구방법을 확인하고, 교사 변인이 방해하지 않는 교육과정(teacher-proof curriculum)을 개발하여 교사들에게 제공하고자 하였다. 다시 말하면, 교사의 능력에 상관없이 학생들에게 잘 가르쳐질 수 있도록 교육과정과 교재를 개발할 수 있다고 믿었던 것이다.

그러나 실제로 교과 전문가와 교사의 새 교육과정에 대한 이해의 간극은 좁혀지지 않았고, 학문중심 교육과정은 실패로 끝나는 듯하였다. 그러다 최근에 교과의 구조에 대한 이해가 다시 교육과정 연구자들에게 관심의 초점이 되면서, 교육과정 개발자와 교사의 간극을 초래하지 않기 위해서는 교사가 이해중심 교육과정 설계의 주체가 되어야 한다는 인식을 하기에 이르렀다.

Wiggins와 McTighe(1998;2005)는 '이해'라는 교육목표가 수업 수준에서 실현되기 위해서는 교사가 교과의 '중요한 내용'에 대한 '이해'를 '설계'를 통해 가르칠 수 있어야 한다고 본다. 그리고 그 설계의 틀로서 이해중심 교육과정 혹은 백워드 디자인을 제시한 것이다. 다음 [그림 1-1]은 어떻게 교육과정의 의사결정 수준 간에 일관된 이해중심 교육과정 설계가 가능해지는가를 보여준다.

먼저 국가수준에서는 교과 전문가들이 교과가 기반하고 있는 학문영역의 빅 아이디어들과 개념, 원리, 포괄적 핵심 질문들(overarching essential questions)을 제시해야 한다. 그 다음 학교급 및 학년군 혹은 개별 학년수준에서 이러한 일반적 원리들과 핵심 질문들에 특정 소재들이나 작은 개념들, 구체적인 사실들을 결합시켜서 보다 구체적인 수준의 소재적 핵심 질문들(topical essential questions)을 구성해야 한다.

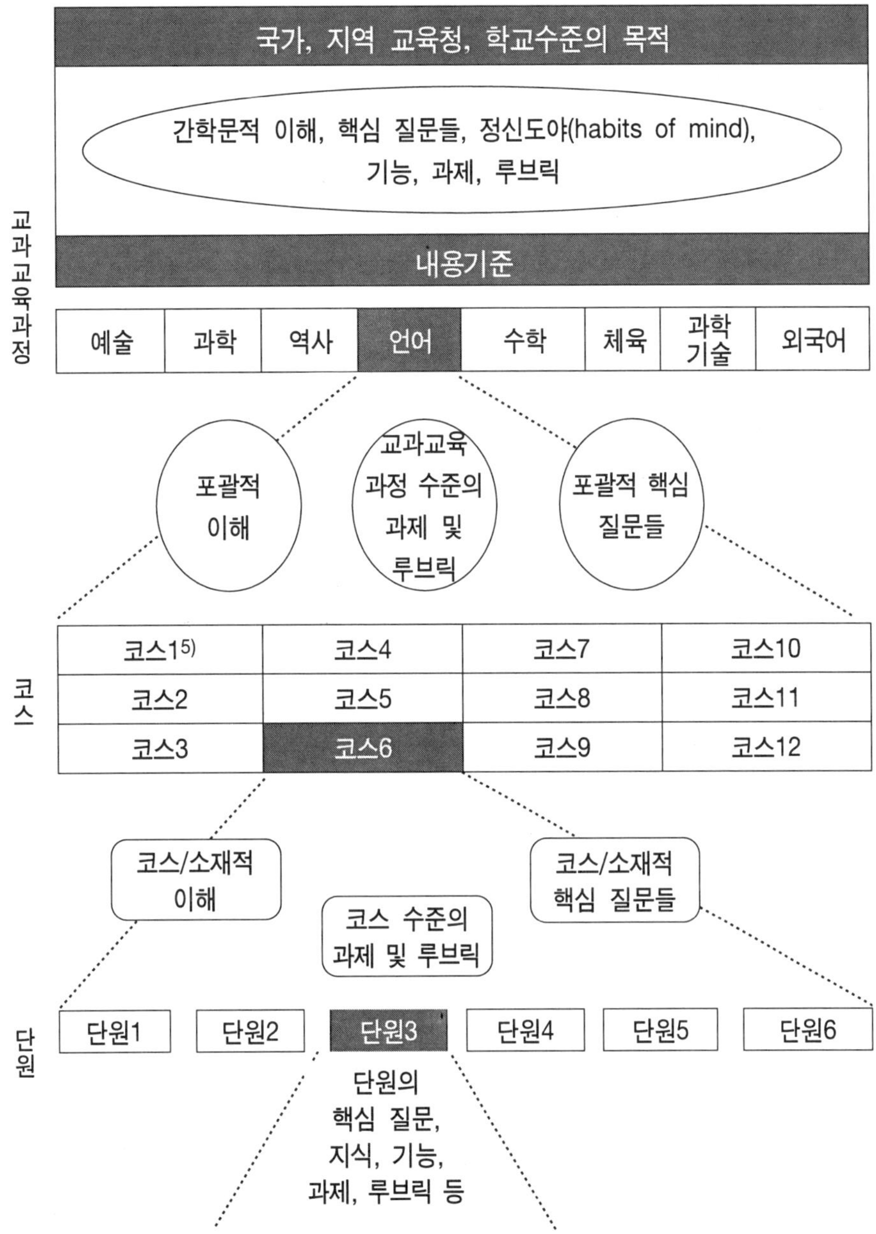

* 출처: Wiggins, G. & McTighe, J. (2005) *Understanding by Design* p.277

[그림 1-1] 이해중심 교육과정에 따른 교육과정 개발의 틀

5) [그림 1-1]에서 코스(course)란 특정 교과가 학년별로, 학기별로 조직되었을 때 부여되는 과목명을 의미한다. 우리나라에서의 수학 1-1, 수학 1-2, 과학 3-1, 과학 3-2에 해당된다고 할 수 있다. 수학 교과에서, 대수 1, 대수 2 또한 코스에 해당된다.

포괄적 핵심 질문은 교과가 기반하고 있는 학문 영역의 핵심 개념과 일반화를 수업을 통해 드러나도록 돕는다. 예를 들면, 사회과 정치 영역의 핵심 개념들은 권력, 권위, 정부라고 할 수 있다. 이러한 개념들은 다음과 같은 포괄적 핵심 질문들을 통해서 학습할 수 있다.

- 우리 사회에서는 누가 권력을 가지고 있는가?
- 개인은 어떻게 권력을 가지게 되는가?
- 법은 어떻게 만들어지는가?
- 개인의 권리는 어떻게 보호되는가?
- 어떤 형태의 정부들이 존재하는가?
- 법은 어떻게 바뀌게 되는가?
- 분쟁들은 어떻게 존중되는가?
- 개인의 권리와 정부의 권력은 어떻게 균형을 이루는가?
- 지도자는 어떻게 선출되는가?

각각의 핵심 질문들은 정치학의 개념과 일반화들을 포함하고 있으며, 교사들은 학생들이 이러한 질문들에 답을 할 수 있는 방식으로 수업내용과 방법들을 결정한다. 이때 초등학교 교사와 고등학교 교사는 위의 모든 질문들을 다루어야 하는지, 어떠한 깊이로 다루어야 하는지, 학습자의 발달 정도를 고려한다면 어떠한 교육 자료를 사용해야 하는지 등의 질문을 제기할 수 있을 것이다.

아마도 초등학교 수준에서는 보다 근본적이며 기초적인 원리와 개념들이 핵심 질문의 형태로 전환되어 학습자들이 탐구하는 방식으로 가르쳐져야 할 것이다. 특히 수학과 같이 학문의 위계가 뚜렷한 교과에서는 기초적인 원리와 개념이 포함되고, 양적인 면에서도 적은 수의 핵심 질문들이 제시될 것으로 기대된다. 그러나 특정 핵심 질문들은 그 일반화와 중요성에 근거해서 학년에 관계없이 반복적으로 제시되어야 할 것이다. 같은 질문들이 반복적으로 제시된다고 해서 중복의 문제를 불러올 것 같지는 않다. 왜냐하면 학년에 따라 질문을 제시하는 맥락과 자료들이 달라질 수 있기 때문이다.

예를 들어 정치 영역에서 '우리 사회에서 권력을 가진 사람은 누구인가?'라는 핵심 질문은 다른 질문에 비해서 보다 기초적이고 근본적인 질문이라고 할 수 있다. 이 질문은 초등학교 저학년의 경우, 누가 가정과 학교에서 의사결정을 하는지와 같은 문제로 주변의 상황 속에서 다루어질 수 있을 것이고, 중학교에서는 권력의 소유를 권력배분의 문제와 함께 국가수준의 문제로 탐구할 수 있으며, 고등학교에서는 국가와 세계의 수준에서 다양한 정부의 형태들과 관련지어 학습할 수 있을 것이다. 즉 학년이 올라갈수록 같은 혹은 비슷한 종류의 핵심 질문들을 탐구하지만 좀 더 심도 있는 방식으로 복잡한 문제를 가지고 학습하고, 탐구과정 속에서 그와 관련된 다른 핵심 질문들에 대한 답을 추구할 수 있을 것이다.

결론적으로 Wiggins와 McTighe의 이해중심 교육과정 설계는 Tyler의 교육과정 설계에 대한 아이디어에 기초한 것이라고 할 수 있다. 설계의 단계를 제시한 점에서는 동일한 논리를 갖는다. 그러나 Tyler는 교육의 목표가 구체적으로 무엇이어야 하는가를 규정하지 않았지만, Wiggins와 McTighe는 '이해'가 교육목표가 되어야 한다고 하였다. 그리고 이해라는 목표가 중요한 만큼 이해의 증거를 확인하고 평가하는 단계 또한 목표를 성취하는데 중요하기 때문에 Tyler와 달리, 목표를 설정하는 단계 다음에 평가를 설계하도록 하고 있다. 또한 Wiggins와 McTighe는 '이해' 해야 하는 것으로 교과의 빅 아이디어, 개념, 일반화를 제시하였고, 해당 교과 특유의 지식을 발견하고 검증하는 절차적 지식, 즉 교과 특유의 탐구기능을 '이해' 해야 하는 교과의 내용으로 보았다는 점에서 Bruner가 교과의 구조 개념을 중요한 교육내용의 선정기준으로 본 것과 같은 논리를 취한 것이라고 볼 수 있다. 특히 교사가 학생의 학습의 최전선에서 단원을 재구성하여 가르치는 주체라고 할 때 교육과정 개발자로서 '이해중심 교육과정' 설계 모형에 따라 설계를 할 수 있도록 단계를 고안한 것은 실제적이고 시의적절한 것으로 보인다.

	연 습 문 제
1	이해란 무엇인가? 안다는 것과 어떻게 다른가?
2	왜 백워드 설계라고 부르는가?
3	이해중심 교육과정 설계는 무엇에 근거하는가?
4	Bruner라면 이해중심 교육과정 설계에 대해 어떤 코멘트를 했을까?
5	이해를 위한 수업에서 교사는 어떠한 역할을 해야 하는가?

Chapter 02

우리나라 교육과정과 이해중심 교육과정

제2장 우리나라 교육과정과 이해중심 교육과정

2.1. 교육과정의 의미

교육과정은 그것이 어느 수준에서 설계되고 개발되는 것이든지 간에 항상 미래에 대한 계획을 현재에 세우는 것이기 때문에, 수업에서 교사와 학생이 경험하는 교육과정은 태생적으로 불확실성을 내포한다. 그럼에도 불구하고 잘 설계된 교육과정은 미래에 대한 우리 교육의 희망과 기대를 성취하도록 돕는다. 따라서 교육과정 활동은 국가 수준에서건, 지역 수준에서건, 교사 수준에서건, 미래에 학생들이 보여줄 결과를 예측하고 이를 실현하기 위해 설계하는 것으로부터 시작한다고 할 수 있다. 미래 예측과 설계가 잘 될 경우, 학생들이 보여줄 결과를 얻는데 효과적일 수 있다는 것이다. 또한 교사가 교육과정을 설계할 수 있는 역량을 갖추면, 그 가능성은 더 높아질 것이 분명해진다. 그러할 때 '분권화', '자율화' 등의 정책의 실효성은 더 커지게 될 것이다.

우리나라에서도 선진국과 마찬가지로 21세기를 목전에 두고 또 다른 천년을 예측하고 설명하기 위해 무던히도 많은 연구와 논쟁들을 하면서 교육과정을 개정해 왔다. 특히 국가수준에서는 교육과정 개정 때마다 미래 예측에 온 힘을 쏟았다. 21세기 미래 사회는 과학 기술의 발달 속도가 가속화되고, 이에 따른 사회경제 변화가 이전에 경험하지 못한 속도로 진행되면서, 경제의 글로벌화로 국가 간 상호 의존성이 심화되고, 이로 인해 나타나는 에너지, 자원, 환경 문제의 심화, 저출산, 고령화 등의 새로운 도전들이 표출되는 특징을 갖는다(최상목, 2009). 이러한 사회는 흔히 산업화 사회와 대비하여 지식사회로 불린다. 지식사회에서 지식은 경제 발전을 이룩하기 위한 전제조건이 되며, 개인의 사회적 행위와 사회에서의 지위 확보를 위한 전제조건이 되고, 노동과 자본을 대신하여 지식이 생산 요소가 된다. 그리고 그 중심 자원이 되는 지식을 창출, 활용할 수 있는 인적 자원이 경제적 성공의 중심이 된다(김경자 외, 2003).

교육과정 분야에서는 인간의 성장과 시민적 자질 함양이라는 교육의 본질적 역할을 수행하면서 시대 사회적 변화에 예민하게 대처해야 하기 때문에 이러한 변화 요구는 늘 교육적으로 해석되어 왔고, 국가 수준 교육과정 개정으로 이어져 왔다. 사회적 변화를 겪으면서 우리는 교육과정을 무엇이라고 생각하며, 어떠한 목표(인간상)를 추구해 왔으며, 이를 성취하기 위하여 교육내용을 어떻게 변화시켜 왔는가를 살펴보는 일은 앞으로 지식사회의 특성이 더욱 강조되는 미래 사회에 우리가 지향해야 할 교육의 목표와 교육내용을 선정함에 있어서 꼭 필요한 일이라고 하겠다.

2.1.1. 교육과정의 개념

우리나라에서는 6차 교육과정 개정 이후 교육과정을 "학습자의 경험의 질적 변화를 위한 교육의 기본 설계도"의 의미로 규정해 왔다. 이러한 개념 규정은 교육과정을 학생들에게 가르쳐야 할 내용의 주제나 개념을 열거한 것이라거나, 학교에서 가르쳐야 할 교수요목 또는 교과목 편제라고 보았던 초기 교육과정 개념과 대비되는 것이다. 가장 최근에 고시된 2009 개정 교육과정에서는 "전국의 초·중등학교에서 어떤 내용과 방법으로 교육을 해야 할 것인지를 제시한 설계도이며, 기본적인 틀"이라는 의미로 규정하고 있다.

교육과정의 의미를 다양한 분류의 준거 가운데, 교과와 학습자의 경험 중 어디에 중점을 두고 보느냐를 분석의 기준으로 삼는다면, 2007 개정 교육과정까지에서 나타난 변화의 흐름은 교과 지식을 효과적으로 구성하는 데 중점을 두는 관점에서부터 학습자의 질적인 경험의 변화에 관심을 두는 관점으로의 변화가 시도되었다고 볼 수 있다. 6차 교육과정은 이러한 변화의 방향을 가장 현저하게 보여주었다고 할 수 있다. 그리고 4차 교육과정기 이후, 계획과 설계의 의미가 강조된 점 또한 특징이라고 하겠다. 다음 <표 2-1>에서는 2009 개정 교육과정까지 개정을 거듭하면서 학교 교육과정의 의미가 어떻게 변화되어 왔는지를 보여준다.

<표 2-1> 2009 개정까지의 교육과정 개정에 나타난 교육과정의 의미

교육과정기 <고시일 기준>	교육과정의 의미
교수요목기 (1945~1954)	교수 내용의 주제
1차 교육과정기 (1954~1963)	교과목 및 교육 활동의 편제
2차 교육과정기 (1963~1973)	학생들이 경험하는 모든 학습활동의 총화
3차 교육과정기 (1973~1981)	교과와 학문의 본질에 내재된 구조화된 지식체계
4차 교육과정기 (1981~1987)	무엇을 어떻게 가르칠 것인가를 규정하는 계획
5차 교육과정기 (1987~1992)	학생의 교육적 성취를 의도하여 마련된 계획
6차 교육과정기 (1992~1997)	학습자의 교육경험을 관리하는 구체적인 교육프로그램에 대한 계획
7차 교육과정기 (1997~2007)	학습자에게 학습경험을 선정하고 조직하여 교육경험의 질을 구체적으로 관리하는 교육의 기본 설계도
2007 개정 (2007~2009)	7차의 의미와 동일
2009 개정 (2009~)	전국의 초·중등학교에서 어떤 내용과 방법으로 교육을 해야 할 것인지를 제시한 설계도이며, 기본적인 틀

* 주. 김경자 외(2003)의 저서, 「창조적 지식기반사회를 위한 학교 교육과정론」, p.31에 나온 표를 중심으로 2007 개정, 2009 개정 교육과정의 의미를 부가하여 재조직한 것임

교육과정 개정의 초기에는 교수요목 또는 교과를 교육과정의 의미로 보았으나, 3차 교육과정기에는 교육과정을 학문의 본질에 내재한 '교과의 구조'의 의미로 보았다. 4차 교육과정기에는 '무엇을 어떻게 가르칠 것인가를 규정하는 계획'으로, 그리고 그 별칭을 인간중심 교육과정이라고 하여, 학습자 중심의 관점에서 교육과정을 계획할 것임을 나타내었다. 5차, 6차, 7차 교육과정과 2007 개정 교육과정은 명시적으로 학습자의 경험을 강조하는 학습자중심 교육과정의 의미를 표방하면서, 동시에 '계획'과 '설계'의 의미를 중시하고 있다.

학습자에게 경험되는 교육과정을 중시하는 관점에서 학습자는 정해진 교과 지식을 외부에서 효율적으로 선택・조직하여 그것을 교과서에 담아서 제시하기만 하면 그대로 수용하는 존재가 아니라 교과 지식과 상호작용하면서 새로운 의미를 구성해 가는 능동적인 존재가 된다. 이러한 관점에서는 인간과 사회에 대한 탐구에 있어서 기술공학적 합리성에 기초한 실증주의적 시각의 한계를 자각하며 구체적인 실제에서 경험되는 현상의 이해에 관심을 기울이고자 한다. 보통 학습자의 경험을 중시하는 교육과정을 이러한 시각에서 바라본다면, 교육과정은 미리 목표를 규정하고 그러한 목표를 가장 효율적으로 성취하기 위한 과학적 수단의 개발을 중시하는 실증주의적 사고의 한계를 벗어나고자 하며, 많은 부분 교사와 학생이 결정할 부분을 남겨두는 방식으로 개발된다.

이에 우리나라 국가수준의 교육과정, 교사용 지도서, 교과서 개발을 함에 있어서 학습자에의 적절성을 교육내용의 주요 조직원리로 삼게 되었다(문교부, 1992; 교육부, 1997; 교육부, 2007; 교과부, 2009). 그리고 학습자에의 적절성의 원리는 교육과정과 교사용 지도서에 담긴 교육내용이 교과서에서 제시되는 학습자 수준의 내용 및 활동과 거의 동일한 수준의 언어와 형식으로 개발되는 것으로 현실화 되었다. 그러나 곧 이로 인한 학습자의 과도한 학습 부담이라는 의도하지 않은 결과가 문제로 나타나게 되었다.

최근 2009 개정 교육과정에 대한 기초 연구에서는 2007 개정 교육과정이 여전히 과도한 교육내용으로 인한 학습 부담을 안고 있다는 점이 지적되었다(박순경 외, 2010). 학습자가 교과 지식과 상호작용하면서 새로운 의미를 구성하기에는 교과의 교육내용이 과다하고, 교과서의 내용 또한 너무 많다는 평가를 받았다. 그리고 실제 교실에서는 학습자의 경험을 중시하거나, 학습자가 새로운 의미를 구성하는 방식으로 수업이 계획되거나 설계되기보다는 교과서 중심의 암기와 단순한 문제 풀이를 통한 피상적 학습에 몰입하고 있음이 드러났다. 초기 교육과정의 의미였던 교과 또는 교과목 편제의 의미를 크게 벗어나지 않는 현상을 보여준 것이다.

2009 개정 교육과정에서는 이에 교육과정을 '전국의 초·중등학교에서 어떤 내용과 방법으로 교육을 해야 할 것인지를 제시한 설계도이며, 기본적 틀'이라는 의미로 규정하면서, 학습자의 경험 대신에 내용과 방법에 대한 설계의 뜻을 강조하였다. '설계'와 동의어인 '계획'의 의미는 학습자의 경험을 강조한 4차 교육과정기부터 교육과정의 의미에 포함되어 왔다. 이는 교육과정이 단순히 교과목 편제 또는 학습활동의 총화가 아니라 기술공학적 합리성의 관점에 입각한 계획이 필요하며, 이때 계획을 하는 것은 교과내용보다는 학습자의 경험을 계획한다는 의미라고 할 수 있다. 그러나 학습자의 경험을 미리 목표로 잘 규정한 다음 그 목표를 효율적으로 성취하기 위하여 교과서와 교사용 지도서를 포함하는, 과학적 수단을 국가수준에서 개발한다는 것은 애초에 상충하는 두 관점을 하나의 의미로 모아둔 것이라고 할 수 있다.

이러한 계획의 의미는 7차 교육과정기로 접어들면서, 설계의 의미로 확장되었지만, 여전히 두 관점이 상충하는 상태를 그대로 가지고 갔다고 할 수 있다. 2009 개정 교육과정에서는 '학습경험의 설계'가 아니라 '교육내용과 방법의 설계'라는 점을 분명히 하고 있다. 설계라는 개념은 여전히 기술공학적 합리성의 관점에 기반하지만, 단순히 계획이라는 의미보다 좀 더 결과 중심의 확장적 의미를 갖는다고 할 수 있다. 비유하자면, 건축에서 설계를 부탁할 때 고객은 그 집에 살 사람의 수와 성향, 공간의 필요성 그리고 미관 등에 대한 요구를 한다. 건축설계자는 이때, 고객에게 최종 설계도를 통해 집의 결과물을 미리 보여주면서, 자재를 사들이고 맨 마지막에 실제 집을 건축하게 된다. 교육과정에서 설계의 의미에 포함된 목표-수단의 의미도 이를 반영한다고 할 수 있다. 즉 교육과정을 설계한다고 할 때, 우리는 학습자가 어떠한 상황과 맥락 속에서 학습한 것을 가지고 어떠한 수행을 궁극적으로 보여주면 그것을 학습하였다고 할 것인가에 대한, 최종 결과물을 분명하게 그릴 수 있어야 한다. 그러나 우리는 교육과정을 설계할 때 흔히 가르쳐야 할 교과서의 범위를 생각하거나, 교과서 내용을 무슨 활동을 통해서 가르칠 것인가를 알아보는 것으로 책무를 다한 것으로 생각하는 경향을 보인다.

그러나 설계란 무슨 일을 계획할 때, 그 결과물이 어떠할 것인가에 대한 생각을 우선적으로 하게 한다. 그 다음에 그것을 성취할 절차를 계획한다. 교육과정 분야에서는 학습자가 최종적으로 학습한 것을 가지고 새로운 상황과 맥락 속에서 어떠한 수행을 할 수 있을 것인가라는 학습결과를 먼저 생각해 본 다음, 이러한 수행의 증거를 어떻게 수집할 것인가를 결정하고, 학습활동을 계획하는 모습이 될 것이다. 그리고 이때 학습자가 배워야 할 교육내용에는 학습자가 최종적으로 보여줄 수행의 의미가 잉태되어 있다고 할 것이다.

결론적으로 우리나라 국가수준의 교육과정은 '교과', '학습자의 경험', '학습자의 경험에 대한 계획 또는 설계', '교육내용과 방법에 대한 설계' 등으로 그 의미가 규정되어 왔다. 2009 개정 교육과정에서 교육과정의 의미가 교육내용과 방법에 대한 설계의 의미로 변화되었다면, 이제는 국가, 지역, 학교수준에서 가장 적용가능하고 적절한 교육과정 설계 모형을 탐색하는 노력이 필요하다고 할 것이다.

2.1.2. 교육목표

국가수준 교육과정에서는 교육적 의도를 분명하게 이해 가능한 언어로 진술해야 한다. 왜냐하면, 이는 국가, 지역, 학교 및 교사 수준에서 길러내야 할 인간이 수행해야 하는 결과물이 무엇인가를 함의하기 때문이다. 여기에서 이해 가능한 언어로 진술해야 하는 또 하나의 이유는 국가수준 교육과정 문서의 주 독자층인 교과서 및 교사용 지도서 집필진, 전국의 교사들이 교육적 의도를 분명히 이해할 때 그것이 학생의 학습경험이라는 결과물로 나타날 개연성이 커지기 때문이다.

해방 이후 우리나라에서는 2009 개정 교육과정에 이르기까지 국가수준의 교육적 의도는 '교육적 인간상'이라는 이름으로 계속적으로 재규정되어 왔다. 이는 우리나라 교육의 근본적 가치를 함의하면서, 미래 사회에서 성공적으로 기능해야 하는 인간의 역량을 함의하여 왔다. 최근에는 교육과정에 학생들이 미래 사회에서 성공적인 삶을 영위하는데 필요한 핵심 역량을 담아내야 하며, 따라서 역량중심의 교육과정을 개발해야 한다는 주장을 하기도 한다(곽병선 외, 2009; 조난심 외, 2010).

21세기를 맞이하면서 고도의 다양한 역량이 요구되는 지식사회에서 현재 진행 중인 변화에 적절하게 대응하려면 학교 교육과정에서 어떤 변화가 요청되는가를 분석하여 학교에서 길러주어야 할 역량이 무엇인가를 규명하여야 한다고 한 것이다. 미국 노동부 보고서(SCANS)에 따르면 기업체 쪽에서는 산업적 기반의 변화에 따라 자원, 인간관계의 기술, 정보, 체제와 기술 공학을 생산적으로 활용할 수 있는 능력을 갖춘 근로자를 필요로 한다고 하였다(US Department of Labor, 1991). 2001년 OECD 보고서에서는 당시 연구들을 종합하여, 지식사회의 산업체에서 요구되는 역량을 크게 세 가지 기능으로 정리하였다. 첫째, 협동적 능력과 지도력과 같은 대인간 기술(inter-personal skills), 둘째, 동기와 태도, 학습능력, 문제 해결력, 의사소통 능력, 분석 능력과 같은 개인의 인성적 기능(intraper-personal skills) 셋째, ICT 기능이 그것이라고 하였다(OECD, 2001). 2005년 OECD에서는 핵심 역량을 선택하고 규명하는 프로젝트를 수행하고, 미래 사회에서 요청되는 핵심 역량을 첫째, 사회적으로 이질적인 집단 간의 상호작용 능력, 둘째, 자율적인 행동 능력, 셋째, 여러 도구를 상호작용적으로 활용하는 능력이라고 하였다(OECD, 2005).

ASCD(2009)에서는 21세기에 교육을 통해 길러야 할 역량을 첫째, 비판적으로 읽고 사고하는 역량, 둘째, 명료하고 설득적으로 자신을 표현하는 역량, 셋째, 수학과 과학에서 복잡한 문제를 해결하는 역량, 넷째, 세계화된 사회에서 민주주의 실현에 사려 깊게 참여하는 역량 등을 들고 있다. 교육과학기술자문회의(2009)에서는 OECD (2005)의 제안을 따라 첫째, 지적 도구의 활용 역량, 둘째, 자기주도 역량, 셋째, 사회적 역량을 필요한 역량으로 규정하였다. 지적 도구의 활용 역량은 의사소통 능력, 수리 및 탐구 능력, 창의적 문제 해결력을 포함하고, 자기주도 역량은 자기관리 능력, 진로개척 능력, 평생학습 능력을 포함하며, 사회적 역량은 시민의식, 협업능력, 대인관계 능력, 문화적 감수성을 포함한다고 하였다. 이렇듯, 지식사회가 지속되고 있고 자라나는 학생들이 국제 사회에서 선도적인 역할을 해야 한다면, 우리나라 국가 교육과정의 교육적 의도 또한 이러한 변화를 반영해야 할 것이다. 다음 <표 2-2>는 우리나라 국가수준의 교육과정에서 인간상의 변화가 어떻게 시대 사회적 변화와 관련되는지를 보여준다.

<표 2-2> 국가수준 교육과정에 나타난 인간상의 변화

교육과정기 <시행 시점>	교육적 인간상의 내용	교육과정 문서상의 제시 형식
교수요목기 (1945~1954)	· 교육법상의 목적 : 홍익인간의 개인적, 국가적, 세계적 이념 · 교육 방침 : 건강한 심신, 국가관, 문화 창조, 지적인 능력, 사회성, 심미적 정서, 생산성	별도의 항목으로 제시하지 않고, 교육법상의 목적과 교육 방침을 따름
1차 교육과정기 (1954~1963)	· 교육법상의 교육 목적과 방침을 따름	
2차 교육과정기 (1963~1973)	· 자주성, 생산성, 유용성 강조 : 민주시민, 자주적 국민, 지식, 경제적 능력, 건강한 심신, 심미적 정서, 반공정신 · 도덕성	"교육과정 구성의 일반 목표" 항목에서 간접적으로 제시
3차 교육과정기 (1973~1981)	· 국민교육헌장 이념의 구현 · 국가주의적, 인간주의적, 발전주의적 교육이념	
4차 교육과정기 (1981~1987)	· 건강한 사람, 심미적인 사람, 능력 있는 사람, 도덕적인 사람, 자주적인 사람	"교육과정 구성의 방향" 항목에서 명시적으로 제시
5차 교육과정기 (1987~1992)	· 건강한 사람, 자주적인 사람, 창의적인 사람, 도덕적인 사람	
6차 교육과정기 (1992~1997)	· 건강한 사람, 자주적인 사람, 창의적인 사람, 도덕적인 사람	"교육과정의 구성 방침" 항목에서 "추구하는 인간상"으로 직접적 진술을 시도
7차 교육과정기 (1997~2007)	· 전인적 성장의 기반 위에 개성을 추구하는 사람 · 기초능력을 토대로 창의적인 능력을 발휘하는 사람 · 폭넓은 교양을 바탕으로 진로를 개척하는 사람 · 우리 문화에 대한 이해의 토대 위에 새로운 가치를 창조하는 사람 · 민주시민 의식을 기초로 공동체의 발전에 공헌하는 사람	"추구하는 인간상"이라는 독립된 항목으로 제시

2007 개정 (2007~2009)	· 7차 교육과정기와 동일	
2009 개정 (2009~)	· 전인적 성장의 기반 위에 개성의 발달과 진로를 개척하는 사람 · 기초 능력의 바탕 위에 새로운 발상과 도전으로 창의성을 발휘하는 사람 · 문화적 소양과 다원적 가치에 대한 이해를 바탕으로 품격 있는 삶을 영위하는 사람 · 세계와 소통하는 시민으로서 배려와 나눔의 정신으로 공동체 발전에 참여하는 사람	

* 주. 김경자 외(2003). 창조적 지식기반사회를 위한 학교 교육과정론, pp. 34-35에 나온 표를 2007 개정, 2009 개정 교육과정에 제시된 교육적 인간상을 부가하여 재조직한 것임.

교수요목기와 1차 교육과정기에는 해방 직후의 사회적 혼란기에 국가수준에서 최초로 교육의 방향을 정립하였다. 교육법으로 제정된 홍익인간의 특성이 교육적 인간상이라는 포괄적 목표로 자리 잡았다. 2차와 3차 교육과정기는 산업화와 경제개발이 가속화되던 시대적 상황 속에서 군부 주도의 강력한 국가발전 시책과 직결되는 학교교육 및 민족중흥 교육이 강조되었다. 즉 당시의 정치적 상황을 반영하면서, 국가체제 유지, 발전을 위한 사회적 차원의 목표가 한층 부각되었다. 4차 교육과정기에는 추구하는 교육적 인간상을 명시적으로 표현하기 시작하였는데, 당시의 정치적 상황을 배경으로 하고 있지만, 전반적으로 폭넓은 전인성을 지향하고 있다. 건강한 사람, 심미적인 사람 등과 같이 개인적 차원의 목표가 전 시기보다 강조된 반면, 국가체제 유지와 발전을 위한 사회적 목표는 표면적으로 드러내지 않는 특징을 보인다. 5차 교육과정기의 인간상은 4차 교육과정기와 의미 규정에서 상당한 유사성을 보인다. 6차와 7차에 와서는 교육적 인간상이 교육적 의도라는 의미 규정을 분명히 하기에 이르게 된다. 6차 교육과정에서 "교육과정을 통하여 추구하는 인간상"이라고 하면서 교육과정을 통해 성취해야 하는 교육적 의도를 분명히 하고 있다.

7차 교육과정기에서도 6차에서와 같이 개인적 차원의 목표가 강조되는 경향을 보인다. '개성' 추구의 목표가 보다 직접적으로 표현되었고, 창의성의 가치가 대표적 특성으로 강조되고 있다. 한편 세계화 시대의 전통문화 계승 · 발전의 요구를 반영하여 문화적인 목표가 첨가되었다. 2007 개정 교육과정은 7차 교육과정의 연장선에서 부분 개정을 하였기 때문에 7차 교육과정기와 동일한 인간상을 추구하는 것으로 나타났다.

2009 개정 교육과정기에는 지식사회로 본격적 진입을 한 상황에서 인재 육성 전략의 재조정이 시급하다는 판단 하에, 글로벌 창의 인재(국가교육과학기술자문회의, 2008)에 대한 특성을 연구하기 시작하였다. 더 이상 기능 인력 육성을 위한 교육이 아니라 창의 인재 육성이 시급하며, 더 이상 국내적 인재 육성을 위한 교육이 아니라, 글로벌 인재 육성이 요청된다는 인식을 하기에 이르렀고, 국가교육과학기술자문회의(ibid.)는 세계적인 사람, 창의적인 사람, 교양 있는 사람을 글로벌 창의 인재의 특성으로 제시하였다. 그리고 2009 개정 교육과정 기초 연구에서는 "배려와 나눔을 실천하는 글로벌 창의 인재"라는 교육적 인간상을 제시하였다. 2009 개정 교육과정에서는 이를 자주인, 문화인, 창의인, 세계인이라는 세부 특성으로 서술하고 있다.

2009 개정 교육과정을 통해서 "배려와 나눔을 실천하는 글로벌 창의 인재"라는 교육적 의도를 성취하기 위해서는 현재까지 국가수준의 교육과정에 따라서 제작된 교과서와 교사용 지도서를 중심으로 사실 암기를 시키거나 공식을 대입하여 정답을 하는 문제 풀이 중심의 수업 설계는 더 이상 유효하지 않다는 점이 지적되었다. 국가가 정해 준 동일한 교과목 이수와 교과서와 교사용 지도서에 제시된 동일한 교육 내용을 피상적으로 학습하는 접근은 창의 인재 육성에 더 이상 유효하지 않다는 것이다. 이러한 접근은 수업에서 학생들이 지식을 의미 있게 구성하고 조직하는 것을 어렵게 한다. 교과서에 수록된 수많은 사실들을 암기하고 정답을 요구하는 문제들을 반복적으로 푸는 방식의 피상적 학습을 마치고 바로 다음 주제로 넘어가게 된다면, 학습한

것을 새로운 문제 상황이나 실생활에 적용하여 중요한 아이디어로 발전시킬 기회를 갖지 못하게 되기 때문이다.

만일 나눔과 배려를 실천하는 글로벌 창의 인재를 길러내겠다는 국가수준 교육과정에서 여전히 피상적 학습을 유도하는 방식으로 교육내용을 제시하고, 교과서가 사실 중심의 내용을 나열하고, 교사는 교과서를 하나도 빠짐없이 가르쳐야 할 교수요목으로 인식하고 실행한다면, 학생들은 지식사회가 아니라 산업화 사회의 인력으로 육성될 수밖에 없다. 학생들이 창의성을 발휘하면서 세계적인 인재로 길러지기 위해서는 교육과정의 설계 접근이 달라져야 함이 요청되는 대목이라고 할 것이다. 이에 교과의 필수적인 소수의 '중요한' 교육내용을 심층적으로 학습하게 하는 방식으로 교육내용을 재조직해야 한다. 그리고 학생들이 이를 심층적으로 학습하게 함으로써 중요한 아이디어를 상황과 맥락 속에서 파악하고, 그것을 새로운 상황과 맥락 속에서 유연하고 유창하게 적용시켜서 새로운 산출물이라는 결과를 도출하는 수행을 할 수 있도록 돕는 교육과정 설계 모형의 탐색이 필요하다고 할 것이다.

2.1.3. 교육내용

글로벌 창의 인재 육성이라는 교육적 의도를 교육과정을 통해 달성하기 위해서는 먼저 창의성의 의미와 구성 요소를 살펴볼 필요가 있다. 그러할 때 교육내용의 조직원리에 대한 함의를 찾을 수 있기 때문이다.

창의성은 흔히 "아이디어, 사물, 기술, 접근 방법을 새로운 방식으로 결합하는 능력", "주어진 문제나 감지된 문제로부터 통찰력을 동원하여 새롭고, 신기하고, 독창적인 산출물을 내는 능력"으로 본다 (Getzels & Jackson, 1962; Lubart, 1994). 이는 독창적이고 새로운 산출물이 강조된 의미라고 할 수 있다. 여기에서 통찰력이란 독창적이고 새로운 산출물의 적절성과 타당성을 평가하는 기준이 되는 혜안을 의미하며, 이러한 통찰력은 필요한 지식이 갖추어졌을 때 발휘된다.

창의적 사고를 이렇게 보면, Bruner(1960)가 말한 직관적 사고, 분석적 사고와 유사한 점이 있다. 그에 따르면 직관적 사고란 분석이나 증명 등의 형식적인 지적 과정에 특별히 의존하지 않지만, 날카로운 추측, 의미심장한 가설, 잠정적인 결론으로의 과감한 도약을 통해 어떤 문제 사태의 의미나 의의 또는 구조를 파악하는 행위라고 하였다. 그리고 그는 이러한 직관적 사고를 잘 하기 위해서는 해당 분야의 기초 지식(Bruner는 이를 '교과의 구조'로 개념화함)을 많이 가져야 한다고 주장하였다. 직관적 사고를 통해 발견해 낸 원리나 지식의 타당성은 분석적 사고를 통해 검증할 수 있고, 새로운 지식의 구조를 형성해 갈 수 있다고 하였는데, 여기에서 주목할 점은 직관적 사고를 할 때도 해당 분야의 기초 지식의 폭과 깊이가 직관적 사고의 가능성과 결과의 정확성을 담보한다는 것이다.

Csikszentimihalyi(1988)는 [그림 2-1]에서 보는 바와 같이 창의적인 아이디어의 발현을 위해서는 기본적인 지식과 정보를 얻을 수 있는 문화적 영역(cultural domain)이 중요하다고 하였다. 그는 한 개인이 창의적 잠재력을 최대한 발휘하기 위해서는 개인(individual)의 특성뿐만 아니라 개인의 발전을 돕고 그가 산출한 결과물을 인정해 줄 수 있는 전문가 집단인 분야(field)와 전술한 문화적 영역이 통합적이고도 체계적으로 작용하는 것이 중요하다고 하였다. 따라서 사람들이 창의성을 발현하기 위해서는 그 개인이 소속된 사회가 창의성 발현에 필요한 지식과 정보를 잘 조직화하여 제공하고 있는가와 그 개인이 각 분야의 전문가에 의해서 적절한 후원과 평가를 받을 수 있도록 제도화되어 있는가 등이 중요하게 다루어져야 한다(김경자 외, 2006).

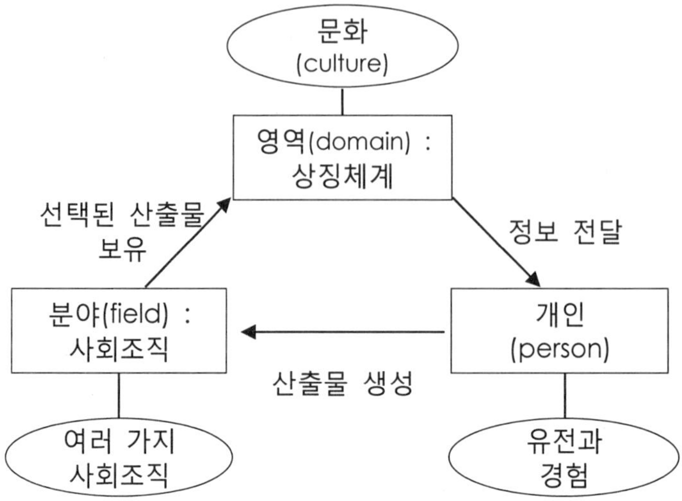

*출처: 김경자 외(2006). 학습조직 강화와 학교재건을 위한 초등교육과정 개발 연구, p.65

[그림 2-1] Csikszentimihalyi의 창의성 체계 모형

Csikszentimihalyi(1988)의 창의성 체계 모형은 Bruner의 교과의 구조, 직관적 사고, 분석적 사고에 대한 논의와 일맥상통하는 부분이 있다. 특히 창의성 증진을 위한 교육과정 개발, 그중에서도 교과의 교육내용 조직에 중요한 함의점이 있다. Csikszentimihalyi는 해당 영역의 상징체계는 창의성 발현의 기반이 된다고 하였다. Bruner 또한 기초지식은 직관적 사고의 기반이 될 뿐만 아니라, 분석적 사고를 통해 작동되는 내용이어야 한다고 하였다. Bruner는 기초 지식이 되어야 할 것으로 교과의 구조를 제안하고 있다. 교과의 구조란 기본적인 아이디어나 개념 및 원리이며, 사실적 현상들은 이러한 원리의 특수한 사례가 된다. 교과의 구조는 적용 범위가 넓기 때문에 사실적 현상들 사이의 관련성과 질서를 파악하기 쉽게 해 준다. 그리고 특수한 사례들을 일반화해 주는 기본적인 아이디어나 개념 및 원리는 수많은 사실적 현상을 사례로서 품고 있지만, 소수이기 때문에 중요한 필수 내용요소로 기능할 수 있다. 그리고 이들 기본적인 아이디어나 개념 및 원리는 교과 특수적 사고기능(발견 방식과 검증 방식)을 통해 발견과 검

증이 가능하다고 할 때, 창의적 인재 육성을 위한 교육내용 선정과 조직의 원리로서 Bruner의 교과의 구조 아이디어는 글로벌 창의 인재 육성을 위한 교육과정 설계 시 내용을 우선적으로 고려해 볼만한 것이라고 하겠다.

교육내용의 선정 · 조직에 대한 이러한 생각을 가지고 우리나라 국가수준의 수학과 교육과정에 나타난 교육내용의 변화 특성을 살펴보면 다음 <표 2-3>과 같다. <표 2-3>은 초등학교 수학과 내용체계를 중심으로 정리한 것이지만, 내용체계를 조직하는 접근은 중 · 고등학교와 동일하다고 할 때 비슷한 특징을 보인다고 할 수 있다. 개정의 배경이 다른 교과에도 동일하게 적용되기 때문에 다른 교과들의 내용 변화 또한 수학과와 비슷한 양상을 보인다고 할 수 있다.

<표 2-3> 국가수준 수학과 교육과정에 나타난 교육내용의 변화 특성

교육과정기 <시행시점>	개정의 배경	개정의 내용 및 특징	비고
교수 요목기 (1945~1954)	해방 후 정부 수립과 함께 미군정하에서 제정	제재로 내용 나열; 수리적 정신의 장양(長養) 추구	가르칠 제재 단순 열거; 수학적 체계 · 계통성 미흡
1차 교육과정기 (1954~1963)	진보주의, 새교육운동의 영향으로 '생활학습 단원기'로 칭함	제재로 내용 나열; 수학의 실용성, 유용성 강조. 실생활의 구체적인 사태를 기반으로 수학적 지식에 접근하는 것을 강조	가르칠 제재 단순 열거 단순한 기계적 연습을 지양하고 구체적인 생활 사태와의 연계중시
2차 교육과정기 (1963~1973)	제3공화국 출범 미국 수학교육 현대화 운동의 영향으로 '계통학습기'라 칭함	수, 계산, 양과 측정, 도형, 수적 관계와 응용; 본연의 학문적 계통성에 입각한 통일적인 체계(대수와 기하의 유대)로서의 논증적 사고능력 강조	내용 영역의 체계화를 시도하였지만, 구성 내용은 1차와 크게 다르지 않음
3차 교육과정기 (1973~1981)	유신체제, 제4공화국 수학교육 현대화(new math)운동의 영향 Bruner의 '지식의 구조'	수, 연산, 관계, 도형, 측도; 수학적 구조와 논리적 엄밀성을 강조하여 내용체계 수립	수학적 구조를 강조; 내용수준이 높아짐

	아이디어에 기초한 학문 중심 교육과정	내용 영역별로 다루어야 할 용어와 기호 제시 현대 수학을 반영하여 집합 개념을 포함시킴	
4차 교육과정기 (1981~1987) <1984. 3>	제5공화국 출범 미국70년대 back to the basics 운동의 영향	수, 연산, 도형, 측도, 관계; 학습자의 발달수준을 고려하여 어려운 내용을 부분적으로 삭제, 약화. 기초지식, 논리적 사고, 합리적 문제 해결력을 강조하는 목표 수립	수학적 구조와 논리적 엄밀성에 대한 강조를 지양하고 내용경감을 표방하였지만 크게 변화되지 않음
5차 교육과정기 (1987~1992) <1989. 3>	제6공화국 출범 1980년 NCTM의 문제 해결 강조의 영향 4차 교육과정의 부분 개정	수, 연산, 도형, 측도, 관계; 정의적 목표로서 수학에 대한 흥미와 관심 강조. 결과적 지식만이 아니라 과정으로의 수학적 활동경험 중시	문제 해결에 대한 강조가 교육과정 문서에 그칠 뿐, 학교 교육 내용과 실제 현장에까지 미치지는 못하였음
6차 교육과정기 (1992~1997) <1995. 3>	문민정부 출범 수학 교육의 획일성과 경직성 개선의 필요 정보화 사회의 요구	수, 연산, 도형, 측도, 관계; 수학적 사고력 신장 중시 문제해결 과정과 구체적인 해결 전략의 사용을 강조 계산기나 컴퓨터를 수학적 도구로 활용하는 수학교육 수학과 성격 항목과 내용체계 항목을 따로 제시	수학과의 성격을 학문적 근거에서 제시하고자 시도; 핵심적 강조점은 변화되었으나 수학과 목표 진술과 내용은 5차와 거의 동일
7차 교육과정기 (1997~2007) <2000. 3>	대통령 자문 신교육체제 수립을 위한 교육개혁안 (1995. 5.31) 세계화, 정보화시대 요구 자율적, 창의적 인간육성 1989년 NCTM의 '수학적 힘'에 대한 강조	수와 연산, 도형, 측도, 확률과 통계, 문자와 식, 규칙성과 함수; 수학적 힘의 신장 학생 개개인의 학습능력에 따라 학습할 기회를 제공하는 수준별 교육과정 6차까지 지속된 정확한 용어 사용에 대한 목표의 삭제 학습부담의 경감을 위한 내용 축소	6차와 내용 영역의 일부가 달라짐; 학생들의 능력과 수준을 고려한 교육을 표명하고 있으나, 단계별 과정의 내용 구성이 크게 달라지지 않았음; 심화 과정 내용은 대부분 실생활 관련 문제로 대치

2007 개정	7차 교육과정의 부분 수시 개정	수와 연산, 도형, 측정, 확률과 통계, 규칙성과 문제해결; 단계별 내용은 학년별 내용으로 제시하고, 수준별 교육과정은 학교수준에서 수준별 학습을 할 수 있도록 변경	학년별 과정의 내용 구성은 7차의 거의 동일; 규칙성과 함수가 규칙성과 문제 해결로 변경; 심화 과정의 내용이 없어짐

* 주. 김경자 외(2003). 창조적 지식기반 사회를 위한 학교 교육과정론, pp. 42-43에 나온 표를 중심으로 2007 개정 교육과정의 내용체계를 첨가하여 재조직한 것임. 2009 개정 수학과 교육과정 내용체계는 개정 단계에 있으므로 포함되지 않았음.

위 표에 제시된 국가수준의 수학과 교육과정의 교육내용 변화의 특징을 살펴보면 다음과 같다.

첫째, 교수요목기에는 수학적 체계와 계통성이 미흡한 채로 가르칠 주제를 열거하는 수준에서 내용이 제시되었다.

둘째, 1차 교육과정기에는 교수요목기의 수학 제재와 거의 동일한 내용을 열거하였다. 그러나 수학의 실용성을 강조하여 수학적 지식이 생활 사태와 연결되도록 제언하였다.

셋째, 2차 교육과정기에는 수학의 학문적 계통성에 관심을 두었고, 내용 영역을 수, 연산, 관계, 도형, 측도로 하였으나 실제 내용 구성은 1차와 크게 다르지 않았다.

넷째, 3차 교육과정기에는 엄밀한 수학적 체계에 기반한 내용체계를 정립하려고 하였다. 당시 내용이 지나치게 어려워졌다는 비판을 받았지만, 이후 수학과 교육과정 내용체계를 구성한 영역은 3차의 그것을 그대로 이어받고 있다.

다섯째, 4차 교육과정기에는 2차 교육과정이 학문적 엄격성으로 인해 수학 내용이 너무 어렵고 학습 부담이 크다는 비판에 직면하자, 이에 대한 반성으로 학습자의 발달수준을 고려하여 내용 경감을 시도하였다. 그러나 실제로 내용 구성은 3차와 크게 달라지지 않았다.

여섯째, 5차 교육과정기에는 4차와 동일한 내용 영역을 제시하였고, 4차와 동일한 맥락에서 수학에 대한 흥미라는 정의적 목표를 처음으로 수학과 목표 항목에 편입하였다. 그리고 결과로서의 지식뿐만 아니라 과정으로서의 수학적 활동 경험을 중시하였다.

일곱째, 6차 교육과정기에는 수학이라는 학문의 성격을 다양한 관점으로 보아야 한다는 관점에 입각하여 수학 교과의 성격을 재 규명하려는 시도를 하였다. 수학적 사고력과 문제해결 과정을 중시하였다. 그러나 핵심적인 강조점이 달라졌음에도 불구하고 내용체계는 5차와 거의 동일하였다.

여덟째, 7차 교육과정은 미국 NCTM의 1989년 기준안의 영향을 받아 '수학적 힘'의 신장을 핵심 목표로 표방하였고, 학습자의 능력에 따른 단계형 수준별 교육과정을 적용하였다. 그리고 내용 영역을 수와 연산, 도형, 측도, 확률과 통계, 문자와 식, 규칙성과 함수로 조정하였다. 지금까지 수와 연산을 별도의 영역으로 두었던 것을 합쳐서 하나의 영역으로 제시하였고 관계 영역을 확률과 통계, 문자와 식, 규칙성과 함수 영역으로 구분하였다. 또한 단계별 수준별 교육과정을 도입하였지만, 실제 내용은 6차의 구성과 거의 달라지지 않았다. 심화과정의 내용은 대부분 실생활 관련 문제들로 구성하여 제시하였다.

아홉째, 2007 개정 교육과정은 7차 교육과정을 부분 수정한 것이기 때문에 규칙성과 함수 영역을 규칙성과 문제 해결로 조정한 것 외에 내용 구성에는 큰 차이가 없었다. 수준별 교육과정이 수준별 학습으로 변경되었고 학교와 교사수준에서 이루어지도록 조정되었기 때문에 기존의 심화 학습내용은 빠지게 되었다.

요약하면, 첫째, 3차 교육과정기에 수학의 학문적 계통성과 학문적 엄격성에 입각한 체계가 정립되었고, 이것이 사실상 현재까지 수학과 내용체계의 근간으로 자리한 것으로 볼 수 있다. 다시 말하면, 구조적 변화 없이 부분적인 내용 영역의 첨삭이 이루어지는 정도의 변화를 하였다는 것이다. 둘째, 수학의 실용성, 수학 지식의 학문적 계통성, 수학에 대한 학생의 흥미, 문제 해결로서의 수학, 수학적 힘 등으로 핵심적 지향점이 달라졌지만, 수학과 내용 구성상의 변화로 이어지지는 못한 것으로 나타났다. 실제로 지향점이 달라졌지만, 대부분 내용 선정과 구성 방식의 변화를 통한 것이라기보다는 내용 영역을 첨삭하거나 방법적 접근(pedagogical approach)을 다양화하는 것이었다. 수학의 계통성에 입각한 내용체계를 수립하였다고 하지만, 구체적인 내용은 연산과 문제 풀이를 요청하는 방식으로 조직되는 특징을 보인다는 비판을 받게 된 연유이기도 하다. 셋째, 7차 교육과정기에는 과도한 학습 부담을 고려하여 6차의 교육내용을 감축하는 시도가 이루어졌다. 내용의 단순 반복, 비약 등의 부분을 감축하려고 하였지만 실제로 교육내용은 감축되지 않은 것으로 나타났고, 현장 교사들은 여전히 학습 부담이 과도하다는 응답을 한 것으로 드러났다(박순경, 2010). 2007 개정 교육과정에서도 수학과 내용을 적정화하는 방안으로 전체 내용을 30% 감축을 한다는 논의가 있었고, 필수 내용 요소를 중심으로 내용을 선정하라고 제언하였다.

학습 부담을 줄이기 위해 교육내용을 감축하라고 하거나 필수 내용 요소를 중심으로 내용을 선정하라고 하였지만, 사실 국가수준 교육과정에서 명확한 정의와 기준을 제시하고 있지는 않고 실제 학습 부담도 줄어들지 않았다. 따라서 이 부분에서 교과의 구조 개념을 상기해 볼 필요가 있다. [그림 2-2]에서는 교과 지식의 우선순위를 3개의 동심원으로 그리고 있다(Wiggins & McTighe, 1999; 2005). 가장 큰 원이 사실과 기능들, 중간 크기의 원이 중요하게 이해해야 할 개념과 사고기능들, 가장 작은 원이 빅 아이디어를 중심으로 하는 일반화를 표현하고 있다.

여기에서 우선순위가 가장 높은 것은 작은 동심원이 된다. 이는 그 다음 원, 그 다음 원을 포괄하지만, 거꾸로는 성립하지 않는다. 일반화는 그 내용은 깊이가 있으나, 양은 다른 원에 비해 적기 때문에, 내용 감축의 가장 효율적인 모형이 될 가능성이 크다. 그리고 창의성 발휘에 교과의 지식의 깊이가 크게 작용한다면, 이는 우리나라 교과 교육과정의 내용체계 구성에의 적용 가능성을 검토해 볼 필요가 있다고 하겠다.

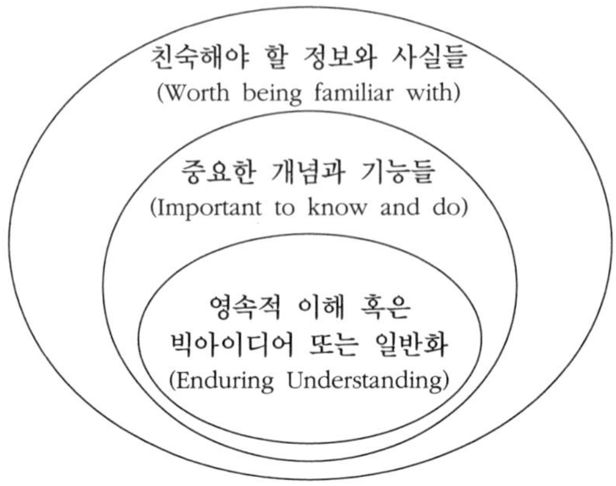

[그림 2-2] 교육내용의 우선순위

2.2. 2009 개정 교육과정의 특징

2009 개정 교육과정은 기능인력 중심의 교육을 창의 인재 중심으로, 국내 인재 중심의 교육을 글로벌 인재 중심으로 교육하고자 하는 의도로 마련되었다. 이 절에서는 인재 육성 전략의 재조정이 필요하다는 인식 하에 만들어진 2009 개정 교육과정의 배경과 총론적 특징을 살펴보고, 현재 진행 중인 교과 교육과정 개정의 방향을 고찰한 다음 이해중심 교육과정과의 연관성을 논의한다.

2.2.1. 개정의 배경

2009 개정 교육과정의 개발자들은 교과별로 학습해야 할 내용이 과다하고, 교실에서는 주입식 · 암기 위주의 획일적 지식 전달 중심의 수업이 여전히 유지되고 있으며, 이로 인해 창의성 교육은 말뿐인 선언에 그치고 있다는 평가를 하였다(국가교육과학기술자문회의; 2009; 2010; 김경자, 허숙, 이원희 외, 2009; 조난심, 김성렬, 박순경 외, 2010). 우리 교육의 비효율성과 미래 사회를 준비하는데 장애가 되는

과도한 학습 부담을 미래학자인 Toffler(2008)는 “한국의 중 · 고교 교육은 세계의 다른 국가들과 정반대로 가고 있다. 하루 15시간 학교와 학원에서 미래에 필요하지 않은 지식과 존재하지 않을 직업을 위해 시간을 낭비하고 있다.”라는 말로 지적하고 있다. 실제로 우리나라 학생들은 초등학교에서 매학기 10개의 교과활동과 함께, 특별활동, 재량활동을 치루어 내야 한다. 중 · 고등학교에서는 매 학기 13개 내외의 교과활동과 함께, 특별활동, 재량활동을 한다. 학교에서 매 시간 다른 교과를 40~50분 정도하고, 오후에는 학원에 가서 또 이 교과 저 교과 공부를 반복 학습해야 하는 것이 현재 우리나라 학생들의 실정인 것을 감안하면 그의 말은 옳다. 수업에서 학생들은 교과서에 나오는 지식을 하나도 빠짐없이 공부를 하게 되는데, 교과서에 제시된 수많은 사실에 대한 피상적 학습을 마치면 바로 다음 주제로 넘어가게 되어 실제적으로 중요한 조직화된 아이디어로 발전시킬 시간적 여유조차 제공받지 못하고 있다.

다음의 <표 2-4>는 2006년 OECD국가들의 만 15세 학생들이 본 PISA의 읽기, 수학, 과학 시험의 결과를 보여준다. 우리나라 학생들은 최고 수준의 성적을 보여주지만, 학습 부담이라는 차원에서 보면 우려스러운 상황임을 알 수 있다. 다음 <표 2-5>는 우리나라 학생들이 보여준 수학과 과학의 TIMMS 2007 시험의 결과이다.

<표 2-4> PISA 2006 성취도 순위와 투입시간 대비 순위

	성취도 순위	투입시간대비 순위	
PISA 2006	읽기 1위 수학 4위 과학 11위	읽기 29위 수학 47위 과학 33위	수학(핀란드) 544점/주당 4시간 22분 수학(한국) 542점/주당 8시간 55분

<표 2-5> TIMMS 2007 성취도 순위와 흥미도 및 자신감 순위

	성취도 순위	흥미도 순위	자신감 순위
TIMMS 2007	수학 2위 과학 4위	수학 49위 과학 29위	수학 43위 과학 29위

PISA 2006 수학과를 보면, 핀란드는 평균 544점으로 1위를 하였고, 한국은 542점으로 4위를 하였다. 그러나 투입 시간 대비 순위를 보면 우리나라는 47위로 떨어지고 만다. 핀란드 학생들은 주당 4시간 22분을 투입한 반면, 우리나라 학생들은 그 2배가 넘는 주당 8시간 55분을 투입하였음을 알 수 있다. 또 다른 국제 비교 시험인 TIMMS에서도 비슷한 결과를 나타내고 있다. TIMMS 2007에서 우리나라 학생들은 수학 2위, 과학 4위의 높은 성취도를 보였지만, 흥미도와 자신감 순위에서는 아주 낮은 순위를 보이고 있다.

이상의 결과로 미루어 보면, 우리나라 학생들은 과도한 학습 부담에 시달리고 있으며, 수업에서 심층적 학습의 기회보다는 단편적인 지식을 암기하고 정답 풀이식의 문제 해결을 하는데 시간을 많이 보내고 있음을 알 수 있다. 2009 개정 교육과정 개발자들은 이러한 상황이 지속된다면, 글로벌 창의 인재 육성이라는 교육적 의도를 달성하기 어렵다는 인식을 하고, 현행 교육과정의 개정이 시급함을 주장하였다(박순경 외, 2010).

2.2.2. 개정의 특징

2009 개정 교육과정에서는 인재 육성 전략의 재조정을 위해 설정한 '글로벌 창의 인재상'(국가교육과학기술자문회의, 2008)을 '배려와 나눔을 실천하는 창의적인 인재'(교육과학기술부, 2009)로 구체화한 다음, 그 특징을 자주인, 창의인, 문화인, 세계인으로 하였다. 그리고 창의적인 인재 육성 공간을 마련하기 위해서 학습 부담을 적정화하는

방식으로 국가 교육과정을 개정하고자 하였다. 학습 부담의 적정화는 6차 교육과정개정기 부터 시도되어 왔지만, 그 의미와 기준이 분명하지 않았고, 실제로 학습 부담이 줄어들지 않았다(박순경 외, 2010).

7차 교육과정과 2007 개정 교육과정에서 초등학교 1학년에서 고등학교 1학년까지 10년 동안을 국민공통 기본교육과정 기간으로 한 것을 2009 개정 교육과정에서는 학교급별에 맞추어 9년으로 조정하고, 고등학교 교육과정을 선택 교육과정으로 하여 학생들의 진로에 더 적합한 교육과정을 운영할 수 있도록 하였다. 그리고 학년군제, 교과군제, 집중이수제, 교과군별 수업시수(기준시수)내 20% 자율증감, 창의적 체험활동 등의 아이디어를 도입하여 창의적 인재 육성의 공간을 키우고, 일단은 학기당 이수 교과목 수를 축소하는 방식으로 학습 부담을 줄여나가는 접근을 하였다. 그리고 이러한 넓어진 공간에 대한 설계는 학교와 교사 수준에서 이루어지도록 함으로써 학교 교육과정 편성·운영의 자율성 및 다양성을 확대하도록 하였다.

2009 개정 교육과정에 도입된 핵심 아이디어들을 간략히 살펴보면 다음과 같다.

첫째, 학년군제는 <표 2-6>에서 보는 바와 같이 몇 개의 학년을 하나의 학년군으로 묶는 것을 의미한다. 이는 학생의 발달적 특성에 유연하게 대응할 수 있게 하고 행정적으로도 유연하게 대응할 수 있게 한다. 학년군제를 하게 되면, 교육과정 편성·운영의 경직성을 탈피할 수 있고, 수업집단 편성이 용이해지며, 수업 시수가 적은 교과의 집중 이수를 할 수 있게 하는 등의 장점이 있다. 물론 전입생의 문제가 일어날 수 있고, 학년 군내 교사들 간의 연계와 협력이 있을 때 성공할 수 있다는 한계가 있다.

<표 2-6> 학년군제

초등학교			중학교	고등학교
1~2학년	3~4학년	5~6학년	7~9학년	10~12학년

둘째, 교과군제는 <표 2-7>, <표 2-8>, <표 2-9>에서 보는 바와 같이 교육목적상의 근접성, 학문 탐구 대상 또는 방법상의 인접성, 생활 양식에서의 연관성 등을 고려하여 교과목을 재분류하는 것을 의미한다. 이를 통해 유사한 또는 중복되는 교과 간 내용 중복을 해소할 수 있고, 학년당/학기당 이수 과목의 수를 축소할 수 있으며, 상대적으로 수업 시수가 적은 교과목의 집중 이수가 가능하다. 그러나 교과군내 교과의 수업 시수를 어떻게 배분할 것인가, 교과서를 어떻게 개발할 것인가 등의 문제가 남는다.

<표 2-7> 초등학교 7개 교과(군)

<table>
<tr><td>10개 교과</td><td>국어</td><td>도덕</td><td>사회</td><td>수학</td><td>과학</td><td>실과</td><td>체육</td><td>음악</td><td>미술</td><td>영어</td></tr>
<tr><td>⇓</td><td colspan="10">⇓</td></tr>
<tr><td>7개 교과(군)</td><td>국어</td><td colspan="2">사회/도덕</td><td>수학</td><td colspan="2">과학/실과</td><td>체육</td><td colspan="2">예술
(음악/미술)</td><td>영어</td></tr>
</table>

<표 2-8> 중학교 8개 교과(군)

<table>
<tr><td>10개 교과 및
교과재량
활동의
선택 과목</td><td>국어</td><td>도덕</td><td>사회</td><td>수학</td><td>과학</td><td>기술
·
가정</td><td>체육</td><td>음악</td><td>미술</td><td>영어</td><td>선택
과목</td></tr>
<tr><td>⇓</td><td colspan="11">⇓</td></tr>
<tr><td>8개 교과(군)</td><td>국어</td><td colspan="2">사회/도덕</td><td>수학</td><td colspan="2">과학/
기술·가정</td><td>체육</td><td colspan="2">예술
(음악/미술)</td><td>영어</td><td>선택</td></tr>
</table>

* 선택 과목에는 한문, 정보, 환경, 생활 외국어(독일어, 프랑스어, 스페인어, 중국어, 일본어, 러시아어, 아랍어), 보건 등이 포함.

<표 2-9> 고등학교 4개 교과 영역과 8개 교과(군)

<table>
<tr><td rowspan="2">10개 교과 및 선택 과목군</td><td>국어</td><td>도덕</td><td>사회</td><td>수학</td><td>과학</td><td>기술
·
가정</td><td>외국어
(영어)</td><td>체육</td><td>음악</td><td>미술</td><td rowspan="2">교양
과목
군</td></tr>
<tr><td colspan="3">인문·사회</td><td colspan="3">과학·기술</td><td>외국어</td><td>체육</td><td colspan="2">예술</td></tr>
<tr><td>⇓</td><td colspan="11">⇓</td></tr>
<tr><td>4개 교과 영역</td><td colspan="3">기초</td><td colspan="3">탐구</td><td colspan="4">체육·예술</td><td>생활·교양</td></tr>
<tr><td>8개 교과(군)</td><td>국어</td><td>수학</td><td>영어</td><td colspan="2">사회
(역사/도덕
포함)</td><td>과학</td><td colspan="2">체육</td><td colspan="2">예술
(음악/
미술)</td><td>기술·가정
제2외국어
한문
교양</td></tr>
</table>

셋째, 집중 이수제는 2~3개 학년에 걸쳐서 이수하는 교과목을 학년별로 집중해서 이수하거나, 1년 동안 이수하는 교과목을 한 학기동안 집중하여 이수하도록 하는 것을 의미한다. 초등학교에서는 8개 이하로 교과목을 편성하는 것을 권장하고, 중·고등학교는 8개 이하로 강제하며, 교차 이수 교과목과 이수 학기는 학교가 자율적으로 결정하도록 하였다. 집중 이수제를 통해 학기당 이수 교과목 수를 당장 감축할 수 있어서 수업 부담을 줄일 수 있다. 그리고 집중 이수를 통해 <표 2-10>과 같이 각 교과목당 주당 평균 수업시수가 늘어나게 되면 교과의 성격에 충실한 수업이 가능해지며, 따라서 수업의 효율성을 높일 수 있다는 장점이 있다. 그러나 주요 교과는 매학기 편성하고, 소위 주변 교과는 집중 이수를 하게 할 우려가 있고, 전입 학생의 교과 중복 이수나 이수 기회의 박탈이라는 문제가 있을 수 있고, 집중이수 대상 교과를 가르치는 교사들의 법정 시수 확보의 어려움이 문제가 될 수도 있다는 약점이 있다.

<표 2-10> 집중 이수제 예시

	7(중1)		8(중2)		9(중3)	
	1	2	1	2	1	2
집중이수	음악 68(4)	미술 68(4)	기술 · 가정 85(5)	음악 68(4)	미술 68(4)	선택③ 68(4)
	도덕 85(5)	선택① 68(4)	선택② 68(4)	도덕 85(5)	기술 · 가정 85(5)	기술 · 가정 68(4)

* 출처: 김재춘 (2009). 2009 개정 교육과정(총론)의 가능성과 한계 탐색. 교육과정연구, 28(3): 74.

넷째, 학교가 내실 있는 창의적 체험활동을 구성하여 운영할 수 있도록 특별활동과 재량활동을 '창의적 체험활동'으로 통합하였다. 2007개정 교육과정에서는 재량활동은 교과재량과 창의재량 영역으로 특별활동은 자치활동, 적응활동, 계발활동, 봉사활동, 행사활동 영역으로 구성되어 있었다. 그러나 창의적 체험활동은 이 두 활동을 통합하여, 자율활동, 동아리 활동, 봉사활동, 진로활동으로 구성하고 초 · 중학교에서는 주당 평균 3시간 이상을 그리고 고등학교에서는 주당 4시간 이상 운영하도록 하였다.

다섯째, 교과(군)별 수업시수의 20% 자율 증감이란 시간배당 기준에 제시된 학년군별, 교과(군)별 수업 시수의 20% 범위 내에서 단위학교에서 자율적으로 시수를 증감시키는 것을 의미한다. 이는 단위학교가 학생들의 요구에 부응하는 교육과정을 자율적으로 편성하는 것을 가능하게 한다. 그러나 주요 교과의 수업 시수는 늘리고, 주변 교과의 수업 시수를 줄이는 현상이 나타날 수 있고, 특정 교과(군), 특정 학년군에서의 20% 증감은 자칫 교과 간 균형을 훼손할 수 있다는 우려가 제기되고 있다.

마지막으로, 지금까지 설명한 핵심 아이디어가 반영된 초·중등학교 교육과정의 편제와 시간 배당은 다음<표 2-11>, <표 2-12>, <표 2-13>과 같다. 비교를 위해 2007 개정 교육과정은 <부록 6>에 제시하였다.

<표 2-11> 2009 개정 초등학교 교육과정 편제와 시간 배당

<table>
<tr><th colspan="2">구분</th><th>1~2학년</th><th>3~4학년</th><th>5~6학년</th></tr>
<tr><td rowspan="7">교
과
(군)</td><td>국어</td><td rowspan="7">국 어
448
수 학
256
바른 생활
128
슬기로운 생활
192
즐거운 생활
384</td><td>408</td><td>408</td></tr>
<tr><td>사회/도덕</td><td>272</td><td>272</td></tr>
<tr><td>수학</td><td>272</td><td>272</td></tr>
<tr><td>과학/실과</td><td>204</td><td>340</td></tr>
<tr><td>체육</td><td>204</td><td>204</td></tr>
<tr><td>예술(음악/미술)</td><td>272</td><td>272</td></tr>
<tr><td>영어</td><td>136</td><td>204</td></tr>
<tr><td colspan="2">창의적 체험활동</td><td>272</td><td>204</td><td>204</td></tr>
<tr><td colspan="2">학년군별 총 수업시간 수</td><td>1,680</td><td>1,972</td><td>2,176</td></tr>
</table>

① 이 표에서 1시간 수업은 40분을 원칙으로 하되, 기후 및 계절, 학생의 발달 정도, 학습내용의 성격 등과 학교 실정을 고려하여 탄력적으로 편성·운영할 수 있다.
② 학년군 및 교과(군)별 시간 배당은 연간 34주를 기준으로 한 2년간의 최소수업 시수를 나타낸 것이다.
③ 학년군별 총 수업시간 수는 최소 수업 시수를 나타낸 것이다.
④ 3~4학년의 국어과 기준수업시수는 주5일 수업에 따라 감축된 시간 수이므로 학교에서는 442시간을 기준 수업 시수로 운영할 수 있다.
⑤ 실과의 수업시간은 5, 6학년 과학/실과의 수업 시수에만 포함된 것이다.

<표 2-12> 2009 개정 중학교 교육과정 편제와 시간 배당

구 분		7(중1) ~ 9(중3)
교과(군)	국어	442
	사회/도덕	510
	수학	374
	과학/기술·가정	646
	체육	272
	예술(음악/미술)	272
	영어	340
	선택	204
창의적 체험활동		306
총 수업 시간 수		3,366

① 이 표에서 1시간 수업은 45분을 원칙으로 하되, 기후 및 계절, 학생의 발달 정도, 학습내용의 성격 등과 학교 실정을 고려하여 탄력적으로 편성·운영할 수 있다.

② 학년군 및 교과(군)별 시간 배당은 연간 34주를 기준으로 한 3년간의 최소 수업 시수를 나타낸 것이다.

③ 총 수업시간 수는 3년간의 최소 수업 시수를 나타낸 것이다.

<표 2-13> 2009 개정 고등학교 교육과정 편제와 시간 배당

<table>
<tr><th rowspan="2">구분</th><th rowspan="2">교과 영역</th><th rowspan="2">교과(군)</th><th colspan="2">필수 이수 단위</th><th rowspan="2">학교자율과정
(선택 이수 단위)</th></tr>
<tr><th>교과(군)</th><th>교과 영역</th></tr>
<tr><td rowspan="9">교과(군)</td><td rowspan="3">기초</td><td>국어</td><td>15
(10)</td><td rowspan="3">45
(30)</td><td rowspan="8">학생의 적성과 진로를 고려하여 편성</td></tr>
<tr><td>수학</td><td>15
(10)</td></tr>
<tr><td>영어</td><td>15
(10)</td></tr>
<tr><td rowspan="2">탐구</td><td>사회
(역사/도덕 포함)</td><td>15
(10)</td><td rowspan="2">35
(20)</td></tr>
<tr><td>과학</td><td>15
(10)</td></tr>
<tr><td rowspan="2">체육 · 예술</td><td>체육</td><td>10
(5)</td><td rowspan="2">20
(10)</td></tr>
<tr><td>예술
(음악/미술)</td><td>10
(5)</td></tr>
<tr><td>생활 · 교양</td><td>기술 · 가정
제2외국어/
한문/
교양</td><td>16
(15)</td><td>16
(12)</td></tr>
<tr><td colspan="2">소 계</td><td colspan="2">116(72)</td><td>64</td></tr>
<tr><td colspan="3">창의적 체험활동</td><td colspan="3">24</td></tr>
<tr><td colspan="3">총 이수 단위</td><td colspan="3">204</td></tr>
</table>

① 1단위는 50분을 기준으로 하여 17회를 이수하는 수업량이다.

② 1시간의 수업은 50분을 원칙으로 하되, 기후 및 계절, 학생의 발달 정도, 학습내용의 성격 등과 학교 실정을 고려하여 탄력적으로 편성 · 운영할 수 있다.

③ 필수 이수 단위의 교과(군) 및 교과 영역 단위 수는 해당 교과(군) 및 교과 영역의 '최소 이수 단위'를 가리킨다.

④ 필수 이수 단위의 ( ) 안의 숫자는 전문교육을 주로 하는 학교, 예체능 등 교육과정 편성 · 운영의 자율권을 인정받은 학교가 이수할 것을 권장한다.

⑤ 총 이수 단위 수는 교과(군)과 창의적 체험 활동의 이수 단위를 합한 것으로, 고등학교 졸업에 필요한 '최소 이수 단위'를 가리킨다.

지금까지 제시한 2009 개정 교육과정을 2007 개정 교육과정과 비교하면, 교과군, 학년군 아이디어의 도입으로 교육과정 편제와 시간 배당표의 셀의 수는 줄어들었고 그 공간의 크기는 커졌다. 이 공간은 글로벌 창의 인재 육성을 위한 심층적 학습의 공간이며, 일정 부분 학습 부담의 적정화를 할 수 있는 공간이라고 할 수 있다. 즉, 학교와 교사가 교육과정 편성 · 운영의 자율성을 가지고 적어도 현재 보다 학기당 적은 수의 교과를 편성할 수 있고, 집중 이수제를 적용할 경우, 하나의 교과를 지금보다 더 심층적으로 학습할 수 있는 여유가 생긴다는 것이다.

그러나 그럼에도 불구하고 각 교과(군)에서 어떤 내용이 선정되고, 이를 어떻게 조직해야 할 것인가에 대한 기준은 신중하고도 치밀한 연구를 요청한다. <부록 6>에 첨부한 2009 개정 교육과정에 따른 고등학교 보통교과와 전문교과의 수나 교과 간 인접성을 보면 더욱 그러하다. 그리고 2011년 현재 2009 개정 교육과정에 따른 교과교육과정의 개정이 진행되고 있다. 앞서 <표 2-3>의 수학과 교육과정 변천에서 본 바와 같이 교육적 의도는 변화해 왔으나 실제 내용 구성에 있어서 별 차이를 보이지 않았던 것처럼, 만일 2009개정 교육과정에서도 교육적 의도와 교과교육과정이 일관성을 보이지 않는다면 글로벌 창의 인재 육성은 기대하기 어려운 목표가 되고 말 것이다. 이에 교과 교육과정 개정은 글로벌 창의 인재 육성이란 교육적 의도에 합당한 것이어야 하고, 총론적 아이디어들과 일관성 있는 방식으로 개정되어야 할 것이 요청된다고 하겠다.

2.3. 교과교육과정 개정과 이해중심 교육과정

2009 개정 교육과정의 총론적 내용이 고시된 이후, 이에 따른 교과교육과정 개정이 작업 중에 있다. 개정 작업의 지침이 된 국가교육과학기술자문회의(2010.7.30) 자료에 따르면, 창의성 증진과 심층적 학습을 가능하게 위해서 학습내용과 수준을 적정화하는 방식의 개정을

제언하고 있다. 여기에서 적정화란, '알맞고 바른 정도'의 의미로 '학습의 양과 질의 기준을 모두 포함하는 개념이다. 즉 적게 가르쳐서 많이 배우도록 한다.'(Less is more)는 원리에 바탕을 두고 궁극적으로는 학습할 내용의 폭과 깊이를 적정화 한다는 것이다. 그리고 적정화 방안으로는 '교과별 학습내용을 최소 필수 학습내용'으로 조정하는 접근을 제언하였다. 이런 접근을 통해 교사는 주입식으로 가르치는 것을 지양하고, 학생들은 더 심층적으로 학습하게 하는 학생중심 교실 전략을 구현할 수 있도록 하자고 하였다.

여기에서 다시 2009 개정 교육과정의 교육적 의도가 글로벌 창의 인재 육성임을 상기할 필요가 있다. 창의성이란 새롭고도 적절한 산출물을 도출하는 능력이라고 하였고, 이를 발현하는 데는 개인의 역량과 인간이 성취한 문화적 영역과 이를 격려하고 평가해 주는 분야의 사람들이 함께 작동해야 한다고 하였다. 그리고 여기에서 창의적 사고를 작동하는데 기초가 되는 문화적 영역, 즉 학문 또는 교과의 지식은 아주 중요하다고 하였다.

이렇게 보면, 창의성이란 전술한 바와 같이 Bruner(1960)가 제시한 직관적 사고, 분석적 사고, 교과의 구조와 일맥상통한 점이 있다. 직관적 사고와 분석적 사고는 교과 고유의 탐구 방식으로 발견하고, 그 발견물의 타당성을 입증하는 사고과정이라고 할 수 있다. 그리고 교과의 구조는 이러한 사고를 하는데 기초 지식이 된다. 이렇게 보면, 창의성 발현을 위해서 교과의 내용체계에 접근하는 한 방식은 교과의 구조로 접근하는 것이라고 할 수 있다. 이에 교과의 구조는 '최소 필수 학습내용'과 같은 의미로 보아도 무방할 것이다. 교과의 구조는 해당 교과의 가장 핵심적인 아이디어, 원리, 일반화라고 할 때, 앞 절 [그림 2-2]에서 본 바와 같이 양적으로 소수이면서 생성력은 가장 크다고 할 수 있다. Bruner(1960)는 교육내용은 교과 영역에 존재하는 가장 근본적인 아이디어, 원리, 일반화를 중심으로 조직하고, 단순한 형태에서부터 성숙된 형태로 점진적으로 나아가야 한다고 하였다.

Bruner(1965)는 1960년대에 '인간: 교수요목'(Man: A Course of

Study)이라는 프로그램 개발에 참여하였는데, 이때 핵심 질문을 설정한 다음, 그것을 해결하기 위해 적합한 주제를 선택하였다. 그리고 각각의 주제들을 보다 잘 학습하기 위하여 필요한 기본 개념과 원리들을 선정하였다. 이렇게 여러 학문에서 도출된 기본 개념과 원리들을 문화인류학에서 다루는 '보편적 인간성'과 '인간의 도구주의적 진화'라는 기본적 아이디어를 중심으로 관련시킴으로써 겉보기에 관계가 없어 보였던 개념들에 통일성을 부여하였다. 이렇듯, '보편적 인간성'과 '인간의 도구주의적 진화'라는 교과의 구조는 서로 관련 없이 흩어져 있던 지식들에 통일성과 관계성을 부여할 뿐만 아니라, 학생들에게 새로운 지식을 발견하게 하는 과정을 거치게 한다는 점에서 창의성 발현의 과정과 다르지 않다고 할 수 있다. 그러나 Bruner 이후 학문중심 교육과정 시대에 교사 외부에서 개발되어 교사들에게 주어진 프로그램들은 큰 성공을 거두지 못하였다. 왜냐하면 교사가 교과의 구조를 잘 이해하지 못한 상태였고, 가르치는 방식에서의 변화 또한 실현되지 못하였기 때문이다.

최근에 미국을 중심으로 교과의 구조는 '이해'라는 개념으로 재조명되고 있다. 당시와 다른 점이 있다면, 국가나 주 수준에서의 교육과정뿐만 아니라 학교와 교사 수준에서의 이해중심 교육과정 설계를 강조한다는 점이다. 이해란 "아는 것을 이용하여 유연하게 사고하고 수행하는 것"이며, 이해 수행은 암기와 반복을 넘어서는 활동으로서 언제나 새로운 확장자(something of stretch)를 포함한다(Perkins, 1998: 39-40). 따라서 여러 번 해 본 과제를 제시하거나, 구조화하기를 기대하는 활동이나, 틀에 박힌 활동들, 예를 들면, 구구단 외우기, 대수문제 풀기, 역사적 사건의 날짜를 외우기 등은 이해 수행이 아니다(김경자, 2010). 이해 수행은 새로운 확장자의 확인을 통해 이해의 정도가 평가 된다(Perkins, 1998). 이렇게 보면, 이해란 창의성과 의미를 공유하며 이해의 정도는 그 다음 이해의 기초가 된다고 할 수 있다. 이에 우리나라 교과 교육과정 개정 접근 방식은 다음 장에서 구체적으로 제시되는 이해중심 교육과정 설계를 하나의 대안으로 취할 수 있을 것이다.

	연 습 문 제
1	우리나라 교육과정 변천의 역사 속에서 교육과정의 의미는 어떻게 개념화되고 변화되었는가?
2	'교과', '학습자의 경험', '학습자의 경험에 대한 계획 또는 설계', '교육내용과 방법에 대한 설계'의 의미는 서로 어떻게 같고 다른가?
3	'글로벌 창의 인재'라는 인재상을 사회변화라는 측면에서 정당화할 수 있는가?
4	2009 개정 교육과정과 이해중심 교육과정은 어떻게 관련이 되는가?
5	창의성을 Bruner의 교과의 구조 개념을 가지고 설명할 수 있는가?
6	창의성, 이해, 교과의 구조 개념은 서로 어떻게 같고 다른가?

Chapter 03

백워드 디자인에 따른 단원 및 차시 개발

제3장 백워드 디자인에 따른 단원 및 차시 개발

이해중심 교육과정 설계 모형은 흔히 백워드(backward) 디자인이라고도 불리는데, 이는 전통적인 교육과정 모형을 기준으로 삼았을 때, 그 과정이 반대로 이루어진다는 것을 강조하고자 붙여진 이름이다. Tyler에 의해 체계화된 전통적인 방식의 교육과정 개발 과정에서는 교사들이 학생들을 가르칠 때 교육목표를 먼저 생각하게 하였다. 교육목표를 어떻게 진술해야 하는지는 학자에 따라 그리고 관점에 따라 차이가 있었지만, 기본적으로 목표를 먼저 설정하고 난 다음 교육목표를 효과적으로 달성하기 위해서 교육 자료를 어떻게 제시하고 어떤 수업전략을 사용해야 하는가가 결정되었다.

또한 많은 경우 현장 교사들은 단원을 가르칠 때에 교사용 지도서나 교육과정 문서에 제시된 교육목표와 함께 제시된 지도 활동에 관한 예시들을 보고 일제식 수업부터 시작하여 자리 학습(코너학습/센터학습)에 이르기까지 다양한 방법들을 사용하여 학생들을 가르쳤다. 평가는 수업 중에 학생들이 얼마나 내용을 이해하였는지를 확인하거나 단원을 끝낸 후 교육목표가 달성되었는지를 결정하기 위한 방법으로 단원의 마지막에 이루어졌다. 그러나 백워드 디자인이라는 용어가 보여주듯이 이해중심 교육과정에서는 교육목표가 아니라 평가가 수업을 이끈다.

하지만, 평가가 수업을 이끈다는 것은 '평가되는 것만 가르치기(teaching to the test)'로 오인되어서는 안 된다. 시험에 나오는 것 혹은 평가하는 것만 가르친다는 것이 아니라 이해의 증거를 먼저 생각한 다음에 수업활동을 그 증거를 중심으로 조직하라는 것이다. 이에 평가는 매우 중요한 역할을 하며 단순 암기와 상기를 통해 답할 수 있는 평가방식을 취해서는 안 된다. 이해의 증거로서의 평가는 복잡한 사고를 요구하며 학습자들이 학습내용을 적용할 수 있는 방식으로 구성이 되어야 하며, 이는 주로 수행평가의 형태를 띤다. 가르쳐야 할 '중요한' 내용을 학생들이 제대로 이해했다면 그것은 어떤 모습이어야 할 것인가를 수업활동을 생각하기 전에 떠올림으로써, 수업활동에 구심점을 주고 내용에 대한 '이해'를 드러내는 방식으로 가르칠 수 있게 도와준다. 즉 평가는 이해의 청사진을 제공하여 핵심 내용과 수업활동의 연결고리 역할을 한다.

백워드 디자인의 첫 번째 단계에서는 '중요한' 핵심 내용을 사실들의 기저에 있는 학문에 기반한 개념, 일반화, 기능(탐구과정)으로 추출하고 구조화한다. 또한 이러한 교육내용을 질문의 형태로 전환시켜서 학습자들을 내용으로 안내하고 광범위하고 추상적인 아이디어들을 구체화시키는데 활용한다. 두 번째 단계에서는 학습자들이 중요한 핵심 내용을 이해했는지를 보기 위해서 그리고 앞서 설정한 핵심 질문에 답할 수 있는 방식으로 수행과제들을 개발한다. 마지막 단계에서는 개별 차시들을 통한 수업활동들에 대한 구체적인 계획이 이루어지는데, 이는 학생들이 앞서 개발한 수행평가 과제를 성공적으로 완수할 수 있도록 도와주는 방식으로 조직된다. 다음 절에서는 이 세 가지 단계를 구체적으로 설명하고 사례들을 함께 제시한다.

3.1. 단계 1: 기대하는 학습결과 확인하기 -중요한 교육내용의 선정 및 핵심 질문 구성

3.1.1. 사실, 개념, 기능, 일반화 추출

전문가의 지식은 사실들로 이루어져 있지 않다. 전문가의 지식이 사고를 안내하는 핵심 개념들 혹은 빅 아이디어들과 함께 학문 특유의 탐구기능으로 조직화되어 있다는 사실은 교육내용이 어떻게 선정·조직되어야 하는지를 암시한다(Bransford et al., 2000).

Bruner(1973)가 교육내용을 사실, 개념, 일반화로 범주화하였듯이

Wiggins와 Mctighe(2005)는 앞서 [그림 2-2]에서 본 바와 같이 교육내용을 크게 1) 친숙해져야 할 정보와 사실들, 2) 개념과 기능들, 3) 영속적인 이해(enduring understanding) 혹은 영속적인 이해의 진술형태인 일반화로 범주화한다. 정보와 사실들은 개념과 일반화의 예(building blocks)이며, 개념은 사실들 간의 관계를 구조화한다. 예를 들면, 사회과에서 구체적인 역사적 사건들이나 특정 문화의 사례는 사실들에 해당하고 이러한 사실들은 문화, 인권, 평등, 사회변화, 권력, 권위, 억압과 같은 개념들을 이해하는 데 도움을 준다. 이와 같은 사회과학의 개념들은 사회현상의 의미를 규정짓는 속성(attributes)에 근거하여 개별 사실들을 묶어서 바라보게 해준다.

비슷한 개념들끼리는 서로 묶이기도 하고 하나의 개념이 다른 하나의 개념을 불러오기도 하는데, 비슷한 개념들끼리 묶여진 상위 개념이 빅 아이디어 또는 큰 개념이라고 한다. National Council for the Social Studies(1994; 2010)에서 개발한 교육과정을 보면, 사회과의 내용기준들로서 역사는 '시간, 영속성, 변화'로, 정치학은 '권위, 권력, 통치'로, 지리는 '인간, 장소, 환경' 등의 빅 아이디어로 표현되어 있다. 일반화는 개념들이나 빅 아이디어들을 명제화한 진술문으로서 학습자들이 사실들을 잊어버린 후에도 마음에 남아있는 영속적인 이해의 한 형태이다.

일반화는 개념 및 빅 아이디어들 간의 관련성을 드러내는 문장이며 개념들보다 전이력이 높고 더욱 다양한 상황들과 사실들에 적용된다. 사회과의 예를 들면, '모든 사회는 의사결정을 하고 사회 구성원들에 대해 규제를 실행하는 권위의 체제를 세운다.'라는 일반화는 사회, 의사결정, 규제, 권위라는 개념들 간의 관계를 드러내 주며, 이는 민주국가, 공산국가, 사회주의 국가들이 어떠한 정부 체제를 통해서 권력을 행사하는지를 학습할 때 모두 적용될 수 있다.

또 다른 예로는 '국민이 정부가 자신들의 의사와 기본권을 적절하게 대표하여 실행하지 못한다고 느낄 때 혁명이 일어난다.'를 들 수 있다. 이러한 일반화는 시민권 운동이나 참정권 운동 혹은 독립 운동

모두의 경우에 적용될 수 있는 진술문이다. 일반화는 학년이 높아짐에 따라 혹은 여러 종류의 주제와 소재를 가지고 깊이를 더해서 다루어질 수 있기 때문에 Bruner가 말한 나선형 교육과정에서의 핵심 축에 해당한다고 볼 수 있다.

교사들이 교과서나 참고도서들을 교재 및 수업 자료로 사용할 때에는 각각의 소재들을 넘어서서 기저에 있는 핵심 내용이 무엇인지 개념, 빅 아이디어, 일반화의 형태로 끌어내어, 가르치고자 하는 사실들과 연결 지을 수 있어야 할 것이다. 그러나 개개인이 만들어내는 일반화의 타당도는 증거 참조에 의해 결정되어지며, 특히 인문사회 영역의 경우에는 우리가 일반화라고 도출한 것이 개인적인 세계관, 혹은 심지어 편견으로부터 비롯된 것일 수 있기 때문에 이의 적절성은 해당 학문 분야에서 잠정적으로 동의된 진술문에 비추어서 판단되어야 할 것이다.

일반화는 일반성의 정도(generalizability)에 따라 다른 수준(level)으로 분류될 수 있다. 예컨대, '이민자들은 역사적으로 볼 때, 특히 특정 사건들과 결부되어 차별의 대상이 되었고 그로 인해 많은 어려움을 겪고 희생양이 되었다.'와 '역사적으로 볼 때 흑인들은 현재의 상태에 이르기까지 많은 투쟁과 승리를 경험하였다.'라는 진술문은 '소수집단의 사람들은 모든 사람이 동등하다고 법에 명시된 이후에도 계속 힘든 과정을 거쳐야했다.' 혹은 '특정 역사적 사건들은 특정 집단들에 대한 고정관념과 차별을 낳았고, 이는 오랜 기간 동안 지속된다.'라는 진술문보다 낮은 수준의 일반화이다. 즉, 후자의 예들은 더욱 다양한 상황에 적용될 수 있기 때문에 여러 학년에 걸쳐서 가르쳐질 수 있는 보다 일반적인 진술문이며, 전자의 예들은 특정 학년에서 이민에 관한 단원이나 미국의 시민운동에 관한 단원에 포함될 수 있는 좀 더 낮은 수준의 구체적인 일반화이다.

사실, 개념, 일반화는 일반화의 수준에 따라 다음 [그림 3-1]과 같이 표현될 수 있다. 아래로 내려갈수록 일반화의 수준이 높아지면서 적용 범위가 넓어진다.

사실: 용어, 정의, 주요 정보, 중요한 세부 사항들, 주요 사건과 사람들

기능: 해독 및 그리기와 같은 기본 기능, 의사소통 기능, 사고기능, 학습기능, 인간관계 기능, 탐구기능 등

개념의 예: 순응, 변화, 에너지, 상호작용, 시스템, 상징, 정의 등

일반화와 원리의 예: '상호관계는 인과관계를 항상 담보하지는 않는다.' '민주정부는 개인의 권리를 공공선과 균형을 맞추어야 한다.'

인식론적 이해의 예: '과학적 조사탐구로부터 도출된 결과는 '반복'을 통해서 검증되어야 한다. 과학적 탐구는 의도적으로 주요 변인들을 통제하고 고립시킨다.' '역사는 해석과 관련되며, 역사가들은 서로 동의하지 않을 수 있다. 과거에 대한 한 역사가의 해석은 그의 경험, 문화, 철학, 정치적 신념 등에 의해서 달라질 수 있다.'

[그림 3-1] 일반화의 수준에 따른 교육내용으로서의 지식

교육내용을 교육과정에 어떠한 방식으로 구조화하고 있는지 살펴보기 위해서 우리나라와 미국의 사회과 교육협회(National Council for the Social Studies: 이하 NCSS)에서 제시하는 교육과정 문서를 비교 분석하면 다음과 같다.

첫째, 우리나라와 미국 모두 사회과 목표가 사회현상의 지식과 기능을 습득하여 학습자가 자신을 둘러싼 환경에 적용하며, 더 나아가 사회생활에 적극적인 참여를 할 수 있는 민주시민으로 길러내는 데 있다는 것은 동일하다. 둘째, 사회과 중에서도 한 사례로 초등학교 역사 영역을 살펴보면, 무엇에 강조점을 두어야 하는지도 동일한 것처럼 보인

다. 우리나라 경우 '역사적 전통과 문화의 특수성'을 파악할 것을 강조한다. '전통과 문화'의 비중은 초등학교 때부터 강조되는 것으로 생활사 중심의 역사 학습이 선행되어야 하고, 그러한 역사 학습이 이루어져야 지리 영역이나 사회·문화 영역과 넓게 관련되는 통합 학습이 가능하다고 본다. 이러한 생활사 및 국사 지식을 바탕으로 '인류 생활의 발달 과정과 각 시대의 문화적 특색'을 파악하는 것을 목표로 삼는다. 미국의 경우도 역사영역에서 학생들에게 과거와 현재의 인간 생활방식을 학습할 수 있는 경험을 제공해야 해야 한다고 주장한다. 셋째, 두 나라 사이의 상당한 유사점을 보이는 교육 목표와 초등학교 역사 교육에 대한 관점은 학습내용 측면에서는 매우 다른 양상으로 나타난다. 다음은 초등 6학년 역사 영역의 학습내용이다(교육인적자원부, 2002).

단원: 새로운 사회, 문화로 가는 길

개관: 조선 후기 주요한 역사적 인물의 업적과 사상을 조사함으로써 제도 개혁과 실학의 대두, 서민들의 의식 변화 등 사회와 문화의 변화를 이해한다. 또, 근대 이후 조상들의 자주와 독립을 위한 노력과 일제 침략에 대항한 항일 독립 투쟁이 대한민국 성립의 기반이 되었음을 인식하고, 민족과 국가의 발전에 헌신한 조상들의 애국정신과 민주주의에 대한 신념을 이어받고자 하는 태도를 가진다.

(가) 국가의 부강과 국민의 복지를 위해 노력한 조상들

(1) 조선 후기의 농촌 사회가 변화한 모습을 조사해 보고, 농민 생활의 안정을 위하여 노력한 사람들의 업적과 생각을 알아본다.

(2) 제도를 고치고 외국의 문물을 받아들임으로써 나라의 힘을 기르고 백성의 살림을 풍족하게 하고자 주장한 실학자들에 대해 알아보고, 그 주장의 중요성에 대해 토의한다.

(3) 한글 소설, 판소리, 풍속화 등의 자료들을 분석하여, 조선 후기 농민들의 생활 모습과 농민 의식을 파악한다.

(4) 우리나라에 천주교가 수용되고 전파되는 과정을 파악하고, 천주교가 박해를 받게 된 이유를 알아본다.

위에서 볼 수 있듯이 6학년 역사 영역의 학습내용은 시간의 순서에 따라 소재 중심으로 조직되어 있다. 구체적인 학습내용에서도 역사적 사건 중심으로 서술되어 있으며 역사적 사건을 통해 학생들이 학습해야 하는 역사학의 개념이나 일반화는 잘 드러나지 않는다. 그러나 미국의 NCSS에서 개발한 사회과 교육과정에서는 역사 영역을 학습한 학생이 알아야 할 핵심 질문들을 설정하고, 이를 가르치기 위한 지식과 기능 등을 초등, 중등, 고등학교별로 설정하여 제시하고 있다. 교과의 구조 측면에서 사실, 개념과 일반화는 시기를 달리하여 배우는 것이 아니기 때문에 같은 개념과 일반화를 반복해서 배우되 학생들이 각자의 발달단계에 따라 각기 다른 방식으로 제시된 것을 학습하게 된다. 학교급별, 학년별로 학습내용의 범위와 소재의 차이는 있을 뿐 가르쳐야 할 개념과 일반화는 교과의 핵심 축으로 동일하게 제시되는 것이다.

NCSS(1994; 2010)는 역사과의 교육내용을 '시간, 계속성, 변화'라는 핵심 아이디어를 중심으로 조직하고 있다. 초등 수준에서 역사교육은 연대기적 감각, 사료에 입각한 해석, 다양한 관점의 인식 등을 강조하는 것으로 크게 나누어 볼 수 있다. 역사적 사건들을 각각의 개별적인 사건들로 인식하는 것이 아니라, 학생들이 사건의 원인과 결과, 사람과 제도, 가치의 계속성과 변화를 연속적이고 유기적으로 인식하도록 해야 하는 것이다.

또한, 학습내용으로서의 역사적 탐구방법으로는 사료를 분석하여 다양한 관점을 파악하고 역사적 사건의 원인과 결과를 파악하는 등의 기능이 교육과정에 포함된다. 역사학의 탐구방법을 통해서 역사 교과의 내용을 가르치며, 역사학의 탐구방법 자체가 학생들이 습득해야 할 기능이 된다. 이러한 기능은 학문에 근거한 탐구(disciplined inquiry)로 불린다(Newmann, 1995). 역사교과의 탐구는 과거에 대한

'중요한' 질문하기, 질문에 답하기 위해서 적절한 자료를 찾기, 다양한 자료들로부터 획득한 역사적 증거를 선정하고 조직하고 해석하기, 알아낸 것들을 고찰하여 증거에 의해 뒷받침되는 결론에 도달하기, 과거에 대해 자신이 내린 해석을 다른 사람들에게 내러티브 형식으로 설명하기로 이루어진다(Ohn, 2013).

역사학은 사회과의 한 학문 영역이기도 하지만, 동시에 과거와 현재, 미래에 걸쳐 인간의 생활에서 일어나는 정치, 경제, 문화, 지리 영역에 관한 모든 내용을 다룬다. 그러므로 역사를 학습한 학생들은 '과거로부터 우리가 배우는 것은 무엇인가?', '우리는 어떻게 서로 다른 사료의 가치와 신뢰성을 평가할 수 있는가?', '우리의 사회적, 정치적, 경제적 체제의 근간이 되는 것은 무엇인가?', '우리의 개인적 뿌리는 무엇이며, 그것들은 인간 역사의 일부로서 어떻게 드러나는가?', '왜 과거는 오늘날의 우리에게 중요한가?', '사회는 어떻게 변해왔으며 미래에는 어떻게 변할 것인가?', '과거에 대한 관점은 어떻게 다르며 이 차이는 동시대의 생각과 행위를 어느 정도까지 말해주는가?'와 같은 질문에 대답할 수 있어야 한다(NCSS, 2010).

이러한 질문들은 Wiggins와 McTighe(1998; 2005)가 말하는 교과의 포괄적 핵심 질문으로도 삼을 수 있다. 핵심 질문은 학생들이 개념과 일반화에 도달할 수 있도록 인도하는 역할을 하므로 이 질문들에 대한 답을 찾아가는 교수학습 활동은 사회과의 교육목표를 달성하기 위한 길잡이가 된다고도 볼 수 있다.

결론적으로 우리나라와 미국의 사회과 교육과정은 동일한 학습목표를 추구하고 있지만 이것을 달성하기 위한 교육과정상의 학습내용과 학습내용을 조직하는 방식은 다른 양상을 보인다. 우리나라 초등 사회과 교육과정은 주로 소재나 사실들을 중심으로 교육내용이 선정되어 있으며 미국의 경우는 개념과 일반화 및 탐구과정을 내용으로 삼고 탐구질문을 중심으로 조직되어 있다. 따라서 이러한 방식으로 제시된 학년별로 가르쳐야 하는 학습내용만 보아서는 교사들이 이 단원에서 가르쳐야 하는 핵심 개념이나 일반화를 찾아내기가 어렵다.

우리나라의 상황에서는 교육과정 문서상에 내용기준들만 제시되어 있기 때문에, 교사들은 교육과정상의 내용기준과 교과서의 활동 안에 어떤 핵심 아이디어들이 녹아져 있는지를 스스로 확인해야 한다. Wiggins와 McTighe(2005)는 이러한 활동을 교육과정 풀기(unpacking curriculum)라고 하였다. 빙하의 은유를 들면 표면 위로 떠 있는 부분은 내용기준에 해당하고 바닷물 속에 잠겨있는 큰 덩어리는 기저에 있는 기반이 되는 학문들의 핵심 개념과 원리, 일반화들에 해당한다.

다음 <표 3-1>에서는 교육과정 풀기를 적용하여 일반화(영속적 이해)를 포괄적 이해와 소재적 이해를 추출하였으며, <표 3-2>에서는 핵심 질문을 만들어 제시한 사례를 보여준다. 단원명은 앞의 우리나라 교육과정 문서상의 '2단원. 새로운 사회, 문화로 가는 길'이다. 포괄적 핵심 질문은 다른 학년에서 사회과를 가르칠 때에도 적용되는 것으로 학년 간 위계의 핵심 축으로 기능한다.

<표 3-1> 교육과정 풀기를 통한 일반화 추출의 예[6]

<table>
<tr><th rowspan="2">영역</th><th colspan="2">일반화 / 이해</th><th colspan="2">지식</th><th>기능</th><th rowspan="2">단원</th></tr>
<tr><th>포괄적 이해</th><th>소재적 이해</th><th>개념</th><th>사실</th><th>사고 및 탐구</th></tr>
<tr><td>역사학</td><td colspan="2">· 모든 과거의 사실이 역사적 사실이 되는 것은 아니다.
· 역사에 걸쳐 사회 변화의 속도는 사람들이 가진 가치, 다양성의 정도, 다른 문화와의 접촉 정도와 같은 요소들에 따라 달라진다.
· 과거의 사건은 현재의 사건에 영향을 미치고, 현재의 사건은 미래에 영향을 미친다.
· 역사가들은 같은 사료를 가지고도 다른 결론에 도달할 수 있다.
· 역사적 사건들은 각자 독립적으로 발생하기보다는 서로 복합적인 인과관계로 얽혀 있다.</td><td>시간
변화
계속성
갈등
사료
해석
복합적인 인과관계</td><td></td><td rowspan="2">사료를 해석한다.

특정 사건에 관련된 다양한 관점을 해석한다.

지도와 그래프 등 자료를 해석한다.

사건의 흐름을</td><td>II 단원 전체</td></tr>
<tr><td>사회학</td><td>모든 사회에는, 비록 계층 구분의 기초는 다양하고 여러 형태이지만, 계층이 존재</td><td>기존의 지배적 학문이나 종교의 문제들이 드러나고 새로운 사조가 유입되면 새</td><td>사회계층 집단 갈등 변화 권위 체제 권력</td><td>실학이 발생한 배경과 의미</td><td>II -1-(2)</td></tr>
</table>

영역	일반화 / 이해		지식		기능	단원
	포괄적 이해	소재적 이해	개념	사실	사고 및 탐구	
	한다. 사회계층 간의 갈등은 변화를 가져오며, 사회 구조를 변화시키고자 하는 노력은 다양한 방식으로 이루어져 왔다.	로운 학문이 만들어지고 새로운 종교가 발생한다. 권력을 가진 계층은 새로운 학문이 유입되면 그 학문이 아무리 좋은 아이디어들을 가지고 있다 하더라도 자신들의 기득권 유지를 위해서 배척하는 경향이 있다. 새로운 학문의 유입은 사회 구성원의 생각, 가치 변화에 영향을 미치고 더 나아가 사회 개혁의 원동력이 된다.	제도 사조	실학자들의 주장 실학의 의의와 한계	연대기적으로 배열한다. 당시 사람들의 마음을 공감한다. 과거의 사실을 현재 상황과 연결 짓는다. 주어진 상황에서 합리적인 의사결정을 한다.	
정치학	모든 사회는 결정을 위한 권위 체제와 구성원들을 강제하는 권력 체제를 수립하고 있다. 지도자들이 국민의 요구를 반영하지 못하면 다양한 형태의 갈등이 초래된다. 정치체제가 유지되려면 가치와 주변 상황이 변함에 따라 변화할 수 있는 능력을 가져야 한다.	지도자는 경쟁이 되는 세력은 견제하여 약화시키고 피지배 계층의 마음을 얻어 자신의 지지 기반을 형성하고자 한다. 안정된 국가 체제를 유지하기 위해서는 변화하는 상황에 유연하게 대처하는 자세가 필요하다. 제도의 변화는 사람들의 삶에 영향을 미친다. 사람들의 신념, 가치의 변화는 제도의 변화를 가져올 수도 있다. 국제정치에서 힘의 논리나 국가 간 이해관계가 강력하게 작용하는 경향이 있다.	지도자 질서 대표성 갈등해결 변화 권력 주권 사회 개혁 정치 체제	이양선의 출현과 흥선대원군의 대응 흥선대원군의 개혁정책 병인양요와 신미양요의 원인과 결과 흥선대원군의 쇄국정책과 척화비 강화도 조약, 임오군란, 동학농민운동, 갑신정변, 을미사변, 갑오개혁의 원인과		Ⅱ-2-(1) Ⅱ-2-(2) Ⅱ-2-(3)

영역	일반화 / 이해		지식		기능	단원
	포괄적 이해	소재적 이해	개념	사실	사고 및 탐구	
				결과 서재필의 독립협회 활동 대한제국 선포의 의의와 한계 개화로 일어난 사회의 변화들		
문화인류학	문화는 특정 집단들이 공유하는 신념, 가치 및 지식체계를 가진다. 문화는 여러 요소에 의해 변할 수 있다. 종교와 철학은 사람들의 생활 모습과 문화에 큰 영향을 미친다.	각기 다른 계층은 문화적 정체성을 바탕으로 그들의 고유한 문화를 공유하고 발전시켜 나간다. 종교/문화는 사람들의 다양한 가치와 신념, 요구를 반영한다. 문화는 다양한 사회적 요인에 의해 생성, 변화·발전, 소멸될 수 있다. 문화나 종교는 사람들 사이에 유대감을 형성하고 하나로 결속시켜주는 힘을 가지지만, 때로는 다른 종교를 믿는 사람과 갈등을 일으키기도 한다.	문화 종교 다양성 갈등 변화 문화 접촉 문화 변동	다양한 서민문화 종류와 그 특징 서민문화에 담긴 서민들의 생각과 가치 천주교와 동학의 전래 과정과 교리 서민들이 민간사상에 의지한 이유		Ⅱ-1-(1) Ⅱ-1-(3)

6) 출처: 조다운, 온정덕(2013). 초등사회과 수업에 나타난 교육내용의 성격 및 제시방식 분석. 교육과학연구. 44(2)의 내용을 수정 보완하였음.

<표 3-2> 교육과정 풀기를 통한 핵심 질문 구성의 예

영역	포괄적 핵심 질문	소재적 핵심 질문	단원
역사학	· 역사는 어떻게 기록되었을까? · 누구의 역사가 선택/기록되었을까? · 기록되지 않은 과거의 사실들도 역사인가? · 과거의 사실은 현재의 상황에 어떤 영향을 주었을까? · 역사가가 하는 일은 무엇일까?		Ⅱ 단원 전체
사회학	· 사회 변화를 일으키는 힘은 무엇이고, 방해하는 힘은 무엇일까? · 사회 속에 있는 서로 다른 수준의 계층, 권력은 무엇이며, 사회에서 어떤 역할을 담당하고 있을까?	· 왜 실학이라는 새로운 학문이 생겼는가? · 실학은 결국 실패했다고 보는가? 만약 그렇다면 혹은 그렇지 않다면 그 까닭은 무엇인가? · 실학자들의 주장대로 사회 개혁이 이루어졌다면 백성들의 삶은 어떻게 달라졌을까? · 어떤 사람들을 실학자라고 하는가?	Ⅱ-1-(2)
정치학	· 기존의 체제와 사상을 뒤흔드는 새로운 변화에 당면하였을 때 사람들은 어떻게 대응하는가? · 정치적 갈등을 해결하기 위해 개인이나 집단은 어떻게 행동하는가? · 사회를 유지, 발전시키기 위한 다양한 계층들의 노력은 무엇이며, 어떻게 다른가? · 정부에 의해 이루어진 결정은 시민들에게 얼마나 영향을 미치는가? · 혁신과 변화는 사람들의 요구와 필요에 어떻게 영향을 미치는가? · 사회가 변화와 개혁을 이루는데 필요한 조건은 무엇인가?	· 이양선과 서양인들을 처음 본 조선 사람들의 생각과 느낌이 어떠하였을까? · 새로운 문물과 제도가 유입되면 사회의 모습은 무엇이 / 어떻게 달라지는가? · 내가 조선시대 양반 계층이었다면, 당시 사회 변화 흐름에 대해 어떻게 반응하였을까? 그 이유는 무엇인가? · 나라면 개화를 찬성하는 입장인가, 반대하는 입장인가? 그 까닭은 무엇인가? · 사회변화가 사람들이 원하는 방향으로 변하지 않으면 어떤 일이 일어나는가?	Ⅱ-2-(1) Ⅱ-2-(2) Ⅱ-2-(3)
문화인류학	· 문화에 붙박혀 있는 가치와 신념들은 무엇이며, 어떻게 상호 연결되어 있는가? · 어떠한 계기로 집단은 문화 변동을 경험하는가? · 문화의 한 영역에서의 변화는 다른 영역들에 어떻게 영향을 미치는가? · 종교는 사회에서 어떤 역할을 수행하는가?	· 개인이나 집단이 다른 문화를 갖게 되는 요인은 무엇인가? · 종교는 어떤 방식으로 사회 개혁에 기여하는가 또는 방해하는가?	Ⅱ-1-(1) Ⅱ-1-(3)

교육과정 문서상의 내용기준들로부터 일반화들을 추출하기 위해서는 각 교과가 기반하고 있는 모학문들을 구성하는 개념과 일반화들을 파악할 수 있어야 한다. 위의 사회과 학습내용들은 영역상 역사과이지만 사회학의 내용을 연대기적 사건들 속에서 통합적으로 제시하고 있기 때문에, 역사학뿐 아니라 그 시대를 이해할 수 있게 도와주는 문화, 사회학, 정치학 등을 포함한다.

이러한 과정은 교사들이 국가수준 교육과정상의 내용기준들로부터 일반화와 핵심 개념들을 추출하기 위해서는 교과가 기반하고 있는 학문에 대한 깊은 지식이 있어야 함을 암시한다. 만약 우리나라도 미국의 많은 주에서 하듯이 국가수준에서 교육과정 문서에 교과의 성격을 드러내는 일반화와 포괄적 핵심 질문들을 함께 제시한다면, 교사들이 단원을 설계하고 가르칠 때 참조의 틀로 이용할 수 있으므로 핵심 내용을 파악하고 필요에 따라 단원을 재구성할 때 그 과정이 훨씬 용이하게 이루어질 수 있을 것이다.

일반화 및 핵심 개념들의 추출과 함께 간과해서는 안 될 것이 교육내용으로서의 기능(skill)의 역할이다. 기능은 단순기술부터 고등사고기능 모두를 포함한다. 이것은 주로 무엇을 '할 수 있다'로 표현이 되기 때문에 활동(activities)과 혼동을 일으키기도 하는데, 여기에서 기능은 절차적 혹은 과정적 지식으로서 각 학문의 탐구기능을 포함한다는 것을 분명히 해야 한다. 역사과의 경우, 다양한 사료들의 타당성과 신뢰성을 검증하는 것과 같이 역사학자들이 사용하는 역사적 사고기능이 그 예이다. 과학과의 경우, 실험 설계를 하고 원인을 설명하고자 하는 탐구방법이 절차적 지식에 해당한다. 또한 지식을 활용하는 일반적인 인지 기능, 예컨대 Bloom(1953)이 범주화한 사고기능들 모두이 절차적 혹은 과정적 지식에 해당한다.

미국의 국가수준 사회과 교육과정에서는 기능은 크게 정보 획득, 정보 조직 및 사용, 그리고 인간관계 및 사회참여 기능으로 구성되어 있다(NCSS, 1994). 그리고 정보 획득은 하위 기능으로 읽기, 학습, 참고자료 및 정보 찾기, 컴퓨터 사용기능을 포함하며, 정보 조직 및 사용기능의 하위기능으로는 사고기능, 의사결정, 메타인지 기능이 있다. 이러한 기능들은 사실과 정보들을 획득하고 개념을 습득하는 도구일 뿐만 아니라 가르쳐져야 할 내용이기도 하다.

<표 3-3> 기능/과정적 지식의 예

기능/과정적 지식의 잘 된 예들	기능/과정적 지식의 잘못된 예들
☑ 변인들을 통제하여 실험 설계하기 ☑ 모델링하기 ☑ 결과들을 예측하기 ☑ 가설을 설계하고 검증하기 ☑ 명제로부터 직접적인 추론하기 ☑ 사실과 의견을 구별하기 ☑ 문제 해결의 전략 세우기 ☑ 역사적 사건들을 연대기적으로 나열하기 ☑ 다른 사람들의 의견을 존중하기	· 탐구조사학습 하기 · 알게 된 것을 발표하기 · 역할놀이에 참여하기 · 연대기 표 만들기 · 모둠학습하기

3.1.2. 핵심 질문 구성

핵심 질문은 학습자들이 핵심 개념과 일반화에 도달할 수 있도록 도와주는 역할을 한다. 핵심 질문은 학습자들에게 탐구심과 호기심을 불러일으키는 방식으로 구성되어야 하고, 학습자들이 이미 배운 지식 및 실생활 경험들과 관련지을 수 있도록 도와줄 수 있어야 한다. 또한 핵심 질문은 학생들의 사고를 촉진시키고 핵심 개념과 일반화에 비추어 의미를 구성할 수 있도록 도와주어야 하며, 수준에 따라 포괄적 핵심 질문(overarching essential questions)과 소재적 핵심 질문(topical essential questions)으로 구분될 수 있다.

그러나 그 수준에 관계없이 공통적으로 적용되는 특징은 첫째, 개방형이어야 한다는 것이다. 단 한 개의 답만 존재하는 것이 아니라 추론을 요구하기도 하고 논쟁의 여지가 있을 수도 있는 것이어야 한다. 둘째, 빅 아이디어들, 즉 핵심 개념들과 일반화로 나아갈 수 있도록 하는 관문의 역할을 하는 것이어야 한다. 셋째, 단원 내에서 뿐만 아니라 학년 간에도 반복적으로 제시되고, 다시 불러올 수 있는 것이어야 한다. 넷째, 생성적(generative)이어야 한다. 핵심 질문들은 탐구심을 자극하고 다른 질문들을 이끌어 올 수 있어야 한다.

포괄적 핵심 질문들은 교과가 기반하고 있는 학문들에서 도출되는 일반화들과 관련되며 그와 같은 정도로 광범위하고 일반적이다. 사회과의 예를 들면, '인간을 다른 종과 구별하게 해주는 특성들은 무엇인가?', '문화의 한 측면에서의 변화가 다른 측면에 어떠한 영향을 미치는가?', '언어는 문화에 대해서 우리에게 무엇을 말해주는가?', '어떻게 가치와, 신념, 전통이 한 세대에서 다른 세대로 전수되는가?', '역사가들은 특정 사건들에 대해서 어떻게 결론을 내리는가?', '역사가들은 어디에서 정보를 얻는가?', '누가 법과 규칙들을 정하는가?', '체제는 어떻게 변화하는가?' 등을 들 수 있다(Wiggins & McTighe, 2005).

다음의 표는 미국 노스캐롤라이나 주의 사회과 교육과정에 포함되어 있는 포괄적 핵심 질문의 예이다.

<표 3-4> 사회과의 포괄적 핵심 질문의 예

영역	영역별 포괄적 핵심 질문의 예
역사	· 나는 과거의 사건들과 어떻게 연결되어 있는가? · 왜 그리고 어떻게 특정 과거의 사실들이 역사적 사실로 채택이 되는가? · 역사가들의 관점은 역사에 어떻게 영향을 미치는가? · 사회는 어떻게 변화해 왔고, 앞으로 어떤 방향으로 변화될 것인가? · 역사적 사건들과 특성들은 현재의 규준에 의해 판단되어야 하는가? · 과학기술이 어떻게 광범위하고 예측하지 못한 사회 변화를 가져왔는지에 대해서 과거로부터 배울 수 있는 것은 무엇인가?
지리	· 장소들의 물리적, 인간적 특성들은 무엇인가? · 왜 특정 사물들은 지금 위치한 그곳에 자리 잡고 있는가? · '지역'이란 무엇을 의미하는가? · '이동'은 어떻게 일어나는가? · 인간은 어떻게 환경과 상호작용 하는가? · 지구 표면에 중요한 자원들은 어떻게 분포되어 있는가?

경제	· 희소성이란 무엇인가? · 왜 희소성이 경제적 선택을 필요하게 만들었는가? · 모든 사회는 어떤 경제적 선택들을 하는가? · 경쟁 시장에서 가격은 어떻게 결정이 되는가? · 재화와 서비스는 어떻게 배분이 되어 있는가? · 생산에 영향을 미치는 주요 요소들을 어떻게 배분하는 것이 효과적인가? · 국제 무역은 어느 정도로 '자유롭게' 되어야 하는가?
정치	· 권력은 무엇인가? · 권력은 어떤 형태를 띨 수 있는가? · 권력은 어떻게 획득되고 사용되며 정당화되는가? · 무엇이 합법적 권위인가? · 다수결의 맥락 속에서 어떻게 개인의 권리가 보호될 수 있는가? · 정부는 어떻게 생성, 구조화, 유지되고 변화되는가? · 시민 참여란 무엇이며, 개인이 어떻게 의사결정에 관여할 수 있는가?
사회 · 문화	· 인간은 어떻게 학습하는가? · 인간은 다양한 맥락 속에서 어떻게 기본적인 욕구들을 충족했는가? · 개인들은 기관들에 의해서 어떻게 영향을 받는가? · 기관, 제도적 변화 속에서 개인의 역할은 무엇인가? · 다양한 문화들 간에 나타나는 공통된 보편적 특성은 무엇인가? · 문화는 다른 아이디어들과 믿음들에 어떻게 적응하는가? · 언어는 문화에 대해서 무엇을 말해주는가?

* 출처: http://www.dpi.state.nc.us/curriculum/social studies

이러한 포괄적 핵심 질문들은 주로 주 수준이나 학교수준의 교육과정을 개발할 때에 사용된다. 다음 <표 3-5>에서 제시되는 예는 유치원에서부터 8학년들에게 가르쳐야 할 내용의 습득을 도와주고 교과의 성격을 드러내는 방식으로 구성된 포괄적 핵심 질문이며, 이들은 학년군의 수준으로 내려가면서 조금 더 구체화됨을 보여준다.

<표 3-5> 사회과의 정치 영역의 포괄적 핵심 질문들의 예

<table>
<tr><th>정치 영역의 포괄적 핵심 질문들</th><th colspan="2">학년군별 가능한 핵심 질문들</th></tr>
<tr><td rowspan="8">· 누가 법과 규칙들을 만드는가?
· 법과 규칙들은 국민들에 의해서 받아들여지는가?
· 누가 법과 규칙들을 정하는지가 어떤 차이점들을 만들어내는가?
· 누가 법과 규칙들을 시행하는가?
· 어떤 가치들이 법과 규칙들에 반영되어 있는가?
· 시민들은 정부가 내리는 결정들에 대해서 어느 정도로 영향력을 행사할 수 있는가?
· 의사 결정은 다양한 정치 시스템들에서 어떻게 다른 방식으로 이루어지는가?
· 국민들은 정치적 의사결정에 참여하기 위해서 어떤 대안적인 방법들을 확립했는가?
· 정치 시스템을 만드는 다양한 방식들은 어떠한 결과들을 가져오는가?</td><td>K-4</td><td>정부는 무엇이며 어떤 일을 하는가?</td></tr>
<tr><td>K-4</td><td>미국 민주주의의 기본적인 가치와 원칙들은 무엇인가?</td></tr>
<tr><td>5-8</td><td>시민생활, 정치, 정부는 각각 무엇인가?</td></tr>
<tr><td>5-8</td><td>미국 정치 시스템의 근본과 기초는 무엇인가?</td></tr>
<tr><td>K-4, 5-8</td><td>헌법에 의해서 확립된 정부는 미국의 민주주의의 목적과 가치와 원칙들을 어떻게 구체화하는가?</td></tr>
<tr><td>K-4, 5-8</td><td>미국은 다른 나라들 그리고 세계에서 일어나는 일들에 어떻게 관계하는가?</td></tr>
<tr><td>K-4, 5-8</td><td>미국 민주주의에서 시민들의 역할은 무엇인가?</td></tr>
</table>

*출처: Savage, Armstrong, & Potthoff, 1999, p.74, 76

반면에 소재적 핵심 질문들은 학년수준이나 단원을 구성할 때 사용되며, 일반화를 구체적인 소재와 결부시킴으로써 내용을 구체화시키고 초점을 제공하는 역할을 한다. 사회과의 예를 들면 고대 문명에 관한 단원에서는 '공연에 쓰는 가면은 잉카 문명에 대해서 무엇을 말해주는가?'라는 소재적 질문이 가능하고, 미국의 초기 역사에 관한 단원에서는 '미국에 이주한 유럽인들은 원주민들을 어떻게 바라보고 어떠한 방식으로 교류했는가?'와 같은 질문을 할 수 있으며, 정치 경제 단원에서는 '자유 경제체제 하에서 정부는 어떠한 방식으로 시장을 규제하는가?'와 같은 핵심 질문이 가능하다(Wiggins & McTighe, 2005).

소재적 핵심 질문에 대한 잠정적인 답은 일반화와 사실 및 개념적 지식의 획득을 통해서 가능해진다. 따라서 학생들은 단원이 모두 끝난 후 핵심 질문에 대하여 답을 할 수 있어야 한다. 학생들은 교사와 함께 위에서 제시된 것들 이외에 자신들이 알기를 원하고 학습하기를 원하는 것을 핵심 질문의 형식으로 구성하여 덧붙일 수 있다. 또한, 한 차시 내에서 여러 개의 핵심 질문들을 동시에 포함할 수도 있다.

3.1.3. 단원 개발의 1단계 예시

국가 또는 주 수준의 내용기준과 교육과정 문서들은 학교 및 학급 수준에서 단원 개발의 기초가 되며 교사들은 이를 핵심 질문, 일반화, 사실적 지식과 개념적 지식, 기능의 측면에서 다음과 같이 재구성할 수 있다. 예시 1-1, 예시 1-2, 예시 1-3은 미국 버지니아 주의 4학년 사회과, 과학과, 수학과의 교육과정 문서에 나타난 내용기준을 참조하여 재구성한 것이다.

예시 1-1 **4학년 사회과의 [미국혁명] 단원**

❍ **주 교육과정 문서상의 내용기준 :**

학생들은 다음을 통해서 미국 혁명의 원인과 결과를 안다.
a) 미국의 독립혁명을 일으킨 불만의 요소들을 파악한다.
b) 정치적인 아이디어들이 어떻게 미국 내 혁명운동의 흐름을 형성했는지, 그리고 독립선언문으로 함축되었는지를 존 로크의 사상을 중심으로 파악한다.
c) 미국 독립혁명의 주요 사건들과 조지 워싱턴, 벤자민 프랭클린, 토마스 제퍼슨, 페트릭 헨리, 토마스 페인과 같은 주요 인물들의 역할들을 기술한다.
d) 식민이주자들이 어떻게 대영제국을 패배시킬 수 있었는지 이유를 들어 설명한다.

- 어떤 (소재적) 핵심 질문들을 고려할 수 있는가?

> · 영국은 어떻게 미국 식민지에 대한 통제력을 확대시킬 수 있었는가?
> · 왜 식민이주자들은 영국의 법에 대하여 불만을 갖게 되었는가?
> · 어떠한 아이디어들과 철학들이 독립 선언서에 반영되었는가?
> · 당시 영향력을 행사하던 사람들이 혁명 기간 동안 어떠한 방식으로 중요한 공헌을 하였는가?
> · 어떻게 미국 식민이주자들이 혁명전쟁에서 영국을 이길 수 있었는가?

- 어떤 영속적인 이해 혹은 일반화를 습득하기를 기대하는가?

> · 다른 나라에 대한 힘을 행사하고, 통제력을 확장하는 하나의 방식은 영토에 대한 소유권을 주장하는 것이다.
> · 국민들은 정부가 자신들의 필요와 이해를 대표하지 못한다고 느낄 때, 혁명이나 투쟁을 통해서 자신들의 목소리를 낸다.
> · 새로운 정치적인 아이디어들이 미국 식민지 내에서 독립과 민주 정부에 대한 욕구를 불러일으켰다.
> · 역사 속에서 특히 갈등과 분쟁의 시기에는 다양한 집단의 사람들이 각기 중요한 역할들을 수행하였다.

- 이 단원의 결과로서 학생들은 어떤 주요 지식과 기능들을 습득할 것인가?

사실과 개념적 지식	기능/과정적 지식
· 영국의 식민지의 필요와 정책들 · 식민이주자들의 불만의 요소들 · 독립선언문 내의 주요 철학적 아이디어들 · 미국 혁명에 관련된 주요 인물들 · 혁명 과정에서 미국의 승리를 가능하게 했던 주 요인들	· 주요 사건들을 계열화할 수 있다. · 다양한 역사적 관점에서 사건들을 해석할 수 있다. · 과거의 사실들을 현재의 상황과 연결지을 수 있다.

예시 1-2 4학년 과학과의 [생태계] 단원

❍ 주 교육과정 문서상의 내용기준 :

학생들은 생태계 내의 동식물들이 서로 간에 그리고 환경과 어떻게 상호작용하는지를 조사하고 이해할 것이다. 주요 개념들로는 행동적 적응과 구조적 적응, 공동체의 조직, 먹이 그물을 통한 에너지의 흐름, 서식지와 최적의 장소, 생활주기, 생태계에 대한 인간 활동의 영향을 들 수 있다.

● 어떤(소재적) 핵심 질문들을 고려할 수 있는가?

- 동물과 식물들은 자신의 공동체 내에서 어떻게 상호작용하는가?
- 생활 주기에 따라 동물들은 환경 내에서 역할과 기능이 어떻게 변화하는가?
- 구조적 적응은 행동적 적응과 어떻게 다른가?
- 동물들은 환경 내에서 생존하기 위해 어떤 전략을 사용하는가?
- 인간은 생태계에 어떤 방식으로 영향을 미치는가?

● 어떤 영속적인 이해 혹은 일반화를 습득하기를 기대하는가?

- 식물과 동물 그리고 비생물·환경 간에는 특정한 관계가 존재한다.
- 식물과 동물들은 상호작용의 그물 속에서 산다.
- 생물들은 서식지에서 살아남기 위해서 환경과 상호작용을 한다.
- 인간은 생태계에 주요 영향력을 행사한다.
- 유기체들의 역할과 기능은 자신의 환경 내에서 변화한다.

• 이 단원의 결과로서 학생들은 어떤 주요 지식과 기능들을 습득할 것인가?

사실과 개념적 지식	절차적/과정적 지식
· 생산자, 소비자, 분해자, 그리고 그들이 각각 생활주기에 미치는 영향 · 생활주기를 유지하기 위한 먹이 그물의 중요성 · 유기체, 행동적 적응, 구조적 적응, 에너지 피라미드, 서식지, 공동체, 채식동물, 육식동물, 잡식동물 등의 정의	· 비교하고 대조하기 · 모델화하기 · 정보를 찾고 유기적으로 조직하기

예시 1-3 **3학년 수학과 [그래프] 단원**

❍ 주 교육과정 문서상의 내용기준 :

학생들은 주어진 소재를 가지고 자료를 수집하고 조직할 수 있다. 수집한 결과를 선 그래프, 그림그래프, 막대그래프로 표현할 수 있다. 또한 각 그래프에 표현된 자료를 읽고 해석하며, 그 자료에 대한 분석 내용을 문장으로 표현할 수 있다.

• 어떤(소재적) 핵심 질문들을 고려할 수 있는가?

· 우리는 어떻게 자료를 수집하는가?
· 우리는 왜 다양한 형태의 그래프들을 필요로 하는가?
· 왜 자료 해석이 중요한가?
· 우리는 어떻게 자료를 해석하는가?

● 어떤 영속적인 이해 혹은 일반화를 습득하기를 기대하는가?

·자료는 다양한 형태의 도구와 방법을 가지고 수집 및 조직될 수 있다. ·다양한 형태의 자료는 여러 다른 방식들로 표현될 수 있다. ·자료는 특정 정보를 얻고 제공하기 위해서 해석 및 분석된다.

● 이 단원의 결과로서 학생들은 어떤 주요 지식과 기능들을 습득할 것인가?

사실과 개념적 지식	절차적/과정적 지식
·다양한 자료 수집 방법: 설문조사, 측정, 관찰, 실험 ·선 그래프, 그림그래프, 막대그래프 ·그래프의 구성요소들	·설문조사, 관찰, 측정 혹은 실험하기 ·수집한 자료를 종합하여 다양한 형태의 그래프로 나타내기 ·주어진 목적을 실현하거나 특정 결과를 드러내기 위해서 그래프로 표현된 정보를 해석하고 분석하기

3.2. 단계 2 : 다양한 이해의 증거 결정하기

기존의 교육과정 모형들에서는 교육목표가 활동을 이끌고, 평가는 모든 수업활동이 이루어진 후에 각각의 목표가 달성되었는지를 보기 위해서 실행되었다. 그러나 이해중심 교육과정에서는 백워드 디자인이라는 별칭이 암시하듯이 평가가 수업을 리드한다고 하였다. 이는 질적으로 우수한 교육과정을 기반으로 한 평가가 견실한 수업 실제를 유도할 수 있다는 관점에 근거한다. 교사는 단원을 가르치기 전에 평가자가 되어 앞의 단계에서 파악한 주요 내용들을 제대로 이해했다면 그 이해의 증거는 어떠한 모습일까를 떠올려 본다. 이렇게 함으로써 후속되는 개별 차시 활동들은 학습의 결과물들을 중심으로 보다 유기적이고 유목적적으로 조직된다.

이해의 증거로서 평가는 다양한 형태로 이루어질 수 있는데, 크게 수행과제와 전통적인 객관식 검사 그리고 자기평가로 구성된다. 교육내용의 범주와 그에 따른 평가형태를 보면 [그림 3-2]에서 보는 바와 같이 학습자들의 사실과 개념 습득 여부는 전통적인 검사 형태인 객관식 평가문항들을 통해서 알 수 있으며, 개념적 지식과 과정적 지식 그리고 일반화에 대한 이해는 수행평가 과제를 통해서 평가할 수 있다.

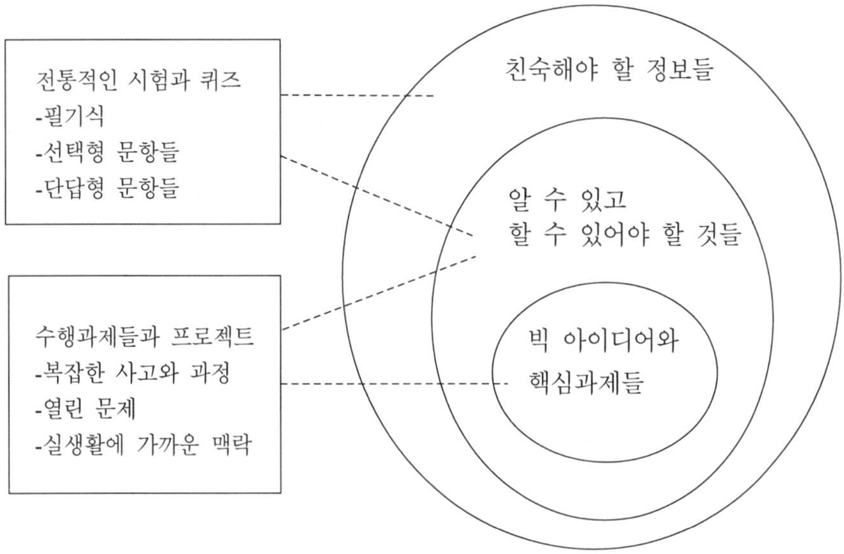

* 출처: Wiggins, G. & McTighe, J. (2005). *Understanding By Design*, p. 170.

[그림 3-2] 내용의 범주와 그에 따른 평가형태

3.2.1. 수행과제

수행과제의 '수행'은 학습자가 실제 생활에서 일어날 수 있는 상황에서 복잡한 문제를 창의적으로 해결하는 것을 의미하며, 중요한 교육내용을 이해하였는지를 드러내는 증거이다. 교사는 학생들이 습득한 지식과 기능을 어떻게 적용하여 문제를 해결하는지 그 과정을 면밀히 보거나 그들이 창출해낸 결과물을 보고 '진정한 이해'에 도달했는지를 확인할 수 있다. Wiggins와 McTighe(2005)는 교사가 수행과제를 제작할 때에 이해의 여섯 가지 측면을 고려해야 하며 가능한 많은 측면을 포함시킬 것을 제안한다. 학생들은 과제 수행을 할 때 1)

설명하고, 2) 해석하고, 3) 적용하고, 4) 관점을 가지고 바라보고, 5) 통찰로서의 감정이입을 하고, 6) 스스로의 사고과정을 반성할 수 있어야 한다. 이들 이해의 측면은 Bloom(1956)의 분석, 적용, 종합, 평가의 고차적 사고수준에 해당한다.

Wiggins와 McTighe(2005)에 따르면, 첫째, '설명하기'는 정교한 설명력과 통찰을 드러내는 것이다. 학생들은 사건, 사실, 텍스트, 혹은 아이디어를 설명하기 위해서 복잡하고 통찰력 있는, 증거와 논의에 근거한 이론과 원리들을 제공할 수 있어야 한다. 학생들은 자신의 의견을 정당화하고 무엇이 중요한지를 찾아내고, 미묘한 구별을 해낼 수 있을 뿐 아니라 적절한 예측을 할 수 있어야 한다. 이와 관련된 질문의 예로는 '왜 그러한가?', '특정 사건들은 어떻게 설명이 될 수 있는가?', '다른 것들과는 어떠한 관련이 있는가?', '해당되는 사례는 무엇인가?', '원인과 결과는 무엇인가?', '어떤 함의점을 얻을 수 있는가?' 등을 들 수 있다. 설명하기와 관련된 목표의 서술어로는 지지하다, 정당화하다, 일반화하다, 예측하다, 입증하다, 증명하다, 구체화하다 등이 있을 수 있다.

둘째, '해석하기'는 의미를 부여하는 이야기나 번역에 해당된다. '특정 사건들과 사실들은 무엇을 의미하는가?', '왜 중요한가?', '그것이 나와 어떤 관련이 있는가?'와 같은 질문에 답을 추구하는 것과 같다. 다시 말하면, 특정 사건이나 자료의 중요성이나 숨어있는 의미를 드러내는 과정이다. 이때 근거가 되는 이론을 제시해야 할 뿐 아니라 결과의 중요성까지 포함시켜서 자료와 텍스트에 숨을 불어넣는 일을 해야 한다. 학생들은 행간의 의미를 읽을 수 있고 텍스트(책, 상황, 인간의 행동 등)의 많은 목적과 의미에 대해서 개연성 있는 설명을 할 수 있어야 한다. 또한 복잡한 상황들과 사람들에 대해서 의미 있고 설득력 있게 기술할 수 있어야 한다. 예를 들면, 특정 아이디어가 어떤 역사적 배경을 가지고 있는가를 이야기하거나 그 아이디어를 주장한 사람이 어떤 개인적 배경을 가지고 그렇게 이야기 하였는가를 덧붙여서 설득력을 높일 수 있을 것이다. 여기서는 학생들이 의미를 해석해

내는 과정이 논리적이고 타당한가를 보는 데 관심이 있기 때문에 교사가 하나의 해석을 유일한 원리나 답으로 제시해서는 안 된다.

셋째, '적용하기'는 지식을 새로운 상황과 다양하고 실제적인 맥락에서 효과적으로 사용하는 능력을 말한다. '이 지식과 기능을 어떻게 어디에서 사용할 수 있는가?', '나의 사고와 행동이 이 특정한 상황의 요구를 만족시키기 위해서 어떻게 조정되어야 하는가?'와 같은 질문을 할 수 있다. 학생들은 자신의 지식을 실생활에 가깝고 복잡한 맥락 속에서 활용할 수 있어야 하고, 알고 있는 것을 새롭고 효과적인 방식으로 적용하고 확장할 수 있어야 하며, 수행하면서 효과적으로 자기 조절을 할 수 있어야 한다. 따라서 이해의 적용이라는 측면은 상황 의존적인 기술로서 평가에서는 새로운 질문들을 포함하고 다양한 상황을 제시할 것이 요구된다.

넷째, '관점 가지기'란 비판적이고 통찰력이 있는 견해를 가지는 것을 의미한다. 그리고 암묵적인 가정과 암시들을 겉으로 드러내는 것과 관련이 있다. '누구의 관점으로부터 그러한가?', '어떠한 입장에서 그러한가?', '어떠한 암묵적 가정이 겉으로 드러나고 고려되어야 하는가?', '무엇이 정당화될 수 있고 무엇이 증명될 수 있는가?', '적절한 증거인가?', '합리적인가?', '아이디어의 강점과 약점은 무엇인가?' 등의 질문을 포함한다. 다양한 관점이 있음을 인정할 수 있어야 하기 때문에 학생들이 자신만의 의견과 생각이 유일하다고 주장하거나 단지 하나의 접근법만 있다고 생각하게 만드는 것을 피해야 한다. 교사는 모든 내용을 논의할 때에 의미도 고려해야 하지만, 그와 함께 다양한 관점에서는 어떠한 가치가 있는지가 또한 평가되어야 함을 가르쳐야 한다.

학생들은 특정 입장을 비판하고 자신의 입장을 정당화할 때, 자신의 의견을 단순히 제시하는 것이 아니라 학문적으로 훈련된 비판적 사고와 내면화된 지적 성향들을 사용할 수 있어야 한다. 그리고 사실과 이론들을 맥락 속에 접목시키거나, 어떤 아이디어나 이론이 기반하고 있는 가정을 추론해 내고, 아이디어의 효력 뿐 아니라 그 한계가 무엇인지도 파악할 수 있어야 한다. 학생들은 편협하고 당파적인 의견이나 이데올로기적 논의를 꿰뚫어보면서, 특정 아이디어가 가지고 있는 중요성과 가치를 보고 설명할 수 있어야 한다. 비판적 입장을 취하면서 비판하는 것과 자신이 믿는 것 모두를 효과적으로 사용할 수 있어야 한다.

다섯째, '감정 이입하기'는 자신을 다른 사람의 상황이나 관점에 투영시켜, 느낌과 세계관을 내면화하는 능력을 말한다. '특정 현상이나 사건들이 나에게는 그리고 상대방에게는 어떻게 보이는가?', '내가 만약 그러한 처지를 이해할 수 있기 위해서는 어떠한 경험이 필요한가?', '작가나 예술가가 작품을 통해서 내가 느끼고 볼 수 있었으면 하고 의도한 것은 무엇인가?'와 같은 질문을 할 수 있다. 다른 사람의 입장이 되어보기와 같은 감정이입은 단순히 다른 이에 대해 동정심을 갖는 것이 아니라 다른 이들이 보고 느끼는 것을 같은 식으로 느끼고 경험하고자 하는 것을 의미한다. 이해의 네 번째 측면인 관점 가지기가 거리를 두고 비판적인 입장에서 사물과 사건을 객관적으로 보려고 한 것이라면 감정 이입하기는 내가 다른 사람의 입장에서 그 사람의 가치관을 내면화하는 것을 의미한다. 학생들은 비록 자신의 것과 다르거나 이상해 보이더라도 그 안에 통찰력이 있을 수 있음을 알고 다른 사람들의 생각과 경험을 포용력 있게 받아들이는 법을 배울 수 있어야 한다.

마지막으로 '자기지식 가지기'는 자신의 무지함을 알고, 편견을 포함하여 자신이 갖고 있는 특정한 사고의 패턴이나 행동이 어떤 함의를 가지고 있는지를 아는 지혜이다. 이것 아니면 저것이라는 이분법적 사고방식을 지양하고 내가 어떻게 나의 관점과 가치관을 형성하게 되었는가를 살펴보고 내 사고의 한계는 무엇인가, 맹목적이고 무분별한 점은 없는가, 나의 편견이나 사고 습관으로 인해서 잘못 이해하고 있는 것은 없는가를 자문한다. 학생들은 피드백과 비평을 받아들이고, 자신의 학습과 경험의 의미에 대해서 끊임없이 반성할 수 있어야 한다. 자신이 세계를 바라보고 사고하는 방식에 끊임없이 질문을 던지기 때문에 자기지식 가지기는 초인지와 관련되며 소위 자신을 아는 통찰력을 의미하게 된다.

Wiggins와 McTighe(2005)는 이해의 각 측면과 관련하여 <표 3-6>과 같은 질문들을 통해 이해를 드러낼 수 있다고 하였다. 이러한 측면들은 이해의 지표가 되면서 동시에 학생들이 정말로 이해했는지를 판단하는데 필요한 평가의 종류가 무엇이어야 하는지를 암시해 준다. 다음 <표 3-6>, <표 3-7>는 각 이해의 측면과 관련되는 가능한 학습 활동을 보여준다.

<표 3-6> 이해의 6가지 측면들과 관련된 가능한 질문들의 예

이해 측면	가능한 질문들
설명	· 누가, 무엇을, 언제, 어떻게, 왜? · ___에서 주요 아이디어/개념은 무엇인가? · ___의 예들로는 무엇이 있는가? · ___의 특성/부분들은 무엇인가? 이것은 왜 그러한가? · 우리는 어떻게 증명/확증/정당화할 수 있는가? · ___은 ___ 과 어떻게 연결되어 있는가? · 만약___ 하다면, 어떤 일이 일어날 것인가? · ___에 대해 흔히 잘못 알고 있는 것은 무엇인가?
해석	· ___의 의미는 무엇인가? · ___은 ___에 대해서 무엇을 드러내는가? · ___은 ___에 비유할 수 있는가? · ___은 나/우리와 어떤 연관이 있는가? · 그래서 그 결과가 무엇을 말해주는가? 그것이 왜 중요한가?
적용	· 우리는 이 지식과 기능을 언제 어떻게 사용할 수 있는가? · ___은 보다 넓은 세계에서 어떻게 적용이 되는가? · 우리는 ___을 극복하기 위해서 ___을 어떻게 이용할 수 있는가?
관점 가지기	· ___에 대하여 어떤 다른 관점들이 있을 수 있는가? · ___의 관점에서는 이것이 어떻게 보일 수 있는가? · ___은 ___과 어떻게 비슷한가/다른가? · ___에 대해 다른 가능한 반응들은 무엇이 있을 수 있는가?

	· ___의 강점과 약점은 무엇인가? · ___의 한계는 무엇인가? · ___의 증거는 무엇인가? · 그 증거는 신뢰할만한가? 충분한가?
감정이입	· ___의 입장에 있다면 어떤 생각이 들까? · ___는 ___에 대해서 어떻게 느끼고 있을까? · 우리는 ___에 대한 이해에 어떻게 도달할 수 있는가? · ___은 우리가 무엇을 느끼고 볼 수 있도록 하였는가?
자기지식	· 나는 ___을 어떻게 아는가? · ___에 대한 나의 지식의 한계는 무엇인가? · ___에 대하여 내가 '맹신'하고 있는 것들은 무엇인가? · 나는 ___을 어떻게 최상으로 보여줄 수 있는가? · 어떻게 ___에 대한 나의 관점들은 ___(경험, 가정, 습관, 편견, 스타일)에 의해 형성되었는가? · ___에서 나의 강점과 약점들은 무엇인가?

* 출처: Wiggins, G. & McTighe, J. (2005). *Understanding by Design*. p. 120.

<표 3-7> 이해의 6가지 측면과 관련된 학습활동의 예

이해 측면	가능한 활동의 예
설명	· 학생들은 '무엇'과 '언제' 뿐 아니라 '왜'와 '어떻게'를 알아야 한다. 또한 단순히 기능을 따라서 하거나 공식을 대입하여 문제를 해결하는 것이 아니라 왜 그러한지 설명할 수 있고, 왜 그렇게 생각했는지를 변호할 수 있어야 한다.
	· 용어들의 공식적 정의를 예와 함께 여러분 자신의 말로 재정의 하시오. · 일련의 역사적 사건들의 관계를 드러내는 개념지도를 그려보시오. · 이야기를 읽고 이야기의 중심 생각을 정리해보시오. · (사지선다형 평가 내에) 각각의 문항에 대해 왜 그 답을 선택했는지, 필요에 따라 이유를 설명하시오. 만약 문제가 틀렸다고 생각하면 이유와 함께 문제를 비판해도 좋습니다. · 비슷해 보이는 이 개념들 간의 차이점을 예와 함께 제시해보시오.

해석	· 학생들은 주어진 자료나 정보들 혹은 텍스트가 무엇을 말하는지 의미를 파악하며 해석할 수 있어야 하고, 추론을 할 수 있고, 행간의 의미를 읽을 수 있어야 한다.
	· 특정 역사적 사건에 대한 일차 사료들의 발췌문들을 읽고 그것이 어떤 메시지를 제공하는지 적어보시오. · 이 이야기 속에서 주인공들의 행동과 특성들에 근거하여 앞으로 어떤 일이 전개될 수 있는지를 예측해보시오. · 시에서 이 용어가 어떤 의미로 사용되었다고 생각하는지를 시인의 개인적 배경과 시대적 배경과 관련지어 이야기해보시오. · 주어진 정치만화에서 어떤 메시지가 전달되고 있는지 만화의 주요 캐릭터들과 상징물들을 고려하여 예측하고 그것을 글로 적어보시오.
적용	· 학생들은 기존에 습득한 지식을 새로운 상황에, 특히 실생활에 가까운 맥락 속에서 적용하여 문제를 해결할 수 있어야 한다.
	· 이것이 어떤 식으로 작용하는지를 보여주는 모델을 만들어 보시오. · 중요한 역사적 사건들을 그림이나 정치 만화로 표현해 보시오. · 주어진 정보들을 활용하여 퍼즐 게임을 만들어 보시오. · 만약 이 재료가 아닌 다른 재료를 사용하였다면, 그 결과는 어떻게 달라졌을까요?
관점가지기	· 학생들은 관점을 전환하거나, 그럴듯한 다양한 관점들을 고려할 수 있어야 한다. 또한 거리를 두고 보는 방식으로 '큰 그림'을 볼 수 있어야 하고 비판적인 자세를 취할 수 있어야 한다.
	· 같은 관점을 드러내는 그림들을 함께 모아보시오. · 이 글속에서 화자가 가지고 있는 암묵적 가정들은 무엇인가요? · 이 글에서 포함하고 있는 정보를 다른 관점을 취하여 재구성해 보시오. · 저자가 가지고 있을 수 있는 편견이나 모티브에 대하여 설명해 보시오. · 여러분의 주장을 관철시키기 위한 정치캠페인 자료를 만들어 보시오.
감정이입	· 학생들은 다른 사람의 입장에서 생각해 볼 수 있어야 한다. 또한 현재의 시점과 개인의 의견에 따라 판단하는 것이 아니라, 문학작품의 등장인물이나 역사적 사건을 해석할 때 순전히 그 맥락 안에서 '내부자'로서 생각할 수 있어야 한다. 이것은 동정심(sympathy)과는 구별되는 지적 행동이다.

	· 만약 여러분이 이와 같은 상황에 있었다면 어떻게 행동하고 어떤 느낌을 가졌을까요? · 특정 역사적 사건들과 관련하여 그 시대에 왜 그 사람이 그와 같은 행동을 했다고 생각하나요?
자기지식	· 학생들은 자신의 학습을 형성하는 편견이나 사고 과정 및 행동과 태도에 대해서 알고 있어야 하며 이를 정확하게 평가할 수 있어야 한다.
	· 오늘 수업에서 자신이 학습한 가장 중요한 아이디어는 무엇이었나요? · 단원을 다 마치고 나서 아직 해결되지 않은 문제들은 무엇이 있나요? · 자신은 어떤 식으로 배울 때 학습이 가장 잘 일어난다고 생각하나요? · 자료들을 읽고 해석할 때 어떠한 방식으로 내용을 조직했나요?

하나의 과제가 모든 이해의 측면을 통합하여 드러낼 수는 없지만, 하나의 과제는 적어도 하나 이상의 이해의 측면을 포함해야 한다. 그리고 각각의 과제는 반드시 평가준거를 동반해서 학생들이 과제를 성공적으로 수행하는 기준을 제공해야 하고, 마지막에는 학생들이 자신의 학습과정과 사고를 반성할 수 있는 기회를 제공해야 한다. Wiggins와 McTighe(1998; 2005)는 수행과제에 포함되어야 할 요소들 머리글자를 따서 GRASPS 모델이라고 하였다. 이는 수행과제를 개발할 때 유용한 길잡이가 되어준다. 수행과제는 학습자들이 실생활에 적용할 수 있는 상황(Situation)에서 어떤 목표(Goal)를 가지고 구체적인 대상 혹은 관중(Audience)을 고려하면서 특정 역할(Role)을 맡아서 기준(Standard)에 따라 결과물(Product)을 만들어내는 형식으로 개발된다. 다음 <표 3-8>은 수행과제를 고안할 때 사용할 수 있는 길잡이 문장들이다.

<표 3-8> 수행과제의 요소들과 가능한 길잡이 문장들

목적	· 너의 과제는 ___이다. · 과제의 목적은 ___을 하기 위함이다. · 문제 혹은 도전은 ___이다. · 극복하고자 하는 장애물들은 ___이다.
역할	· 너는 ___이다. · 너는 ___을 하도록 요청받았다. · 너의 일/역할은 ___이다.
청중	· 너의 고객은 ___이다. · 너의 목표 청중은 ___이다. · 너는 ___를 설득시켜야 한다.
상황	· 너 자신은 ___한 상황에 있다. · 너의 도전은 ___을 처리하고 다루는 것이다.
결과물, 수행, 그리고 목적	· 너는 ___을 하기 위해서 ___을 만들어 내게 될 것이다. · 너는 ___가 ___을 할 수 있도록 하기 위하여 ___을 개발해야 한다.
기준과 성공의 준거	· 너의 수행은 ____을 포함해야 한다. · 너의 작업은 ___에 의해서 판단될 것이다. · 너의 결과물은 반드시 다음의 기준들을 만족해야 한다.

*출처: Wiggins, G. & McTighe, J. (2005). *Understanding By Design.* p. 159

다음의 예는 초등학교 과학과의 생태계 단원에서 GRASPS 형식을 따라 고안한 과제와 루브릭이다.

<표 3-9> 초등과학과의 수행과제와 루브릭의 예

과제1. 설득적 연문 쓰기 : 북극 여우를 풀어주어야 하는가?

곧 알래스카의 한 고장에서 지금까지 갇혀서 치료를 받았던 북극 여우들을 근처 숲에 풀어주어야 할 것인가를 논의하는 회의가 있을 예정입니다. 여러분은 그 회의에서 사람들이 적절한 결정을 내릴 수 있도록 여러분의 입장을 설명하는 연설을 해달라는 요청을 받았습니다. (G, S, R)

이를 위해서 먼저, 그 숲에 북극 여우를 풀어주는 것에 대하여 여러분은 지지할 것인지 반대할 것인지를 결정하시오. 그 다음, 연설을 하기 위한 원고를 한 페이지 분량으로 적어보시오. 그리고 회의에서 원고를 읽기 전에 친구들 앞에서 발표 연습을 할 것입니다. (A & P)

원고를 작성하고 연설을 할 때 여러분은 여러분이 선택한 입장이 북극 여우들과 서식지 및 주변 환경들을 고려할 때 최선이라는 것을 다른 사람들에게 확신시켜야 합니다. 이때 여러분의 주장은 여러분이 제시한 적절한 사실과 예들에 의해 지지되어야 합니다. (S)

과제1 루브릭 (준거)

영역	뛰어남	보통	노력요함	부족함
입장과 근거 10점	입장이 명확히 진술되었고, 3개 이상의 정확한 과학적 사실과 예를 제시하여 자신의 입장을 지지하였다. 또한, 자신의 주장에 대한 가능한 반론을 포함시켜 논의하였다. (10)	입장이 명확히 진술되었고, 3개의 정확한 과학적 사실이나 예를 제시하여 자신의 입장을 지지하였다. (8)	입장이 진술되었고 적어도 1개의 정확한 과학적 사실이나 예를 제시하여 자신의 입장을 지지하였다. (5)	입장이 진술되지 않았고 어떤 사실이나 예도 사용하지 않았다. (1)
연설문 구성 5점	연설문이 도입 부분과 적어도 세 개의 문단으로 구성된 본문 및 결론으로 구성되어 있으며, 주장을 이해하기 쉽게 썼다. (5)	연설문은 도입부분과 한 두 문단으로 구성된 본문과 결론으로 구성되어 있으며, 주장을 이해하기 쉽게 썼다. (4)	연설문에 도입, 본문, 혹은 결론 부분이 없고, 주장하고자 하는 것이 명확하지 않다. (2)	연설문이 논리적이지 않았고, 주장하고자 하는 바가 명확하지 않고, 혼동스럽다. (1)
연설 발표 5점	연설 준비가 되어 있고, 명확하게 열정적으로 의견을 전달하였다. (5)	연설 준비가 되어 있고 명확하게 의견을 전달하였다. (4)	연설 준비가 다소 미흡하나, 의견을 명확하게 전달하고자 노력했다. (2)	연설 준비가 거의 되어 있지 않았고, 관심과 열정이 없었다. (1)

과제2. 학교 급식 먹이그물

우리학교 2학년 동생들은 우리가 점심 때 먹는 음식이 어디에서 오는가에 대하여 궁금하게 생각합니다. 이미 과학시간에 먹이그물에 대해서 배운 우리 4학년은 이 복잡한 과정을 2학년 동생들에게 쉬운 도표나 그림으로 설명해줄

것입니다. (G, S, R)

여러분의 과제는 학교 급식 메뉴에서 음식 한가지를 선택한 다음, 그것이 어떻게 우리 식판에까지 올 수 있게 되었는지를 보여주는 것입니다. 나누어 준 포스터 종이에 이 과정을 2학년 동생들이 쉽게 이해할 수 있도록 그림과 도표 및 간단한 설명을 넣어서 표현해 보시오. 2학년 학생들은 현재 과학 시간에 식물에 대해서 배우고 있습니다. 2학년 동생들이 알고 있는 것과 관련지어서 어떻게 점심 메뉴에 포함된 모든 음식들이 결국에는 식물로 되돌아가게 되는지를 보여주시오. 또한 2학년 선생님들이 이 포스터를 교실에서 읽고 설명해 줄 수 있도록 여러분이 만든 포스터를 설명하는 짧은 글을 적어주시오. (P & A)

과제2 루브릭(준거)

영 역	뛰어남	보통	노력요함	부족함
포스터 구성 5점	도표에 그림과 설명문들을 효과적으로 포함시키고 배치하여 전체적인 내용에 대한 이해와 세부 사항들을 알기 쉽게 제시하였다. (5)	도표에 필요한 정보들과 그림들을 포함시켰으며 그림과 시각 자료들을 제시하였다. (4)	도표에 포함시킨 그림이나 시각 자료가 너무 크거나 작아서 명확한 내용 전달이 어렵다. (2)	도표에 포함시킨 시각적 자료와 그림이 너무 크거나 작고, 보는 이에게 혼동을 일으킬 수 있으며, 명료하지 못하다. (1)
먹이 사슬 도표 10점	식단의 음식들이 어떻게 식판까지 오게 되었는지, 생태계 내의 먹이사슬을 정확하게 그렸고 관련정보를 제시하였으며 식물들을 포함시켰다. (10)	먹이사슬을 정확하게 그렸으나 정보 혹은 식물에 대한 정보가 다소 부족하다. (8)	먹이사슬에서 한 군데 이상 정확하지 않은 점이 발견되었거나 식물을 포함시키지 않았다. (5)	먹이사슬에서 두 군데 이상 오류가 발견되었다. (2)
설명문 5점	한두 단락의 분량으로 설명하는 글을 완성했으며, 도표를 명확하게 설명하였다. (5)	한 단락 분량으로 설명하는 글을 완성했고, 도표를 설명했으나 맞춤법과 문법에 오류가 있다. (4)	한 단락 분량으로 설명하는 글을 썼으나 도표에 대한 설명이 명확하지 않다. (2)	한 두 문장으로 짧게 작성했으며 의미를 파악하기 힘들다. (1)

다음의 예는 초등학교 사회과의 지리 영역에서 '우리 국토의 모습과 생활'이라는 단원에서 GRASPS 형식에 따라 고안한 과제와 루브릭이다.

<표 3-10> 초등사회과의 수행과제와 루브릭의 예

수행과제 1

한국관광공사에서는 국내의 다양한 지역별 특색과 여행코스를 소개하고 있으며, '베스트 그곳을 찾아라'라는 주제로 올해가 가기 전, 꼭 가보고 싶은 최고의 지역이 어디인지 추천을 받고 있습니다.

우리는 지역의 자연환경에 따라 사람들의 생활 모습이 다르다는 것에 대해서 배우고 있기 때문에 전국의 각 지역의 특색 있는 축제, 음식, 관광지, 생활모습 등을 그 지역의 자연환경과 연관시켜 소개하고자 합니다.

내가 소개하고 싶은 지역 3곳을 선정하고 그곳의 독특한 자연환경(기온, 강수량, 지형 등)이 그 지역 사람들의 생활 모습(의, 식, 주, 직업 등)에 어떤 영향을 미쳤는지 조사하시오. 또한 자연환경에 따른 독특한 그 지역만의 축제와 관광지, 볼거리를 사진 자료와 그림, 축제 홍보물 등 구제적인 자료를 활용하여 소개하시오.

마지막으로 그 지역의 자연환경과 관련된 관광산업 발전을 통한 지역경제 활성화를 위해 어떤 부분을 더욱 강조하고 발전시키면 좋을지 구체적인 방안도 생각해보시오.

	자연환경과 생활모습(8점)	소개(6점)	발전 방향(6점)
상	지역의 자연환경에 따른 사람들의 생활모습을 서로의 연관성이 잘 드러나도록 소개하였다. (8점)	자연환경에 따른 그 지역만의 독특한 축제, 관광지, 볼거리 등을 구체적인 자료를 활용하여 잘 소개하였다. (6점)	지역의 자연환경과 관련된 관광산업 발전을 위해 강조시키거나 발전시킬 부분을 창의적이고 구체적으로 작성하였다. (6점)
중	지역의 자연환경과 사람들의 생활모습을 소개하였으나 연관성에 미흡한 부분이 있다. (5점)	지역의 독특한 축제, 관광지, 볼거리 등을 소개하였으나 자연환경과의 연관성이 미흡하거나 구체적인 자료 제시에 부족함이 있다. (3점)	지역의 자연환경과 관련된 관광산업 발전을 위해 강조시키거나 발전시킬 부분을 작성하였으나 창의성이 부족하거나 그 내용이 구체적이지 않다. (3점)

하	지역의 자연환경과 사람들의 생활모습과의 연관성을 찾기가 힘들다. (2점)	지역의 독특한 축제, 관광지, 볼거리 등을 소개하였으나 자연환경과의 연관성이 없고 구체적인 자료를 제시하지 못하였다. (1점)	지역의 자연환경과 관련된 관광산업 발전을 위해 강조시키거나 발전시킬 부분을 제시하지 못하였거나 제시한 내용이 주제와 무관하다. (1점)

수행과제 2

인구보건복지협회에서는 인구 문제에 대한 국민의 인식을 개선하고 태도와 행동의 변화를 실현하기 위해 인구 조사, 연구, 교육 홍보를 담당하고 있습니다. 우리는 인구의 문제에 대하여 학습하고 있기 때문에 현재 우리나라의 인구 문제와 해결방법이라는 주제로 어린이용 홍보 책자를 작성하여 인구보건복지협회에 제출하려고 합니다.

우리나라를 비롯하여 세계의 인구 구성의 특징을 객관적으로 알 수 있는 그래프와 표, 포스터 등 구체적인 자료를 통해 다양하게 제시하고 우리나라와 세계 인구 특성의 공통점과 차이점을 비교해 보시오. 비교를 통해 알 수 있는 우리나라 인구 구성의 특징을 바탕으로 미래의 인구 구성에는 어떤 변화가 있을지 예측해보고 미래의 사회에 어떤 인구 문제가 발생할지 두 가지 이상 제시하시오. 문제를 해결하기 위한 현실적인 대안도 제안해야 합니다.

마지막으로 미래의 인구 문제를 막기 위한 효과적인 홍보를 위하여 관련된 표어 및 포스터 작품을 직접 제작하여 홍보물에 첨부하시오.

	자료 (6점)	문제점/대안 (6점)	작품 (4점)	구성 (4점)
상	우리나라와 다른 나라의 인구 구성의 특징을 그래프, 표, 포스터 등 객관적인 자료를 통해 다양하게 제시하였고 우리나라와 세계 인구 특성의 공통점과 차이점을 논리적으로 비교하였다. (6점)	미래에 발생할 것 같은 인구 문제를 두 가지 이상 제시하였고 문제를 해결하기 위한 현실적인 대안을 제시하였다. (6점)	표어 및 포스터가 미래에 발생할 것 같은 인구 문제를 효과적으로 잘 나타내었다. (4점)	홍보 책자의 구성이 잘되어 있어 내용을 이해하기가 좋다. (4점)

중	우리나라와 다른 나라의 인구 구성의 특징을 그래프, 표, 포스터 등 객관적인 자료를 통해 제시하였으나 다양하지 못하고 우리나라와 세계 인구 특성의 공통점과 차이점 비교가 미흡하다. (3점)	미래에 발생할 것 같은 인구 문제를 한 가지 제시하였거나 문제를 해결하기 위한 대안을 제시하였으나 현실적인 면에서 부족함이 있다. (3점)	표어 및 포스터가 미래에 발생할 것 같은 인구 문제를 홍보하는데 미흡한 부분이 있지만 내용 전달은 잘하고 있다. (2점)	홍보 책자의 구성이 조금 미흡하지만 내용에 대한 전반적인 이해를 방해하지는 않는다. (2점)
하	우리나라와 다른 나라의 인구 구성의 특징을 객관적인 자료를 통해 제시하지 못하였으며 우리나라와 세계 인구 특성의 공통점과 차이점을 논리적으로 비교하지 못하였다. (1점)	미래에 발생할 것 같은 인구 문제를 제시하지 못하였거나 문제를 해결하기 위한 현실적인 대안이 없다. (1점)	표어 및 포스터가 미래에 발생할 것 같은 인구 문제를 효과적으로 나타내지 못하고 있다. (1점)	홍보 책자의 구성에 부족함이 많아 내용을 이해하기 힘들다. (1점)

3.2.2. 그 밖의 이해의 증거와 자기평가

이해와 함께 중요한 것은 학생들이 사실과 개념을 습득했는지를 보는 것인데 이는 다양한 평가방법을 통해서 확인할 수 있다. 흔히 객관식 시험 문항들은 쉽게 제작할 수 있는 것으로 생각하지만 이는 결코 임의적인 과정이 아니다. 객관식 문항을 만들기 위해서는 먼저 측정하고자 하는 사실과 개념들을 확인하고 이로부터 명제를 추출해야 한다. 물론 명제를 진술할 때에는 단원 개발 1단계의 '알아야 할 개념과 사실'이 반영되어야 한다. 그 다음, 이 명제들을 평가 문항의 형태로 전환해야 한다. 또한 주관식 문제(academic prompts)를 주고 학생들이 답을 구성하게 하는 방법도 있다. 이때 문제는 비구조화된 형식으로 진술되고, 단 하나의 정답이나 전략을 요구하지 않는 개방형으로 작성된다.

자기평가는 내용에 대한 자기 평가 및 반성(reflection)과 메타인지 평가 모두를 포함한다. 대개의 경우 내용평가는 학생들에게 루브릭이나 체크리스트와 같은 준거들을 주어 과제를 수행하는 동안 그리고 과제가 끝난 후에 스스로 내용에 대한 이해정도를 평가하도록 한다. 또한 단원 중간이나 단원을 마친 후에 토론이나 간단한 글쓰기를 통해서 학생들 스스로 자신의 학습에 대한 이해도를 평가하도록 한다. 그리고 내용에 대한 이해도를 평가함과 동시에 학생들이 어떠한 사고과정을 거쳤으며, 학습자로서 얼마나 성장했다고 인식하는지 반성하는 기회를 주어야 한다.

다음 [그림 3-3]은 다양한 평가의 형태들을 연속선상에서 바라본 것이다.

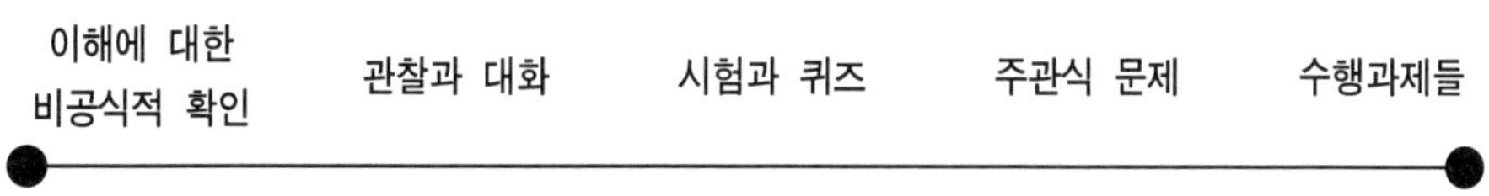

[그림 3-3] 평가의 연속선

다음 <표 3-11>는 Wiggins와 McTighe(2005)가 1단계의 바람직한 학습결과물을 드러내는 증거로서 활용될 수 있는 다양한 평가의 형태들을 정리한 것이다.

<표 3-11> 2단계에서 고려할 수 있는 이해의 증거 형태

증거의 형태	특징
수행과제	어른들이 직면할 수 있는 문제나 이슈들을 반영하는, 복잡한 도전을 포함하는 과제로서 단기간에 달성할 수 있는 것에서부터 시간이 오래 걸리고 여러 단계를 거쳐야 하는 프로젝트에 이르기까지 다양하다. 수행과제는 하나 혹은 그 이상의 결과물을 산출해 낼 것을 요청한다. 수행과제는 다음과 같은 측면에서 주관식 문항과 다르다. - 어른 사회에서 볼 수 있는 실제 혹은 시뮬레이션 상황, 인센티브, 기회와 관련이 있다. (즉, 실생활에서 접할 수 있는 문제이다) - 학생들에게 구체적인 청중(실제이건 시뮬레이션 상황이건)을 대상으로

	과제를 수행할 것을 요구한다. - 청중과 관련되는 구체적인 목표에 기초하고 있다. - 학생들로 하여금 그 과제를 '자기화' 할 기회를 허용한다. - 결과물이 무엇이어야 하는가를 비밀에 부치지 않는다. 즉 과제와 평가 준거들을 미리 알려주어 학생들의 수행을 안내한다.
주관식 문제	단순히 지식을 상기하게 하는 것이 아니라 비판적으로 사고하도록 하는 개방형의 질문과 문제들이며, 학생들에게 특정한 반응과 결과물 혹은 수행을 준비시킨다. 이러한 질문이나 문제들은 : - 학교나 시험 상황에서 구체적인 질문을 주고 반응을 구성하게 한다. - 해결할 때에 단 하나의 정답이나 전략을 기대하지 않는 '개방형'이다. - 전략을 스스로 만들도록 '비구조화' 되어있는 경우가 많다. - 주어진 답이나 방법들을 변호하거나 설명할 것을 요구한다. - 준거나 수행기준에 근거한 판단에 의해 채점이 이루어진다. - 문제를 미리 알려줄 수도 있고 그렇지 않을 수도 있다. - 대체로 학교에서 학생들에게만 물어보는 질문들로 한정되어 있다.
퀴즈와 시험문항	내용에 초점을 맞춘 단순한 시험문항들은 : - 사실적 정보와 개념 및 분절적 기능을 평가한다. - 선택형(예를 들어, 다지선다형, 진위형, 연결형)이나 단답형의 형태를 띤다. - 수렴적이고, 대개 하나의 정답이 있다. - 정답표를 가지고 쉽게 채점할 수 있다. - 보통 문제를 미리 알려주지 않는다.
이해의 비공식적 확인	수업의 일부분으로 수행되는 지속적인 평가로서, 교사의 발문, 관찰, 학생의 숙제 검사와 생각 말하기 등이 포함될 수 있다. 이러한 평가는 교사와 학생에게 피드백을 제공한다. 교사는 채점을 하거나 등급을 매기지는 않는다.

*출처: Wiggins, G. & McTighe, J. (2005). *Understanding By Design.* p. 153

3.2.3. 단원개발의 2단계 예시

다음은 앞 절의 1단계의 단원개발 예와 같은 단원으로서, 학습자가 1단계에서 제시한 개념적 지식, 절차적 지식과 일반화를 이해했음을 드러내주는 다양한 증거들을 포함하고 있다.

예시 2-1 4학년 사회과의 미국혁명 단원

• 수행과제

식민이주자의 일기 :

학생들은 미국 독립혁명 기간에 영향력을 행사한 식민이주자의 관점에서 일기를 쓸 것이다. 학생들은 일기를 쓰기 전에 미국 독립에 대해 자신이 어떤 관점을 취해야 하는지와 함께 영향력을 행사한 식민이주자에 대한 사실 및 관련 내용에 대한 정보를 받을 것이다. 일기장은 모두 10개 이상의 일기문으로 구성되고 1년 동안 쓰게 된다. 일기의 내용은 수업 시간에 배운 주요 역사적 사건과 사실들을 정확하게 드러낼 수 있어야 한다.

재연 연극 :

학생들은 식민이주자들 또는 영국정부 중 하나를 선택한 다음, 식민지의 독립과 관련된 갈등 상황을 재연해야 한다. 학생들은 단원을 통해서 배운 내용을 참고하고, 나아가 조사활동을 통해서 자기가 선택한 집단의 입장에서 바라본 '식민지의 독립'을 패널 형태의 역할놀이를 통해 제시할 것이다. 학생들은 1700년대로 돌아가서 당시 사람들이 경험한 갈등 상황을 재연할 수 있어야 한다.

• 그 밖의 이해의 증거

· **객관식 시험** : 영국이 식민지가 필요한 이유와 형태, 식민이주자들의 불만 요소들 그리고 독립선언서에 대한 객관식 평가가 있을 것이다.

· **글짓기** : 학생들은 자신이라면 식민지이주자들의 영국 정책에 대한 불만족을 어떠한 방식으로 해결했을지에 대한 간단한 글쓰기를 할 것이다.

· **작품 샘플** : 그 외에 홍보 포스터, 연대기표, 편지 등 수업활동을 수행하고 난 후에, 학생들은 학습결과물들을 모아놓을 것이다.

● 자기 평가 및 반성

- 학생들은 자신의 일기를 평가 준거에 따라 스스로 평가할 것이다.
- 상황에 대한 재연 연극에 참여하고 난 후 학생들은 스스로 알게 된 것을 기록할 것이다.
- 미국 혁명과 관련된 사건들이 현재 오늘날의 미국 사회에 가져온 영향에 대한 토론에 참여할 것이다.
- 학습자로서 스스로 어떠한 사고과정을 거쳤는지를 토론할 것이다.

예시 2-2 4학년 과학과의 생태계 단원

● 수행과제

· 상상 서식지 만들기 :

학생들은 동물과 식물의 생태그물을 고려하여 자연 서식지를 만들게 될 것이다. 생산자, 소비자, 분해자의 역할을 생각하면서 생태계 내의 상호작용을 고려하여 학생들 나름의 자연 서식지를 만들고 모델링할 수 있어야 한다.

· 자연친화 운동 :

학생들은 비영리 환경 단체에서 일하는 사람이 되어 재사용하고, 재활용할 수 있는 물품들을 조사하고 분류하는 방법들을 조사하게 될 것이다. 자신들이 발견한 정보를 포스터나 파워포인트, 그림 등을 통해서 발표하고 그룹별로 일주일 동안 그 방법들을 실제로 실천해볼 것이다. 그 후에는 자신들의 경험을 통해서 무엇을 배웠는지를 숙고하는 글쓰기를 할 것이다.

● 그 밖의 이해의 증거

· 퀴즈 : 단원에서 사용된 용어들을 자신들의 말로 정의할 것이다(서식지, 행동적 적응, 구조적 적응, 에너지 피라미드, 생산자, 소비자, 분해자 등).

· 작업 샘플 : 행동적 적응과 구조적 적응을 밴 다이어그램을 그려서 비교할 것이다.

· 주관식 문제 : 생태주기와 먹이그물을 기술한 다음, 이를 그림으로 나타내고, 식물, 동물, 생태 시스템의 관계를 설명할 것이다.

- 자기 평가 및 반성

· 프로젝트를 실행하기 전, 실행하는 동안, 실행한 후에 가지게 된 질문들을 글로 정리하고, 프로젝트를 실행하면서 가진 느낌, 사용한 탐구기능 및 사고 과정들도 함께 기록할 것이다.
· 프로젝트를 끝낼 무렵에 쓰레기를 줄이고 자원을 재사용하고 재활용하는 것이 왜 중요한지에 대하여 글쓰기를 하고, 이를 지속하기 위한 실천 방안들을 제안할 것이다.

예시 2-3 3학년 수학과 [그래프] 단원

- 수행과제

· 우리 학교 학생들이 좋아하는 점심 메뉴 알아보기 :

학생들은 자신이 다니는 학교 학생들이 가장 좋아하는 학교 점심 메뉴가 무엇인지, 왜 그 메뉴를 좋아하는지에 대하여 알아볼 것이다. 학생들은 설문지를 만들고, 표집을 한 다음, 수집한 자료를 그래프로 표현해야 한다. 학년별 혹은 성별 등에 따라 자신들이 원하는 방식으로 결과를 보고해야 한다. 그 다음 학생들은 발견한 결과를 분석하여 건강한 학교 식단을 위한 제안서를 제출해야 한다.

· 쉬는 시간에 학생들이 이용하는 놀이기구 조사하기 :

학생들은 자기 학교 학생들이 쉬는 시간에 이용하는 놀이기구들을 관찰할 것이다. 이들은 얼마나 많은 학생들이 각각의 놀이기구를 사용하는지 그리고 그 놀이기구에서 얼마나 많은 시간을 보내는지를 빈도표를 만들어 작성할 것이다. 수집한 결과는 학교 운영위원회가 모이는 날 다양한 그래프를 이용하여 효과적으로 발표할 수 있어야 한다.

● 그 밖의 이해의 증거

· 관찰 및 활동 샘플 모으기 : 단원 전체에 걸쳐서 비공식적인 관찰과 학생들이 수행한 활동 결과물들을 수집할 것이다.
· 글짓기 : 자료 수집을 왜 하는지와 활용의 중요성을 기술하는 글쓰기를 할 것이다.
· 객관식 퀴즈 : 단원이 모두 끝난 후 학생들은 관련 용어와 그래프의 종류 및 구성요소들을 정확하게 알고 있는지를 알아보기 위한 퀴즈를 볼 것이다.

● 자기 평가 및 반성

· 학생들은 자신들이 만들어낸 수행의 결과물들을 평가 준거에 따라 스스로 평가할 것이다.
· 주어진 평가 준거들을 가지고 같은 반 학생들과 상호평가를 할 것이다.
· 학생들은 과제수행을 할 때 어떠한 사고과정을 거쳤는지를 토론하고, 스스로 학습자로서 성장의 정도에 대하여 반성하는 짧은 글쓰기를 할 것이다.

3.3. 단계 3 : 학습활동 개발 및 계열화하기

마지막 3단계에서는 교사가 단원의 개별 차시에 포함되는 학습활동을 계획하는데, 2단계에서 개발한 수행과제들이 학습활동들의 길잡이역할을 한다. 교사는 학습자가 과제를 성공적으로 수행하고 질적인 결과물을 만들어 낼 수 있도록 도와주는 방식으로 학습활동들을 계획한다. 즉 학습활동을 임의적으로 교과서나 교사용 지도서의 순서대로 제시하는 것이 아니라, 핵심 수행과제들을 중심으로 구조화·조직화한다.

그리고 개별 차시들에 포함되는 다양한 학습활동들은 단원 내에서 흐름을 갖고 체계적으로 제시되어야 하는데, Wiggins와 McTighe (2005)는 앞 글자를 따서 WERETO, 즉 수업활동들은 1) 학생들이 단원의 궁극적인 목표와 방향이 무엇인지, 왜 그것을 배우는지 알 수 있도록 안내해야 하고(Where, Why), 2) 관심을 집중시키며(Hook), 3) 과제수행에 필요한 지식과 경험, 도구, 노하우 등을 갖추게 하고(Equip, enable), 4) 핵심 아이디어들을 다시 생각해보고 반성하고 재점검 (Rethink, reflect, revise)하게 하고, 5) 스스로의 진보를 평가할 수 있는 기회를 제공하고(Evaluate), 6) 학생 개개인의 강점, 재능, 흥미에 적합한 방식으로 다양화하고(Tailored), 7) 깊이 있는 이해를 최적화 할 수 있도록 조직해야(Organize) 한다고 제안한다. 대개의 경우 조직화의 요소는 학습활동들이 전반적으로 유기적으로 연결되고 논리적 흐름을 가지고 있는지를 보는 것이기 때문에 계획서에 독립적인 요소로 부호화하지 않는다.

다음에 제시하는 3단계의 각각의 예는 앞 절에서 제시한 단원개발 1단계와 2단계와 같은 단원이며, 2주에 걸쳐서 가르치도록 계획된 5~6 차시 분량의 학습활동에 해당된다.

예시 3-1 4학년 사회과의 미국혁명 단원

- 독립전쟁 재연 강사를 초청하는 것으로 단원을 시작한다. 단원에 대한 학생들의 관심을 불러일으키고 그 시대에 대한 궁금증을 갖도록 하는데 목적이 있다. H
- 핵심 질문들을 소개하고 단원의 수행과제들에 대해서 함께 논의한다. W
- KWL 차트를 작성하기 시작한다. KWL차트는 학습의 전 과정에 걸쳐서 사용될 것이다. 학생들은 독립전쟁에 대해서 이미 알고 있는 것들과 재연 강사로부터 알게 된 정보들을 '알고 있는 것(Know)에 채워 넣는다. 그 다음에 자신들이 알고 싶은 것(Want to know)을 작성한다. 알게 된 것(what they Learned)은 단원 마지막에 채워 넣는다. W
- 시뮬레이션을 통해 '대표자 없는 과세'의 개념을 소개한다. 학생들에게 모조 화폐를 나누어주고 나서 학생의 반은 영국시민, 나머지 반은 식민이주자들의 역할을 하도록 한다. 그 다음 교사는 학생들에게 '세금'을 걷는다. 학생들에게 학급 피자파티를 한다고 하고 나서, 어떤 종류의 피자를 먹고 싶은지 의견을 물어보는데 영국시민들인 학생들에게만 물어본다. 그러나 식민이주자들에게 돈을 걷을 때에는 의견을 물어보지 않는다. 세금은 식민이주자들과 영국시민 모두로부터 걷지만 교사는 영국시민들인 학생들이 먹고 싶어 하는 피자를 선택한다. 이러한 방식으로 학생들은 당시에 사람들이 정부가 내리는 의사결정에 대표권이 없으면서도 세금을 내야 하는 상황이 어떠한 것인지를 알게 될 것이다. E, R
- 학생들은 시뮬레이션에서 자신이 참여한 활동에 대한 자기평가를 할 것이다. 학생들은 시뮬레이션에 참여하는 동안 어떻게 느꼈는지를 쓸 것이다. 이때 학생들은 누가 이익을 취하는지 그리고 왜 '대표자 없는 과세'가 식민이주자들로 하여금 영국 정부에 대한 반란을 도모하게 만들었는지를 예측하게 될 것이다. R
- 학생들은 '학습메뉴'를 시작할 것이다. 일주일간에 걸쳐서 학습메뉴판에 올려진 다양한 활동들을 선택하고 자신의 속도에 맞추어서 활동을 끝내게 될 것이다. E, T
- 학생들은 학습메뉴로부터 자신들이 작성한 연표를 발표하고 다양한 역사적 사건들과 그 중요성 그리고 전체 혁명과의 관련성에 대해서 토론할 것이다. 완성된 연표는 교실에 참고 자료로 게시해 놓는다. E

- 학습메뉴에서 자서전 쓰기를 끝낸 학생들은 자신이 쓴 자서전을 상호 동료평가를 위해서 서로 교환할 것이다. R
- 학급친구들로부터 피드백을 받아 자서전을 수정한 다음, 완성된 자서전을 발표한다. 완성된 자서전들도 참고 자료로 교실 벽에 걸어놓을 것이다. E
- 학생들은 독립선언문을 부분으로 나누어서 각각에 해당하는 질문들에 답을 한 다음, 답을 모아서 각 부분이 무엇을 의미하는지를 함께 토론한다. E, R
- 학생들은 식민지이주자의 관점에서 영국으로 편지를 쓰게 될 것이다. 학생들은 독립을 옹호하는 사람 또는 독립을 반대하는 사람이 될 수 있으나 자신의 관점에서 정당한 이유를 제시해야 한다. 예를 들어 독립을 옹호하는 사람은 자신의 불만사항을 편지에 포함시킬 수 있어야 한다. E, R
- 학생들이 쓴 편지에 근거하여, 학생들을 두 편으로 나누고 논쟁에 참여하게 한다. 학생들은 식민지이주자들이 무엇을 해야 하는지, 영국에 지속적으로 충성을 하는 것이 나은지 혹은 영국과의 관계를 끊어야 하는 것이 나은지에 대한 논쟁을 할 것이다. 논쟁에 참여하기 전에 학생들은 편지에 쓴 정보들을 종합하고, 논쟁을 조직할 충분한 시간을 갖는다. E
- 학생들은 교실에서 영화 [1776] 의 장면을 보고 토론한다. 이때 학생들은 사실과 소설적인 허구를 구별하는 데 초점을 두고 토론을 하게 될 것이다. E, R, E-2
- 사지선다형을 포함한 객관식 문항들로 미국 독립혁명에 대한 단원평가를 실시할 것이다. E-2
- 단원은 각자가 쓴 일기에 대한 자기평가로 마치게 될 것이다. E-2
- 마지막으로, 학생들은 미국 독립혁명이 오늘날 우리사회에 어떤 영향을 미쳤다고 생각하는지, 만약 독립혁명이 일어나지 않았더라면 지금 사람들의 삶은 어떠할 것인가를 생각하면서 자신이 학습한 것을 반성하는 시간을 가질 것이다. 또한 학생들 스스로 학습자로서 어떠한 사고과정을 거쳤는지를 토론하게 될 것이다. R, E-2

예시 3-2 4학년 과학과의 생태계 단원

- 학생들에게 생물들이 생태계에서 생존하기 위해서 서로 그리고 환경과 어떻게 상호작용하는지를 배울 것이라고 소개하고, 핵심 질문들을 제시한 다음, 더 알고 싶은 점들이 있는지 물어보고 이를 핵심 질문에 첨가한다. W
- 먼저, 학생들에게 야생 동물들이 어떻게 생존하는지, 학생들이 관심을 가지고 있는 동물의 예를 들어서 그 동물의 생존 방법을 전체 먹이사슬의 관계를 가지고 생각해보도록 한다. H
- 그 다음, 여러 종류의 동물들을 제시하고 먹이의 종류에 따라 분류해 보도록 한 다음, 초식동물, 육식동물, 먹이 등의 용어를 학생들과 함께 정의해본다. 그 다음, 학생들이 알고 있거나 좋아하는 동물들을 선택하고 앞서 만든 분류체계에 넣어본다. E, T
- 그 다음, 서식지 내에서 식물과 동물들이 상호의존한다는 것을 소개한다. 특정 서식지 내에서 살아가는 식물과 동물들의 상호작용을 담은 짧은 비디오를 보고 나서, 서식지와 생태적 지위, 생산자, 소비자, 분해자의 용어를 설명한다. E
- 학생들에게 시간을 주고 하나의 서식지를 선택하게 한 다음, 그 서식지를 대표하는, 생산자, 소비자, 분해자에 초점을 맞추는 과제를 준다. 학생들은 다양한 방법을 이용할 수 있는데, 예를 들면, 짧은 연극을 할 수도 있고, 인터넷에서 그림을 선택하여 인쇄할 수도 있고, 각각의 예들을 포함한 작은 책자를 만들 수도 있다. T
- 학생들은 자신이 수행한 것을 체크리스트를 통해서 자기평가를 한다. E-2
- 그 다음, 생물은 자신의 서식지 내에서 생존을 위해서 환경과 상호작용을 한다는 개념을 소개한다. 이때 구조적 적응과 행동적 적응이라는 주요 용어를 가르치기 위해서 동물들이 자신이 사는 환경 내에서 어떠한 적응을 하는지를 두 가지 다른 종류의 적응 형태를 담은 그림과 사진 자료들을 통해 보여준다. 학생들에게 사진을 가지고 같은 종류의 적응을 하는 것끼리 묶어보는 활동을 하게 한다. 또한 학생들의 수준에 따라서는 동물들을 제시하고 환경에 따라서 어떤 적응을 하는지를 연결해 보게 할 수도 있다. 그리고 난 다음 밴다이어그램에 구조적 적응과 행동적 적응을 비교하고 대조하는 활동을 하게 한다. E, T
- 수업 마지막에 학생들은 동물들이 또 다른 생태 시스템 속에서 살아남기 위해서 어떠한 적응이 왜 필요하고, 중요한지에 대하여 간단하게 적어서

제출해야 한다. E-2

- 학생들을 몇 개의 소집단으로 나누어 서식지를 만드는 공통의 과제에 참여하도록 한다. 각 집단 내 학생들은 서로 협력하여 서식지를 만들고 이미 학습한 주요 용어들을 사용하여 명칭을 붙이는 활동을 한다. E, T.
- 학생들은 그룹 과제가 끝나면 자신들이 만든 서식지에 대해서 발표하고 서로 피드백을 주면서 상호평가 및 반성을 한다. R
- 먹이사슬이 생태계의 순환에 중요한 역할을 한다는 개념을 가르치기 위해서 학생들을 전체 집단토론에 참여시키고, 먹이사슬, 먹이그물, 에너지 피라미드를 다양한 자료를 활용하여 보여준다. 그리고 난 다음 학생들은 고유의 먹이사슬을 모델링한다. 이때 교사는 다양화 전략을 사용하여 개개인 학생들을 이 단원의 내용에 대한 사전지식과 읽기능력 수준에 따라 집단화하고 과제를 다양화 한다. 모든 학생들이 자신의 먹이사슬을 만들어내지만, 학생들은 개별적으로 자신의 수준에 맞는 다양한 학습 자료들을 이용한다. E
- 개인별로 먹이사슬을 완성하고 나면 학생들은 자기 집단 내에서 자신이 만든 먹이사슬을 발표하고 설명한다. 이때 교사는 체크리스트를 이용하여 학생들의 정확한 용어사용과 생물 유기체의 상호의존성에 대한 이해를 평가한다. 마지막에는 학생들에게 '과학자들은 때로 무엇인가를 알기 위해서 모델을 만든다. 먹이사슬을 그림으로 모델링하는 것이 실제 생태계 내에서의 식물과 동물들을 이해하는데 어떤 도움을 주었는가?'라는 질문을 하고 간단하게 답하도록 한다. R

예시 3-3 **3학년 수학과 [그래프] 단원**

- 단원을 시작하기 전에 간단한 사전평가를 한다. 사전평가지에는 학생들에게 다양한 그래프들을 주고 각 그래프의 구성요소와 자료 수집의 방법과 각 그래프의 중요성을 묻는 문제들을 포함시킨다. W
- 학생들에게 핵심 질문들을 소개하고 덧붙이고 싶은 질문이 있는지 물어본다. 그 다음, 2개의 수행과제에 대하여 간단히 설명한다. W
- 학생들이 흥미를 가질 수 있는 다양한 종류의 소재들에 대한 실제 그래프들을 제시한 다음 "이 그래프들은 우리가 무엇을 이해하는 데 도움을 주는가?"라고 질문하면서 토론을 이끈다. H, E
- 학생들에게 작은 수첩을 주고 매 시간마다 수업이 끝난 후 알게 된 것, 스스로 부족하다고 생각하거나 이해하기 힘들었던 것을 적어보게 한다. 학생들은 이러한 짧은 글쓰기를 하면서 무엇을 학습했는지 뿐만 아니라 어떻게 학습했는지를 반성할 수 있을 것이다. R, E-2
- 교실 벽에 다양한 종류의 그래프를 붙여놓고 학생들에게 걸어 다니면서 종류별로 그래프 밑에 스티커를 붙여보게 한다. 그 다음 스티커 위에 노트를 붙여놓고 각각의 그래프들이 무엇을 의미하는지, 어떠한 정보들이 제시되어 있는지, 다른 그래프들과 어떻게 다른지를 적어보게 한 다음, 알게 된 사실에 대하여 토론한다. E, T
- 주요 용어들을 설명한 후 공책에 자신의 용어사전을 만들게 하고 이후에 참고할 수 있도록 한다. E
- 자료수집 방법에 대한 수업을 위해서 학생들은 각자 알고 싶은 소재에 대해서 반 전체 학생들에게 설문조사를 하고 그 결과를 친구들 앞에서 보고한다. 이때 교사는 학생들에게 자료의 결과뿐만 아니라 체계적인 자료 수집과 보고를 위해서 어떠한 과정을 거쳤는지를 이야기하게 한다. E, E-2
- 인터넷과 잡지에 나온 정확한 그래프와 정확하지 못한 그래프들을 모아서 학생들에게 주고 지금까지 배운 지식을 적용하여 각각을 "평가"하게 한다. 그 다음, 학생들에게 각 그래프가 왜 좋은지, 왜 잘못된 것인지를 설명하게 하고, 왜 그러한 점수를 주었는지를 정당화하게 한다. T, R. E
- 학생들에게 그래프 Web Quest를 주고 2명 혹은 3명씩 짝을 지어 완성하게 한다. 이때 학생들은 협동하여 평가를 할 수 있으며, 그래프를 그리는 다양한 방법, 자료수집, 컴퓨터로 그래프 그리기, 자료수집 및 결과 제시하기를

적용해 볼 수 있을 것이다. E, R, E-2, T

- 수행과제 1을 준다. 과제를 소개하고 학생들이 설문지를 만들 때 모든 필요한 정보들을 포함하도록 한다. 그 다음, 표본을 정하고 설문지를 배포하는데, 이때 다른 교사들에게 협력을 요청한다. 학생들은 1주일 후에 설문지를 회수하고 그래프를 만들고 과제를 완성한다. E, T
- 자료수집 방법에 초점을 맞춘 수업을 한다. 학생들은 주어진 문제(예를 들어 하루 동안 교실에서 연필깎이를 얼마나 자주, 오랫동안 사용하는가)를 가지고 관찰하기, 측정하기 및 기록하기 활동을 한다. 이때 시간을 기록하는 공통의 혹은 표준화된 방법이 중요하다는 점을 설명한다. E
- 수행과제 2를 준다. 과제를 소개한 다음, 학생들이 과제를 하기 전에 소집단별로 과정에서 요구하는 모든 요소들이 포함되도록 하기 위한 자료수집 방법을 계획하게 한다. 그 다음, 교사는 학생들이 만든 계획이 체계적으로 만들어졌는지를 확인한 다음, 과제를 수행하도록 도와준다. E, T
- 마지막으로, 학생들은 자신이 만든 수행과제의 결과물을 다른 학급의 학생들에게 발표하고, 어떠한 학습과정을 거쳐서 결과물을 산출하였는지에 대하여 이야기 하면서 학습자로서 어떠한 성장을 하였는지에 대하여 반성하는 글쓰기를 하고 토론을 한다. R, E-2

3.4. 저지르기 쉬운 오류

우리는 기존의 활동중심 수업계획에 익숙하고 많은 경우 평가를 제일 마지막에 두는 방식으로 단원을 개발해 왔기 때문에 백워드 디자인을 적용해서 단원을 재구성할 때 오류를 범하기가 쉽다.

우선, 많은 교사들이 가장 힘들어 하고 오류를 자주 범하는 것은 '이해'를 진술하는 방식이다. '바람직한 학습결과'로서 가르쳐야 할 내용을 완전한 문장으로 진술해야 함에도 불구하고 많은 경우에 단순히 소재로 진술을 한다. 만약 학생들이 과학의 생물 영역에서 생태계에 대해서 배운다면, '생태계' 혹은 '생태계 내의 순환'이라고 진술하는 것이 아니라 '생물과 무생물이 살아가는 환경은 특정한 방식으로 상호 의존한다.'라고 진술하는 것이 바람직하다.

또한 우리는 학습목표를 쓰고 활동들을 기술하는 것에 익숙해 있어서 '학생들은 생물과 무생물 간의 상호작용에 대해서 배울 것이다', '학생들은 생태계에서 상호작용의 예를 제시할 것이다.', 또는 '생태계의 상호작용을 조사하고, 탐구학습을 한다.'라는 방식으로 진술하는 경우도 있다. 그러나 '학생들이 무엇을 할 수 있다'라고 진술하는 것은 차시별 목표와 혼동을 일으키기도 하고, 그 기저에 있는 핵심 지식이 무엇인지, 왜 그러한 활동을 하는지를 간과하기 싶기 때문에, 굳이 그러한 방식으로 진술하고 싶다면 '학생들은 생물과 무생물 이 살아가는 환경은 특정한 방식으로 상호 의존한다는 것을 이해할 것이다.'라고 진술하는 것이 낫다.

두 번째로 주의해야 할 것은 본장의 1절에서 언급하였듯이 '기능/과정적 지식'에 대한 부분이다. 학생들이 일반화 혹은 핵심 개념들을 이해할 수 있도록 하는데 사용되는 사례들이 사실과 정보들이라면, 과정적 지식은 학생들이 그 정보와 사실들을 관계 속에서 파악하고 일반화로 나아가게 도와주는 기능이며 도구이다. 예컨대, '다양한 관점들을 고려하기'와 같은 역사적 사고기능은 학습자들이 특정 역사적 사건들을 이해하기 위한 해석적 도구이다. 그러나 과정적 지식으로서의 기능이 '할 수 있다'라는 형식으로 진술되기 때문에 학습활동과 혼동을 불러일으키기도 한다. 다음 <표 3-12>은 기능/과정적 지식의 잘된 예와 잘못된 예를 보여준다.

<표 3-12> 기능/과정적 지식에 대한 오류

	잘된 예	잘못된 예
일반화	· 생태계와 같은 시스템 내에서 한 부분의 변화는 다른 부분의 변화를 가져온다. · 학생들은 생물과 환경은 서로 밀접한 관계를 맺고 있다는 것을 이해할 것이다.	· 생태계 · 생태계와 상호의존 · 학생들은 생태계 내의 상호작용에 대해서 배울 것이다. · 학생들은 생태계의 상호의존적 관계의 예를 제시할 것이다.
기능/과정적 지식	· 기본적인 적응의 기능들을 추론하고 결론을 위한 증거를 제공한다. · 생태계 내의 상호 의존도를 모델링한다. · 가설을 세우고, 다양한 정보원들로부터 자료를 수집하여 그것이 맞는지를 확인한다.	· 구조적 적응과 행동적 적응을 구별한다. · 적응은 유기체가 주어진 환경에서 성공하도록 한다는 것을 이해한다. · 각기 다른 유기체들이 어떻게 자신들의 필요를 만족하기 위해서 그들만의 독특한 방식으로 적응하는지를 설명한다. · 특정 생물들 간의 먹이 그물들을 그림으로 그린다.

세 번째로는 핵심 질문을 구성하면서 겪는 어려움이다. 비록 핵심 질문들이 가르치고자 하는 내용의 범위와 학년별 수준에 따라 다르게 구체화될 수는 있지만, 이 질문들이 학생들이 바로 답할 수 있거나 단 한 개의 답만 존재하거나 탐구나 호기심을 불러일으키지 못한다면 핵심 질문이라고 할 수 없다. 특히 소재적 질문의 경우 그것이 가지는 구체성 때문에 많은 경우에 사실적 지식들을 묻는 형태로 제시되기 쉽다. 다음 <표 3-13>는 소재적 질문의 잘된 예와 잘못된 예를 보여 준다.

<표 3-13> 소재적 핵심 질문에 대한 오류

	잘된 예	잘못된 예
소재적 핵심 질문	· 왜 우리는 물건을 살 때 선택을 해야 하는가? 선택에 영향을 미치는 것은 무엇인가? · 여성참정권 운동과 노예해방과는 어떠한 관련이 있는가? · 만약 공장을 세워야 한다면 어떤 지역이 좋은가? · 자료를 수집하고 제시하는 방식에 영향을 미치는 것은 무엇인가? · x는 항상 변수(variable)인가? · 우리는 어떠한 글을 좋은 글이라고 하는가?	· 희소성의 원칙은 무엇을 의미하는가? · 여성참정권 운동의 지도자들은 누구인가? · 지도를 구성하는 요소들에는 무엇이 있는가? · 막대그래프는 원 그래프에 비해서 어떤 이점이 있는가? · 독자에 따라서 글을 쓰는 방식이 달라져야 하는가?

마지막으로는 수행과제에 대한 부분이다. 백워드 디자인의 2단계에서 학생들이 1단계의 중요한 내용을 학습했다는 증거를 드러내는 평가과제를 수행평가의 형태로 구성할 때, 수행과제는 학생들이 앞서 제시한 6개의 이해의 측면을 활용할 수 있게 하면서 개방적이고 탐구적인 활동들을 할 수 있게 해야 한다. 즉, 학생들이 단순히 재미있는 활동을 하거나, 손과 몸을 움직이면서 무엇을 한다고 해서 모두 다 수행과제가 되지 않는다는 것이다.

우리나라에서는 수행평가가 도입되었을 때 봉사활동 점수나 교과 이외의 활동이 수행평가를 의미하는 것으로 왜곡되어서 사용된 적이 있다. 따라서 백워드 디자인에서 수행과제 또한 그 의미에 혼동을 불러일으킬 수 있다. 그러나 수행평가 과제는 학습과제의 통합된 부분으로서 수업의 구심점을 제공하고 핵심 개념과 일반화를 탐구기능과 결합시켜서 학습자들이 제대로 된 '이해'에 도달했는지를 확인하는 도구이다. 대개의 경우 수행과제의 실행은 단원 중반이나 후반에 이루어지도록 계획된다.

	연 습 문 제
1	교육과정 설계는 왜 필요한가?
2	왜 시험에 맞추어 가르치기(teaching to the test)가 문제인가?
3	이해중심 교육과정 설계에서 평가는 어떠한 역할을 하는가?
4	영속적 이해란 무엇인가? 왜 중요한가?
5	핵심 질문과 영속적 이해는 어떻게 관련이 있는가?
6	핵심 질문의 기능은 무엇이며 왜 필요한가?
7	평가가 수업의 통합된 부분이라는 것은 무엇을 의미하는가?
8	활동과 목표 그리고 기능(과정적 지식)은 어떻게 다른가?

Chapter 04

맞춤형 수업과의 통합

제4장 맞춤형 수업과의 통합

4.1. 맞춤형 수업과 이해중심 교육과정

교과의 심층적 학습을 도모하기 위한 하나의 교육과정 설계모형으로 이해중심 교육과정 설계가 큰 관심을 받고 있듯이, 학습활동을 통해 학생 개개인의 학습성취도를 높이고자 하는 노력으로 수준별 혹은 맞춤형 수업(differentiated instruction)이 주목을 받고 있다. 우리나라에서는 통상 '수준별 수업'이라는 용어를 사용한다. 그러나 이 책에서는 '맞춤형 수업'으로 용어를 통일하여 사용하고자 한다. 이는 맞춤형 수업이 개별 학생들의 차이(differences)에 근거하여 교사가 수업의 내용과 과정 및 결과물을 다양화하는 수업을 의미하기 때문이다. 반면 수준별 수업이라는 용어는 자칫 외부에서 수준을 정해서 그에 따라 수업을 실행하는 의미, 즉 개별 학생들의 차이보다는 학업성취도의 상, 중, 하 집단과 같은, 집단의 차이에 반응하는 수업으로 오해될 수 있다.

맞춤형 수업은 기본적으로 우리가 누구를 가르치고 있는가에 관심을 기울이는 수업 모델이며, 학생들의 개인별 학습 특성에 맞추어서 교수를 계획하고 설계하는 것을 목표로 한다. 그러나 특수교육에서 흔히 사용하는 개별화 수업 프로그램(Individualized Education Program)과 다른 점은 아동 한 명에게만 집중하는 것이 아니라 모든 학생들이 교실에서 성공할 수 있는 다양화된 수업기회를 제공한다는 것이다.

Tomlinson(2001)은 맞춤형 수업은 풍부하고 질적으로 우수한 교육과정에 바탕을 두고 있어야 하며, 학습자들은 선행지식, 학습자 프로파일, 이해와 재능 면에서 모두 다르다는 것을 가정해야 한다고 한다. 그리고 다양화 전략은 반드시 교실에서 실행 가능한 것이어야 한다고 한다. 맞춤형 수업은 교사가 실제 수업에서 학습자들의 다양한 요구와 필요에 부응하여 학습자들과 교사와의 상호작용, 학생들 간의 상호작용을 통하여 그리고 그 상호작용의 결과로 다양화된 학습경험을 제공하는 것을 통해 이루어진다.

맞춤형 수업의 특징은 다음과 같이 요약될 수 있다.

첫째, 맞춤형 수업은 학습자의 특성 뿐 아니라, 평가, 학습자료, 교육과정 등 수업과 관련된 모든 요소에서 다양성을 고려한다. 교사 중심의 많은 양의 정보를 일률적으로 가르치는 것에서 벗어나, 학습자의 학습특성에 대한 사정(assessment)에 근거하여 교육내용과 과정, 결과물들을 다양화할 뿐 아니라 학생들에게 선택권을 부여한다. 학생들의 성공은 모든 학생들에게 일률적으로 적용되는 평가 점수의 정규분포로 결정되는 것이 아니라 학생 개인이 출발점으로부터 어느 정도 어떻게 성장하였는가에 의해서 결정된다.

둘째, 학생들은 자신에게 적합한 방식으로 학습활동에 참여하게 되기 때문에 보다 효과적으로 이해에 도달할 수 있다. 외부적 동기에 의존하여 수동적으로 학습에 대응하게 하기보다는 주인의식을 가지고 능동적으로 학습에 참여하게 됨으로써 자기 주도적이고 자율적인 학습자가 되는 것을 도와준다.

셋째, 다양화 학습은 원칙적으로 학급 내에서 이루어지기 때문에 융통성 있는 집단구성을 주로 활용한다. 교사는 학습자의 준비도, 관심, 학습 프로파일(learning profile)에 따라서 수업 상황에 맞게 집단을 다양하게 만들어준다. 같은 수준의 능력을 가진 학생들을 같은 모둠에 배정할 수도 있고, 능력의 수준이 다른 학생들을 동일한 집단에 배정할 수도 있는데 그것은 모두 교사가 수업 상황과 학생들의 학습특성을 고려하여 결정할 문제이다.

학습자의 준비도는 Vygotsky의 근접발달 영역과 관련된다. 학습자들은 자신이 알고 있고 할 수 있는 수준보다 너무 쉽거나 너무 어려우면 학습에 대한 흥미를 잃기 쉽다. 준비도에 따른 맞춤형 수업은 개개인의 현 수준 바로 위에 인접하게 작용하여 잠재적인 인지발달을 끌어낼 수 있도록 계획하고 실행함으로써 학습자의 성취동기를 높일 수 있고 최대한의 학습과 인지발달이 일어날 수 있게 한다(장수빈, 2010). 학습자들의 관심에 따른 맞춤형 수업은 학생들이 흥미를 가지고 알고 싶어 하는 소재와 내용을 학습 자료에 관련시키는 것이다. 이 또한 학습자의 학습동기를 강화함으로써 학습에 대한 적극적 참여를 유도하고 학습자들의 이해와 정보처리 능력을 효과적으로 높일 수 있다.

학습 프로파일은 학생들이 가장 잘 학습하는 방법을 의미하는데, 주로 Gardner(1993)의 다중지능 이론에 따른다. 예컨대 어떤 학생은 시청각 자료를 제시했을 때 더 잘 배우고 또 다른 학생은 언어적 자극을 주었을 때 더 잘 배운다. 전체 큰 그림을 먼저 파악하고 세부사항으로 관심을 돌리는 학생들이 있는가 하면, 세부적인 사항들을 먼저 습득하고 그로부터 큰 그림을 끌어내는 학습 스타일도 있다. 교사는 주로 자신의 학습 스타일에 따라 수업을 계획하는 경향이 있으나, 학생들의 다양한 지능과 학생들의 학습이 가장 잘 일어나는 방식을 조사하여 다양한 방식과 형태의 학습 자료들을 제시해야 한다.

교사는 학습 프로파일에 대한 다양화 학습을 위해서 학기 초에 일반적인 검사 문항들을 만들어서 학생들과 학부모에게 선생님이 어떤 방식으로 가르쳤을 때 혹은 어떤 자료가 주어졌을 때 가장 잘 배우는지에 대한 조사를 하거나, 간단한 인터뷰를 비형식적 관찰과 병행하여 자료 수집을 할 수 있다.

이해중심 교육과정과 맞춤형 수업의 특징을 요약하면 다음 <표 4-1>과 같이 제시될 수 있다.

<표 4-1> 이해중심 설계모형과 맞춤형 수업의 비교

이해중심 설계모형	맞춤형 수업
· 학습결과에 대한 초점을 잃지 않으면서 '백워드'로 설계한다. · 주요 아이디어와 과정의 이해를 위해 가르치고 평가한다.	· 학습자의 준비도, 관심사 및 흥미, 그리고 학습 프로파일에 따라 수업을 다양화한다.
1 단계 · 빅 아이디어와 이해의 형식으로 기대하는 학습결과를 분명히 한다. · 빅 아이디어나 일반화를 핵심 질문의 형식으로 조직한다.	· 모든 학습자가 도달해야 하는 핵심지식, 이해, 기능을 결정한다. · 모든 학습자가 높은 수준의 사고와 추론을 할 것이라고 기대한다.
2 단계 · 학습의 결과라고 인정할 수 있는 증거를 결정한다. · 학습목표에 따른 다양한 평가 자료들을 수집한다. · 이해의 여섯 가지 측면 중에서 한 가지 이상의 측면을 평가하도록 한다.	· 기대하는 학습결과와 관련하여 학습자의 준비도를 진단 평가한다. 이 결과에 따라 학습자의 학습의 출발점을 결정한다. · 지속적인 평가를 통해 학습자의 향상정도를 확인하고, 학습자의 성장을 지속적으로 지원하기 위한 수업계획을 세운다. · 학습했다는 것을 표현할 수 있는 적절한 방법을 학생들이 선택할 수 있도록 허용한다.
3 단계 · 기대하는 학습결과 및 수행과 일치하는 수업을 계획한다. · 학습자들이 스스로 의미와 일반화를 구성하는 경험을 할 수 있는 활동을 포함한다.	· 개별 학습자들이 안전하면서도 도전으로 느낄 수 있는 학습 환경을 구성한다. · 학습자들이 제출하는 과제는 이해에 초점을 맞출 수 있도록 하며, 기대하는 이해에 도달하기 위해 핵심 지식과 기능을 활용하도록 한다. · 소집단 수업을 활용하고, 학습속도, 탐구 및 표현방법, 과제의 난이도, 교사의 학습내용 제시방식을 다양화하여 학습자의 준비도, 관심사 및 흥미 그리고 학습 프로파일에 수업을 맞춘다. · 학습자들이 자신의 역량에 맞는 성취를 하는데 방해가 되는 모든 요소들을 제거한다.

* 출처: Tomlinson, C. A & McTighe, J. (2006). *Integrating Differentiated Instruction and Understanding by Design*. pp.138-140

그렇다면, 이해중심 교육과정과 맞춤형 수업은 어떻게 서로 연관이 되고 통합이 이루어지는가? 기본적으로 맞춤형 수업은 이해중심 교육과정의 틀 안에서 이루어진다. 주목해야 할 점은, 특히 내용 다양화의 경우, 다양한 내용을 제시한다는 것은 기반이 되는 교육내용으로서의 기대되는 학습결과를 다양화하는 것이 아니다. 맞춤형 수업의 궁극적인 목적은 모든 학습자가 일련의 동일한 이해 수준에 효과적으로 도달할 수 있도록 도와주어야 하는데, 이때 다양한 경로와 선택의 기회를 제공하는 것이다.

Tomlinson과 McTighe(2006)는 다음 <표 4-2>와 같은 방식으로 이해중심 교육과정과 맞춤형 수업이 통합될 수 있음을 보여준다.

<표 4-2> 이해중심 교육과정과 맞춤형 수업의 통합

진단평가	
1단계 - 기대하는 학습결과 확인하기	
내용기준 :	
이해 :	핵심 질문 :
사실과 개념 :	기술 :
1단계에서는 다양화가 거의 이루어지지 않는다. 내용기준은 이미 정해져 있고, 이해 역시 모든 학습자들이 도달해야 하기 때문에 이 단계에서는 다양화가 거의 이루어지지 않는다. 그러나 사전 평가와 계속적인 평가를 함으로써, 학습자 개인이 이미 습득한 사실, 개념적 지식, 기능들에서 차이가 있는지를 확인한다. 따라서 교사는 '이해'를 계획할 때 학생들의 불완전한 이해 및 오개념을 파악하고, 학생들의 사전 지식에 따라 보충되어야 할 것을 확인한다. - 이 단원을 학습하는 학생들의 학습특성은 어떠한가? - 이 학생들은 어떠한 생활 경험을 가지고 있는가? - 내가 어떠한 방식으로 핵심 질문들을 진술하여 학생들로 하여금 일반화를 드러내도록 하면서, 타당하면서도 지적인 호기심을 불러일으킬 수 있을까 ? - 학생들이 이미 습득한 지식과 기능들은 무엇인가? - 학급에서 어떻게 학습 공동체 의식을 도모할 수 있을 것인가?	

<table>
<tr><th colspan="2">2단계 - 다양한 이해의 증거 결정하기</th></tr>
<tr><td>수행과제 : GRASPS</td><td>그 외 증거들 :
자기평가 :</td></tr>
<tr><td colspan="2">2단계에서는 다양화가 부분적으로 이루어진다.
개방적이고 복잡한 수행과제에 포함되는 GRASPS 중에서 역할, 청중, 시나리오, 과제 결과물과 수행을 다양화함으로써 다양화가 이루어진다. 그러나 채점기준은 대체로 모든 학생들에게 적용될 수 있도록 일반적이면서도 1단계의 빅 아이디어들을 드러낼 수 있도록 개발해야 한다.
- 어떻게 평가과제를 만들어야 학생들이 자신이 알고 있고, 할 수 있고, 이해할 수 있는 것을 최대한 드러낼 수 있을까?
- 과제를 읽고 수행할 때 이용하는 참고자료의 내용을 잘 파악하게 하기 위하여 학생들에게 어떤 도움을 주어야 하는가?
- 과제를 어떻게 다르게 만들어서 학습능력과 수준이 높은 학생들에게 지적 자극을 제공할 것인가?
- 수행과제를 작성할 때 학습자들이 가지고 있는 흥미와 학습 스타일을 어떻게 반영할 것인가?</td></tr>
<tr><th colspan="2">3단계 - 학습활동 계획하기</th></tr>
<tr><td colspan="2">WHERETO, 3단계에서는 다양화가 적극적으로 이루어진다.
다양한 수준의 읽기자료 제공하기, 협력학습 전략 사용하기, 내용을 학생들의 흥미와 연결하기, 선행조직자 사용하기, 선택학습 사용하기 등의 교수·학습활동을 통하여 다양화가 가능하며, 결과의 다양화 뿐 아니라 내용의 다양화와 과정의 다양화 역시 이루어진다.
- 단원을 시작하기 전 뿐 아니라, 가르치는 동안 누가 어느 정도로 잘 따라오고 뒤처지는지, 이미 앞서 나가는 학생들은 누구인지 어떻게 확인을 해야 하는가?
- 학생들의 준비도와 학습 프로파일에 맞게 어떤 학습의 기회들을 제공하고 학생들이 선택할 수 있도록 해야 하는가?
- 내용을 학생들의 흥미와 어떻게 관련지을 것인가?
- 내가 가르치는 방식이 모든 학생들에게 효과적으로 작용하는가?
- 계획한 다양한 학습활동들은 교실에서 시간과 자원 등의 물리적 측면을 고려한 것이며 실행이 가능한 것인가?
- 수업을 할 때 학생들의 자기 주도적 학습과 교사주도의 구조화된 학습 사이의 균형을 어떻게 맞출 것인가?</td></tr>
</table>

4.2. 다양화의 방식과 전략

4.2.1. 다양화의 방식 : 내용, 과정, 결과물 다양화

맞춤형 수업은 학습자의 특성을 파악하여 학생들 각자가 당시 시점부터 최대한의 성장을 이룰 수 있도록 구체적이고 체계적인 방식으로 교수를 계획하는 것을 의미한다. 교사는 학생들 각자의 선행지식과 학습하는 방식에 대한 자료를 수업계획의 기초로 삼아 무엇을 가르쳐야 할 것인가를 결정하고, 학습하는 방식과 흥미에 기초하여 학습 활동들을 구성한다. 맞춤형 수업은 다음 [그림 4-1]처럼 학생들의 학습 준비도, 흥미 및 관심사, 학습특성에 따라서 내용, 과정, 결과물을 다양화함으로써 이루어진다.

내용 다양화는 모든 학습자들이 공통의 '이해'에 도달하게 도와주지만 학습자가 가지고 있는 사전 학습의 정도에 따라서 다른 학습목표를 구성하는 것을 의미한다. 이미 사전 지식이 풍부한 학생들에게는 내용의 위계상 높은 단계에 있는 것이나 관련 내용을 확장함으로써 중복을 피할 수 있다. 아직 사전 지식이나 기능이 미비한 학생들에게는 단원에서 다루는 내용을 학습할 때 반드시 필요한 내용을 보충하여 자연스러운 연결이 이루어질 수 있게 한다. 그러나 학습목표를 구성할 때 높은 수준의 학생에게는 복잡한 고등 사고기능을 가르치고 낮은 수준의 학생들에게는 낮은 수준의 사고기능을 가르치는 것을 의미하는 것은 아니다.

맞춤형 수업이란

학습자의 필요에 응하는 교사의 반응으로

↓

다음과 같은 다양화의 일반적 원리에 따라

↙ ↓ ↘

적합한 과제	융통성 있는 그룹 편성	지속적인 평가와 적응

교사가 다양화할 수 있는 것은

내용	과정	결과물

다음과 같은 학습자의 특성에 따라

준비도	흥미 및 관심사	학습 프로파일

다음과 같은 수업의 범위와 관리 전략을 통하여

준비도 직소우 녹음자료 핵심활동 다양한 조직자 다양한 텍스트 다양한 보충 자료 문학 서클	차등적(tiered) 교수 차등적 센터 운영 차등적 학습결과물 학습계약 소집단 수업 그룹 조사활동 평가기준 개별연구	4MAT[7] 다양한 질문 전략 관심사 센터 다양한 과제 교육내용 압축(curriculum compacting) 다양한 학습일지 안내 복합수업

* 출처: Tomlinson, C. A.(1999) *The differentiated classroom: Responding to the needs of all learners.* p.15

[그림 4-1] 맞춤형 수업의 개념도

7) 4MAT는 맞춤형 수업전략으로서 4분면(quadrant)으로 조직된다. 처음에는 개념을 직접 학생에게 적절한 방식으로 가르치고, 그 다음에는 개념을 학생의 생활과 관련지어서 심층적으로 사고하게 하고, 그 다음에는 여러 가지 방식으로 효과를 실험하고 사고하는 방식으로 전문가가 되는 기회를 갖게 하고, 마지막으로 학생의 학습 스타일에 맞는 수행과제를 하게하는 수업전략을 의미한다.

과정 다양화에서 '과정'은 학습자가 인지구조를 형성하는 과정 전체를 의미할 수도 있겠지만, 다양화 전략으로서의 과정 다양화는 교수·학습활동이나 교육방법과 유사한 개념으로 사용된다. 교사는 학습자들이 동일한 목표에 도달할 수 있게 도와주지만 다양한 활동을 제시하는 것을 의미한다. 이해중심 교육과정에 의한 백워드 설계 단계 중에서 마지막 3단계에서 많이 활용되는데, 교사는 학습자의 준비도, 흥미, 학습 프로파일에 따라서 다른 종류의 활동을 제공한다. 사전 지식이 풍부한 학생들은 물론이고 학습에 어려움을 겪는 학생들 모두에게 흥미로우면서도 도전적인 활동을 계획한다.

결과 다양화는 교사가 학습자와 함께 어떤 결과물이 학습자의 학습에 대한 이해를 드러낼 수 있는지를 결정한다. 이해중심 교육과정의 백워드 설계에서는 주로 2단계에서 학습의 증거를 결정할 때 고려되는 요소이다. 교사는 학생들에게 일괄적으로 하나의 결과물을 만들어 내도록 강요하기보다는, '학습메뉴'와 같이 학습자들이 결과물을 선택할 수 있도록 선택과제들을 제시하거나 '학습계약'과 같이 학습자들의 특성에 따라 다양한 형태의 과제들을 계약을 통해 보여줄 것을 요구할 수 있다. 이러한 맞춤형 수업은 다음 [그림 4-2]의 절차를 통해 이루어질 수 있다.

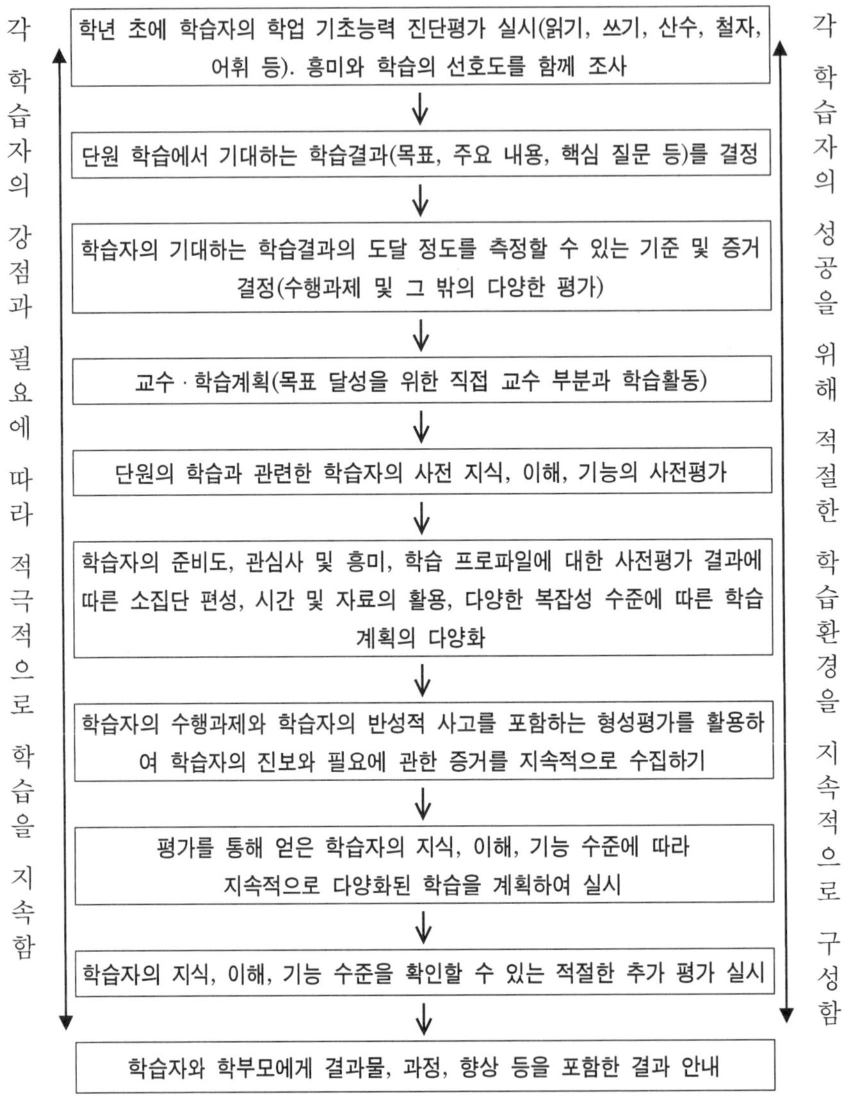

* 출처: Tomlinson, C. A., & McTighe, J. (2006). *Integrating differentiated instruction and understanding by design.* p.145; 장수빈, (2010) 이해중심 맞춤형 수업모형에 따른 초등학교 5학년 사회과 수업 설계 및 적용, p.39.

[그림 4-2] 이해중심 맞춤형 수업 절차

4.2.2. 학습자의 준비도, 흥미, 학습 프로파일에 따른 다양화 전략

맞춤형 수업은 내용, 과정, 결과물을 다양화함으로써 이루어지는데, 구체적으로 학습자의 준비도, 흥미, 학습 프로파일에 따라 다양한 전략이 있을 수 있다. 교사는 교실 맥락에 따라 각 전략들을 다양한 방식으로 적용할 수 있다.

학습자의 학업 준비도 및 사전 지식에 따른 수업설계 전략의 핵심은 각 학습자의 현재 위치에서 스스로 해낼 수 있는 수준보다 약간 높은 수준의 지식, 이해, 기능 등을 적절하게 제공하는 것이다. 교사는 수업이나 단원을 시작하기 전에 간단한 사전 평가를 통해 학생들이 이미 학습한 내용과 수준을 확인할 수 있다. 학습자의 준비도에 따른 다양화의 주요 전략으로는 이퀄라이저(equalizer), 차등적 과제(tiered assignments), 다양한 텍스트와 자료 및 교구의 이용과 다양한 지원 체제 등을 들 수 있다.

학습자의 관심사에 따른 맞춤형 수업전략들에서는 수업내용이나 과제들을 학습자들이 흥미를 가지고 있고 탐구하고 싶은 내용과 연결시킨다. 이때 내용을 개별화하기보다는 학습자들이 관심 있어 하는 주제 영역들을 선정하여 다양한 형태의 소집단을 활용하여 운영할 수 있다. 학습 프로파일에 따른 맞춤형 수업전략들은 학생들 각자가 가장 잘 배울 수 있는 학습방법을 찾아 그에 맞게 수업방법들을 고안하는 것이다. 이는 과정과 결과물 다양화에 주로 적용이 되는데, 이때 교사는 다중지능 질문지와 같은, 학습자들의 학습양식을 드러내는 질문지를 사용할 수 있다. 학습 프로파일에 따른 다양화 전략은 집단편성, 사고유형, 지능유형, 학습 환경 등 크게 네 개의 초점으로 구분할 수 있다.

학습자의 준비도와 학습 프로파일에 따른 다양화 전략들은 다음 <표 4-3>과 같이 요약된다.

<표 4-3> 학습자의 준비도와 학습 프로파일에 따른 다양화 전략

학습자 특성	차별화 전략	세부내용
준비도	이퀄라이저 (equalizer)	이퀄라이저 전략이란 오디오를 들을 때 조절하는 이퀄라이저와 유사하다. 8개의 하위 영역을 각 학습자에게 맞게 조절한다는 개념이다. 오디오 세트의 이퀄라이저 버튼을 조절하듯이 각 학습자의 특성에 맞추어 버튼의 위치를 조작한다. 기초적인(foundational) 것 ⇔ 변형적인(transformational) 것 구체적인(concrete) 것 ⇔ 추상적인(abstract) 것 단순한(simple) 것 ⇔ 복잡한(complex) 것 적은 차원의(fewer facets) 것 ⇔ 다차원의(multifacets) 것 작은 도약(smaller leaps) ⇔ 큰 도약(greater leaps) 구조화된(more structured) 것 ⇔ 개방화된(more open) 것 의존적인(less independent) 것 ⇔ 독립적인(more independent) 것 느리게(slower) ⇔ 빠르게(quicker)
	차등적 과제 (tiered assignment)	차등적 과제는 같은 내용의 학습과제지만 복잡성의 수준에 차이를 두는 전략이다. 차등적 과제들은 모든 학습자가 성취하여야 하는 핵심개념과 기능에 초점을 맞추어 동일한 학습목표를 달성할 수 있도록 하되, 개별 학습자의 학업 준비도와 수행능력의 수준 차이에 대처할 수 있도록 한다. 차등적 과제를 개발하기 위해서는 주어진 과제가 학습에 필수적인 핵심개념이나 일반화에 초점을 맞추었는지 확인하고, 다른 수준의 복잡성과 다른 학습양식과 결부되어 있는 다양한 자료들을 사용하며, 모든 학습자에게 적절한 도전이 되기 위해 학습과제의 복잡성, 추상성, 단계의 수, 구체성, 독립성을 조절하며, 명확한 기준을 제시하여야 한다(황윤한, 조영임, 2003).
	다양한 텍스트와 자료 및 교구의 이용	다양한 텍스트와 자료 및 교구의 이용이란 특히 읽기 수준에 따라 다양화를 시도하기에 적합한 전략으로, 같은 주제에 대한 다양한 수준의 읽기 자료를 제시하고 자신의 읽기 수준에 맞는 자료를 스스로 선택하는 것이다. 교실의 학습자들은 다양한 수준의 읽기 능력이나 이해능력을 갖고 있어서, 교과서가 어렵게 느껴지는 학습자도 있다. 따라서 교과서 이외의 다양한 보조자료 및 교재를 추가할 수 있다. 다양한 수준의 학급문고를 만들거나, 잡지, 기사, 소식지, 소책자, 팸플릿 등 다양한 인쇄물을 사용하면 학습자들의 개별적 필요에 맞출 수 있다. 뿐만 아니라 교사는 학습자의 읽기수준에 대한 정보를 얻게 된다.

	다양한 지원체제	다양한 지원체제는 공부친구(study buddies), 독서 파트너, 비디오, 녹음기, 동료 및 자원 인사 등을 활용하여 다양하고 복잡한 내용을 학습할 수 있도록 돕는다. 학습은 빨리 잘하는 속진 학습자와 공부에 어려움을 겪는 학습자를 파트너로 삼아, 도움을 필요로 하는 학습자들이 공부 잘하는 학생들로부터 도움을 받을 수 있도록 한다. 또한 교사는 학습에서 어려움을 겪는 학습자들을 위해 정리 노트를 제공하거나, 중요 부분을 형광펜 등으로 강조한 프린트 자료, 주요 개념의 요약 등을 제공할 수 있다.
학습 스타일	Gardner의 다중지능	Gardner의 다중지능 이론의 핵심은 모든 인간에게는 다양한 지능 영역이 있으며, 각 지능영역들의 강점과 약점의 조합에 따라 독특한 개인차가 발생한다는 것이다. 이러한 사실을 인식한다면 많은 문제를 보다 적합하게 다룰 수 있는 더 나은 기회를 가질 수 있다. Gardner가 제안하는 여덟 가지 지능과 그에 따른 활동은 다음과 같다. 1. 언어적/언어학적 지능 : 읽기, 쓰기, 말하기, 듣기 2. 논리적/수학적 지능 : 수와 추상적 패턴을 가진 활동 3. 시각적/공간적 지능 : 이미지, 마인드맵, 시각 자료, 그림을 통한 활동 4. 음악적/리듬적 지능 : 리듬, 멜로디, 정형화된 음향, 노래, 랩, 댄스의 활용 5. 신체적/운동 감각 지능 : 접촉, 움직임, 연기를 통한 정보 처리 6. 대인관계 지능 : 공유, 협동, 인터뷰, 관계 7. 자기이해 지능 : 혼자 작업하기, 자기보조 수업, 다양화 프로젝트 8. 자연친화적 지능 : 야외에서 시간보내기, 구분하기, 분류하기, 패턴 파악하기
	다중지능에 따른 도입전략	학습자가 선호하는 접근 방법으로 수업을 시작한다면 학습의 몰입 수준이 높아질 수 있다. 학습자의 선호를 반영한 도입 전략으로는 이야기를 통한 서사적 접근, 양적 자료를 제시하는 과학적 접근, 개념이나 의미에 대해 다루는 정초적 접근(foundational), 감각적 특성이나 예술적 요소들을 활용한 심미적 접근, 직접 손과 몸을 가지고 활동적으로 반응하는 경험적 접근이 있다. 수업 주제를 소개하면서 이 다섯 가지 전략을 적절하게 활용할 수 있다.
	그림 조직자	학습자에게 자료를 제시하는 방법을 다양화할 수 있다. 그림 조직자(graphic organizer)는 개념지도(concept map), 흐름도(flow diagrams), 나무 다이어그램(tree diagrams), 모형도(matrices), 표, 다이어그램 등과 같은 문자 형식이 아닌, 그림 형식의 시각화 자료를 의미한다. 다시 말해서, 그림 조직자는 아이디어나 개념

		등을 표현하고 의미를 전달하기 위해 시각적인 기호를 사용하는 시각적 의사전달 도구이다. 그림 조직자의 장점으로는 적은 양의 읽기로도 중요한 자료 및 핵심 개념을 이해할 수 있고, 자료를 조직하고 계열화하여 순서나 인과관계를 파악할 수 있으며, 시·공간적 윤곽이나 추상적인 자료를 이해하여 결국 논리적으로 사고할 수 있는 능력을 향상시킨다.

* 출처: Gregory, G. H & Chapman, C. (2002). *Differentiated instructional strategies: one size doesn't fit all.* 장수빈, (2010) 이해중심 맞춤형 수업 모형에 따른 초등학교 5학년 사회과 수업 설계 및 적용, pp.24-30에서 부분 발췌

또한, 학습자에 대한 평가 못지않게 중요한 것이 수업설계에 대한 평가이다. 이해중심 교육과정과 통합된 맞춤형 수업설계에 대한 적절한 판단 기준은 다음 <표 4-4>와 같다. 판단 기준은 크게 학습 환경, 교육과정, 교사, 학습자의 영역으로 구분되어 제시된다.

<표 4-4> 이해중심 교육과정과 통합된 수업설계 기준

영역	기준
학습 환경	·모든 개별 학습자는 인정과 존중을 받는다. ·모든 개별 학습자는 안전함을 느끼고 교실에서 가치 있는 존재로 여겨진다. ·모든 개별 학습자는 자신이 속한 소집단에 유의미하게 기여한다. ·개별 학습, 소집단 학습, 전체 학습의 중요성이 균형을 이룬다. ·학습자들은 협력적으로 학습한다. ·학습자들은 동질 및 이질 집단에 유연하게 편성된다. ·학습자의 다양한 관점과 학습방법이 존중받는다. ·큰 개념(빅 아이디어)과 핵심 질문이 학습자의 개별 학습, 수업활동, 전체적인 교실의 학습 기준의 중심이 된다. ·각각의 개별 학습자가 큰 개념을 이해하고 핵심 질문을 해결할 것이라는 높은 기대와 보상이 있다. ·모든 학습자는 도전적인 학습에 참여한다. 교육과정에서 가장 중요한 내용에 대해 과제와 평가가 부여되고, 고차원적인 사고를 자극하며 최대의 성장을 자극한다. ·큰 개념, 핵심 질문, 그리고 평가기준이 사전에 제시된다. ·학습자들에게 과제의 예시물이 가시적으로 제공된다.

교육 과정	· 모든 단원과 과정은 일관성 있게 설계된다. 내용기준, 큰 개념, 핵심 질문이 분명하게 평가와 학습활동과 일관성 있게 연결되어야 한다. · 아이디어를 제안하고 탐구하는 여러 가지 방법이 제시된다. · 학습자들이 자신의 이해를 다양한 방법으로 표현할 수 있도록 여러 가지 유형의 평가가 계획된다. · 이해의 평가는 '실제적인'(authentic) 수행과제에 의해 이루어져 학습자들이 적용하고 설명하는 것을 증명하여야 한다. · 학습자의 결과물이나 수행은 뚜렷한 기준에 따라 교사, 동료, 그리고 자기평가의 형식으로 평가된다. 평가에는 개별 학습자 및 소집단의 필요와 목표가 반영되어야 한다. · 교사와 학습자는 다양한 자료를 사용하여야 한다. 교과서는 다양한 자료 중의 하나일 뿐이며, 다양한 문화, 읽기수준, 흥미, 학습방법을 반영하는 자료들이 제공되어야 한다.
교사	· 교사는 학습자들에게 큰 개념, 핵심 질문, 수행과제, 평가기준을 단원의 시작 전에 제시하고 단원이 진행되는 동안 지속적으로 이 요소들을 반영하여야 한다. · 교사는 단원의 큰 개념 및 핵심 질문과 학생들의 배경 지식, 흥미 그리고 동기를 연결시킨다. · 교사는 큰 개념과 핵심 질문을 검토하고 탐구하는 동안 학습자들의 흥미를 유지하도록 노력한다. 여러 학습자들의 다양한 흥미에 따른 교수·학습을 제공하여야 한다. · 교사는 학습자들이 각자의 학습목표를 세우고 도달할 수 있도록 도움을 제공하여야 한다. · 개별 학습자들이 교과목에서 깊은 이해를 형성할 수 있도록 다양한 교수전략을 사용하여 학습자들과 다양한 방법으로 상호작용을 하여야 한다. · 교사는 진단평가 자료와 지속적인 평가를 통해 기능, 이해, 오개념에 대한 정보를 얻고, 발전을 위한 피드백을 제공하며 교수적 처치를 계획하여야 한다. · 일상에서도 준비도, 관심사 및 흥미, 학습 프로파일에서의 학습자의 차이를 고려하여야 한다. · 모든 학습자들은 다른 방법과 다른 속도에 따라 의미를 구성한다는 것을 알고, 학습자의 능동적인 의미 구성을 촉진하여야 한다. · 학업적 성공을 가져오는 읽기, 쓰기, 어휘, 계획하기 그리고 그 밖의 기초 기능의 향상을 위한 학습자의 다양한 필요를 지원하기 위해 다양한 전략을 사용하여야 한다. · 질문, 문제제기, 피드백을 사용하여 학습자가 반성적으로 사고를 확장시킬 수 있는 기회를 제공하여야 한다. · 다양한 자료를 사용하여 학습자의 이해를 촉진시켜야 한다. · 학부모와 학습자에게 학습자의 성취, 성과, 학습 습관에 대해 유의미한 피드백을 제공하여야 한다.

학습자	· 학습자는 목표(큰 개념과 핵심 질문)와 수행과제에 대해 설명할 수 있어야 한다. · 학습자는 그들이 무엇을 하고 있는지와 왜 그것을 하는지 설명할 수 있어야 한다. · 학습자는 그들의 교실이 어떻게 돌아가는지와 다양한 요소들이 어떻게 개별 학습자의 성공을 지지하는지 설명할 수 있어야 한다. · 학습자는 학급이 효과적으로 기능하는데 능동적으로 기여하여야 하며, 교사와 학급을 운영하는 책임을 공유하여야 한다. · 학습자는 교육과정과 수업의 적절성이 유지되는 한 단원의 처음부터 끝까지 계속적으로 흥미를 느끼고 관심을 잃지 않아야 한다. · 학습자는 소집단과 개인의 평가기준을 설명할 수 있어야 한다. · 학습자는 큰 개념과 탐구 질문을 해결할 수 있는 학습활동에 참여해야 한다. · 모든 학습자는 적합한 질문을 제기하고 흥미와 관점을 공유할 기회를 제공받아야 한다. · 학습자는 그들의 활동을 설명하고 정당화할 수 있어야 한다. · 학습자는 기준에 근거한 자기평가 혹은 동료평가에 참여하여야 한다. · 학습자는 학습활동을 진행하고 되돌아보는데 평가기준을 활용할 수 있어야 한다. · 학습자는 지속적으로 그들의 성취, 성과, 학습 습관에 따라 반성하고 목표를 재설정할 수 있어야 한다.

* 출처: Tomlinson, C. A & McTighe, J. (2006). *Integrating differentiated instruction and understanding by design.* pp.162-165; 장수빈, (2010) 이해중심 맞춤형 수업모형에 따른 초등학교 5학년 사회과 수업설계 및 적용, pp41-43.

4.3. 맞춤형 수업과 통합된 이해중심 교육과정

4.3.1. 통합사례 –맞춤형 수업과 이해중심 교육과정의 통합 사례

다음에 제시하는 예는 장수빈(2010)이 우리나라 5학년 사회과의 '우리나라의 경제 성장' 단원을 이해중심 교육과정과 맞춤형 수업의 전략을 통합하여 재구성한 것이다. <표 4-5>는 이해중심 교육과정의 백워드 설계를 적용하여 단원을 재구성한 것이며, <표 4-6>은 차시별 다양화 전략을 보여준다. 또한 [그림 4-3], [그림 4-4], [그림 4-5]는 학습자들이 교사와 '계약'의 형태로 프로젝트를 수행하도록 수행과제를 구성하였음을 보여준다. 학습자는 내용, 과정, 결과물을 선택할 수 있으며, 선택한 요소에 따라 계약서를 작성하고 한 달에 걸쳐서 프로젝트를 수행하고, 매 주 정해진 시간에 교사와 진행과정을 논의한다.

아래 <표 4-5>는 '우리나라의 경제 성장' 단원을 재구성한 다음, 수업을 한 결과 기대한 학습결과를 성취한 사례이다.

<표 4-5> 백워드 설계를 적용한 다양화된 수업단원의 예: '우리나라의 경제 성장'

<table>
<tr><th colspan="2">1단계 - 기대하는 학습결과 확인하기</th></tr>
<tr><td colspan="2">단원의 목표 :
우리경제는 자유 시장 경제의 틀을 갖추고 국민과 정부의 노력으로 크게 성장하였으며, 여러 과제를 안고 세계와 경쟁하고 있다는 것을 통계와 도표, 사진, 지도 등 관련 정보·자료의 수집 및 활용을 통해 이해한다.</td></tr>
<tr><td>이해(일반화) :
· 우리나라는 시장에서 물건과 서비스의 가격이 결정되며, 누구든지 경제적 이익을 위해 자유롭게 경쟁할 수 있는 경제제도를 갖고 있다.
· 판매자간의 자유로운 경쟁을 통해 가격이 낮아지고 품질과 서비스가 향상된다.
· 사람들은 더 많은 경제적 이익을 위해 상품과 서비스를 교환한다.
· 무역은 국가 간의 자연환경, 기술, 자본의 차이 때문에 필요하다.</td><td>핵심 질문 :
· 우리나라 경제제도의 특징은 무엇인가?
· 경쟁이 경제생활에 주는 유익은 무엇인가?
· 사람들이 더 많은 경제적 이익을 얻을 수 있는 방법은 무엇인가?
· 국가 간의 자연 환경, 기술, 자본의 차이는 어떠한 영향을 미치는가?
· 국가의 경제발전은 어떻게 이루어지는가?</td></tr>
<tr><td>사실 및 개념적 지식 :
· 60년대부터 현재까지 우리나라 경제발전의 주요 흐름
· 산업의 분류 방법
· 우리나라 기업의 해외진출 및 무역의 특징</td><td>기능 :
· 통계와 도표, 사진, 지도, 기사 등 관련 정보와 자료를 수집하고 활용하기
· 사회 탐구과정에 참여하기
- 탐구주제 발견 및 계획 세우기
- 자료탐색 및 탐구수행
- 탐구결과 정리 및 평가</td></tr>
</table>

<table>
<tr><th colspan="2">2단계 - 다양한 이해의 증거 결정하기</th></tr>
<tr><td>수행과제 :
· 개방형 프로젝트(해석, 적용)
· 학급 알뜰 시장에서 판매하기(적용)</td><td>다른 증거 및 자기평가 :
· 퀴즈 1 - 우리나라 경제제도의 특징(경제생활에서의 ‘자유’와 ‘경쟁’의 의미)(선다형, 단답형)
· 퀴즈 2 - 1단원 전체(소집단, 골든 벨)
· T포트폴리오 - 1단원 전체(공책)
· 관찰 - 프로젝트 면담과 학급 알뜰 시장 활동 때 교사의 관찰
· 자기평가 - 개방형 프로젝트(자기지식)
· 학습일지 - 매 수업 시간 후 기록(자기지식)</td></tr>
</table>

<table>
<tr><th colspan="2">3단계 - 학습활동 계획하기</th></tr>
<tr><th>차시</th><th>교수 · 학습활동</th></tr>
<tr><td>1-2</td><td>① 다양한 사진과 사례를 통해 우리나라 경제제도의 원칙을 발견하기
② 전화번호부 및 대형 할인마트 전단지 분석을 통해 우리 동네의 비슷한 업종끼리 자유로운 경쟁이 이루어지고 있다는 것을 발견하기</td></tr>
<tr><td>3-4</td><td>기업이 되어 MP3 생산 시뮬레이션 게임을 하면서 기업 간의 경쟁을 통해 가격은 낮아지고 품질은 높아진다는 원리를 발견하기(여러 번 게임을 진행하되 생산자 대 소비자의 비율, 수요와 공급 조건을 다르게 하기)</td></tr>
<tr><td>5-6</td><td>경제생활에서 정부의 역할에 대한 소집단 토론하기</td></tr>
<tr><td>7-8</td><td>자신에게 맞는 공책 필기 양식을 활용하여 60년대부터 현재까지 우리나라 경제발전사 요약 · 정리하기</td></tr>
<tr><td>9-10</td><td>우리나라 경제 발전사와 IMF에 대해 정리하는 활동을 다중지능에 따른 3*3 빙고의 형태로 9가지로 제시, 1줄 빙고 완성하기</td></tr>
<tr><td>11</td><td>우리나라 경제발전사에서 개인, 기업, 국가가 노력한 사례를 관심사 및 흥미에 따라 하나씩 선정하여 읽고 요약하기</td></tr>
</table>

12-13	① 두 팀에게 각각 식빵과 잼을 주고 샌드위치를 함께 먹을 수 있는 방법에 대해 토의하여 무역의 필요성 깨닫게 하기, ② 무역의 개념과 필요성에 대해서 학습한 후, ③ 퀴즈를 통해 드러난 이해도에 따라 집단을 분류한 다음 주사위 토론하기(무역의 여러 측면에 관해 상-수준 : 논쟁, 선택, 지지, 의견, 비교, 설명; 중-수준 : 비교, 대조, 예, 설명, 처방, 제안, 연결; 하-수준 : 기본원리 재학습, 나열, 기술, 연결 짓기)
14-15	① 우리나라 수출품의 변화와 국가별 수출·수입에 대해 통계 자료를 분석하여 일반화 문장을 도출하기, ② 학습한 내용을 선호하는 표현 양식에 따라(말하기, 쓰기, 시각적 자료)선택하여 정리하기
16-17	'국가 간의 수출 경쟁에서 우리나라가 더 잘할 수 있는 방법은?' 이라는 문제를 제시하고, 이를 해결하기 위해 자신의 관심사 및 흥미에 따라 반도체, 영화산업, 생명공학, 의류산업의 전문가 집단에서 학습한 뒤 원래 집단으로 돌아가 모둠별 골든벨 하기 (jigsaw)
18-19	① 통계 자료를 통해 우리나라가 해외로 진출하는 이유 분석하기, ② 해외에서 근무한 분을 초청하여 인터뷰하기, ③ 세계지도에 우리나라가 진출해 있는 곳 색칠하기, ④ 다중 지능에 따른 4개의 센터(독서센터, 예술작품 제작센터, 쓰기센터, 문제해결센터)에서 우리나라 기업의 해외 진출에 대한 자료를 정리하기
20-21	① 미래학자들이 예측한 미래 사회의 문제점들에 대해서 듣고, ② 학습유형에 따라 모인 소집단끼리 미래 사회의 문제점에 대비하는 제품을 생산하는 기업을 창업하는 시뮬레이션 게임하기(결정사항 : 회사 이름, 미래 사회의 어떤 문제점에 대비하기 위한 제품인가?, 무엇을 생산하는가?, 누구에게 파는가?, 이 회사가 높은 수익을 낼 수 있는 이유가 무엇인가?, 어떻게 해결할 수 있는가?)
22-23	① 세계로 뻗어가는 우리 경제(1-2단원)의 내용을 신문 기사쓰기, 그림 그리기, 노래 개사하기, 만화 중 한 가지를 선택하여 정리하기(조건 : 무역, 수출, 수입, 기업의 해외 진출, 미래사회 문제, 경제발전의 개념을 모두 포함해야 함), ② 개인·가정, 기업, 국가·지방 자치단체가 경제발전을 위해 함께 협력한다는 내용을 나타내는 역할극 제작하기

24	① 1단원 내용 : 모둠별 골든 벨, ② 프로젝트 발표 및 자기평가서 제출
재량	세계 무역 게임: 7개의 팀을 선진국, 중진국, 개발도상국으로 설정하여 구성하되 선진국일수록 팀원(인구를 상징) 수를 적게 하고 자와 컴퍼스, 연필(기술을 상징)을 많이 제공. 개발도상국일수록 종이(자원)와 팀원(인구)은 많지만 기술을 상징하는 자와 컴퍼스 연필을 적게 분배. 시작 시에는 개발도상국 팀에게는 자, 컴퍼스, 연필을 제공하지 않으며, 게임 중간에 자원을 팔아 교환을 시도하게 한다. 주어진 시간 안에 규격에 맞는 모양을 만들어 돈과 교환하게 한다(예 : 지름 3cm의 원을 제작하면 10만원을 번다는 식). 선진국은 기술이 풍부하고 적당한 양의 자원이 있어 계속 돈을 벌지만 후진국은 자원과 사람이 많아도 기술이 없어 아무 것도 생산할 수 없음. 20분 정도 이런 활동을 진행한 후, 세계 무역에 대해 함께 토의하고 느낀 점을 한 편의 글로 정리하기
재량	학급 알뜰 시장(수행과제) : 자유로운 경쟁을 통해 서비스와 품질이 향상된다는 원리를 경험하기 위해, 학급 친구들을 대상으로 사업을 계획하여 알뜰 시장 놀이하기

다음 <표 4-6>은 이해중심 교육과정을 적용하여 재구성한 ‘우리나라의 경제 성장’ 단원에 통합한 다양화 전략들을 보여준다.

<표 4-6> 차시별 다양화 전략

차시	소단원별 수업 주제	다양화 요소/소집단 편성	다양화 전략
1단원 - 우리나라의 경제 성장			
1-2	우리나라 경제제도의 특징	준비도(읽기능력)에 따른 동질집단 편성	텍스트 및 자료의 다양화
3-4	경쟁의 이익	학습 프로파일(학습유형)에 따른 동질 집단 편성	문제해결 학습
5-6	경제생활에서 국가의 역할	준비도(내용 이해)에 따른 동질 집단편성	학습문제 수준의 다양화
7-8	우리나라의 경제발전 역사	학습 프로파일(다중 지능)	필기 유형의 다양화
9-10	우리나라의 경제발전 역사	학습 프로파일(다중 지능)	다중 지능 3*3 빙고
11	경제발전을 위한 경제 주체들의 노력	관심사 및 흥미(주제)	텍스트 및 자료의 다양화
12-13	무역의 필요성	준비도(내용 이해)에 따른 동질 집단편성	주사위 학습
14-15	우리나라 무역의 특징	학습 프로파일(다중지능)	선택학습
16-17	우리나라 무역의 문제점	관심사 및 흥미(주제)	직소(Jigsaw)
18-19	우리 기업의 해외진출	관심사 및 흥미(표현 방법)	센터학습
20-21	미래 사회 문제	학습 프로파일(학습 유형)	문제해결 학습
22-23	경제발전을 위한 우리 모두의 노력	관심사 및 흥미(표현 방법)	선택학습
24	프로젝트 발표	복합	프로젝트
재량	세계 무역 게임	학습 프로파일(학습 유형)	문제해결 학습
재량	학급 알뜰 시장	복합	문제해결 학습

다음 [그림 4-3], [그림 4-4], [그림 4-5] 수행과제를 교사와의 '계약'을 통해 다양화 전략을 어떻게 사용하는가를 보여준다. [그림 4-3]

은 내용, 과정, 결과물의 선택목록에서 학생들이 선택할 수 있도록 다양한 항목을 제시하고 있다.

자유와 경쟁 단원평가를 위한 프로젝트 안내

자유와 경쟁의 개념 및 우리나라 경제의 전체적인 모습을 살펴보는 1단원의 평가는 예전의 시험 평가 방법이 아니라 여러분이 자유롭게 선택해서 완성하는 프로젝트로 이루어집니다. 여러분은 학교에서 1단원 수업이 이루어지는 동안 프로젝트를 진행하게 됩니다.

※ 아래의 프로젝트 선택 목록에서 여러분이 수행하고 싶은 것을 선택할 수 있습니다.

내용 (자신에게 흥미로운 주제)	과정 (자신이 선호하는 작업 방법)	결과물 (자신이 제출하고 싶은 형태)
○ 우리나라 및 세계 여러 나라의 다양한 경제 체제 ○ 사람들의 직업 경쟁 ○ 우리 동네 가게들의 경쟁 ○ 기업 간의 경쟁 ○ 우리의 경제생활에서 정부가 하는 역할 ○ 경제 발전에 따라 변화한 우리나라의 생활 모습 ○ 우리나라 경제 발전을 위해 어른들이 해온 노력과 경험 ○ IMF ○ 우리나라 핸드폰 및 전자 제품 수출 ○ 아시아 지역의 한류 열풍 ○ 앞으로의 경제 발전을 위해 개발해야 하는 분야	① 개인 혹은, 친구들과 함께 ② 역할 ○ 배우 ○ 파워 블로거 ○ 예술가 ○ 여행가 ○ 연구원 ○ PD ○ 광고 기획자 ○ 기업가(CEO) ○ 정치가 ○ 잡지 및 신문 편집자 ○ 정부의 관리자 ○ 역사적 인물 ○ 발명가/개발자 ○ 박물관 전시 기획자 ○ 소설가 ○ 작가 ○ 사진가 ○ 리포터 ○ 사회과학자 ○ 교사 ○ 여행가	○ 블로그 제작하기 ○ 정책 제안서 작성하기 ○ 책을 출판하기(1권) ○ 기획 편지 시리즈 보내기 ○ 부연극 공연하기(마임) ○ 패스컬 포스터를 디자인하고 제작하기 ○ 박물관 만들기 ○ 신문이나 잡지 발행하기(26부 이상) ○ 여행 계획서 작성하기 ○ 어린이를 위한 학습 만화 출판하기(1권) ○ 우리 반을 대상으로 1시간 동안 강의하기 ○ 1편의 연극을 제작하고 공연하기 ○ 새로운 제품을 개발하기 ○ 어린이를 위한 경제 용어 사전 제작하기 ○ 1편의 뮤지컬을 제작하고 공연하기 ○ 위인전 쓰기(1편) ○ 다큐멘터리 비디오를 제작하기 ○ 홍보용 소책자 제작하기 ○ 40분용 뉴스를 제작하기

[그림 4-3] 프로젝트 안내

다음 [그림 4-4]는 교사와 학생이 맺은 프로젝트 계약서를 보여준다.

프로젝트 계약서

프로젝트 주제: 나는 배우 (역할) 가 되어 사람들의 직업 경쟁 (주제)에 대하여 한편의 제작을(연극) 하고 공연하기 (결과물)를 할 것이다.

이 프로젝트를 완성하기 위해서

내가 이해해야 하는 것은: 사람들이 직업의 경쟁을 어떻게, 어떤식으로 하는지 이해해야 합니다.

내가 할 수 있어야 하는 것은: 사람들의 직업의 경쟁을 어떻게, 어떤식으로 하는지 연극으로 표현할 수 있어야 하고, 설명도 할수 있어야 한다

나는 이 프로젝트를 10월 13일 ~ 10월 17일 (날짜)까지 마치고, 한편의 연극을 제작하고, 공연 하여서 (프로젝트를 완성했다는 증거) 의 방법으로 학급 친구들과 선생님에게 프로젝트를 완성했다는 증거를 보여줄 것이다.

2009년 9월 15일

(이름) (서명)

[그림 4-4] 프로젝트 계약서

다음 [그림 4-5]는 교사와 맺은 프로젝트 계약에 대한 평가기준을 보여준다.

평가 기준

비중	내용 40점(각 10점)	과정 30점(각 5점)	결과물 30점(각 5점)
기준 →	① 자유와 경쟁을 특징으로 하는 시장경제의 원리 ② 경제성장의 의미와 과거부터 현재까지 경제 주체들의 노력 ③ 우리나라와 세계 무역의 특징 ④ 해외 진출 기업 및 향후 산업의 특징	① 다양한 사례 분석 ② 통계, 도표 등의 관련 자료 분석 ③ 적절한 시간 사용 ④ 계획적인 절차 사용 ⑤ 익숙하지 않은 다양한 방법 사용 ⑥ (집단이 하는 경우)팀 전체 참여, (개인별일 경우) 자기 주도성	① 완성도 ② 효과적인 시각자료 사용 ③ 전달이 분명한 발표 ④ 유용성 ⑤ 창의성 ⑥ 프로젝트 기준을 잘 지킴
5 (10)	각 항목의 개념 및 기본원리를 정교하게 이해했다는 증거가 드러나고, 충분한 양의 자료를 수집한 경우	스스로의 사전 계획에 따라 주어진 기간 동안 프로젝트를 지속적으로 진행하고, 다양한 유형의 자료와 방법을 사용한 경우	모두에게 유익한 수 있도록 쉽고 분명하며 효과적으로 자료를 제시하고, 매우 창의적이고 완성도가 높은 경우
3 (6)	각 항목의 개념 및 기본원리를 부분적으로 이해했다는 증거가 드러나고, 적절한 양의 자료를 수집한 경우	자신의 사전 계획을 충실히 지키지는 못 했으나 때때로 프로젝트를 진행하고, 두세 가지 이상의 자료 유형과 방법을 사용한 경우	어느 정도 쉽고 분명하며 효과적으로 자료를 제시하고, 창의적이고 프로젝트를 완성한 경우
1 (2)	각 항목의 개념 및 기본원리를 잘못 이해하고 있거나 이해의 증거가 충분하지 않으며, 수집한 자료의 양이 충분하지 않은 경우	주어진 기간을 충분히 활용하지 못하고, 익숙한 한 가지 유형의 자료와 방법을 사용한 경우	자료 제시의 명료성, 효과성이 부족하고 일반적이며 미완성인 경우

[그림 4-5] 프로젝트 계약서 평가기준

다음에 제시하는 예는 주은희(2014)가 우리나라 초등학교 2학년의 수학과 단원을 이해중심 교육과정과 맞춤형 수업을 적용하여 재구성한 내용이다.

<표 4-7> 백워드 설계를 적용한 맞춤형 수업단원의 예 : 2학년 '표와 그래프'

<table>
<tr><th colspan="2">1단계 - 기대되는 학습결과 확인하기</th></tr>
<tr><td colspan="2">교육과정 문서상의 성취기준 :
· 정해진 기준에 따라 사물들을 분류하여 개수를 세어 보고, 기준에 따른 결과를 이야기할 수 있다.
· 자신이 정한 기준에 따라 사물들을 분류하여 개수를 세어 보고, 기준에 따른 결과를 이야기할 수 있다.
· 분류한 자료를 표로 나타내고, 표로 나타내면 편리한 점을 이야기할 수 있다.
· 분류한 자료를 그래프로 나타내고, 그래프로 나타내면 편리한 점을 이야기할 수 있다.</td></tr>
<tr><td>이해(일반화) :
· 생활 주변의 현상은 표나 그래프로 표현될 수 있다.
· 표와 그래프는 자연현상이나 사회현상을 설명, 예측하고 문제해결방안을 찾는데 사용할 수 있다.</td><td>핵심 질문 :
· 사람들은 주변 현상을 쉽게 나타내기 위해 어떤 방법을 사용하고 있을까?
· 사람들은 왜 표(그래프)를 만들게 되었을까?
· 표와 그래프는 어디에 쓰일 수 있을까?</td></tr>
<tr><td>사실 및 개념적 지식 :
· 통계
· 해석
· 표
· 그래프
· 표와 그래프의 유용성</td><td>기능 :
· 그래프 그리기
· 표 해석하기
· 그래프 해석하기
· 예상하기
· 자료 활용하기</td></tr>
<tr><th colspan="2">2단계 - 다양한 이해의 증거 결정하기</th></tr>
<tr><td>수행과제 :
· 제품 판매를 위한 아이디어 제시하기 (이해, 적용)</td><td>다른 증거 및 자기평가 :
· 퀴즈 : 수업 중간의 간단한 퀴즈(2회)
· 관찰 : 표 만들기, 그래프 그리기, 표와 그래프 해석하기, 자료 수집하기 등의 수행 관찰
· 학습결과물 : 학습지, 교과서 및 수업 이후 만드는 결과물
· 학습일지 : 매 수업마다 작성하는 배움</td></tr>
</table>

	일지 · 지필평가 : 5단원 표와 그래프 단원평가

3단계 - 학습활동 계획하기	
차시	교수 · 학습 활동
1	표와 그래프 단원을 안내하고 핵심 질문을 제시하고 교실에 게시한 후 함께 고민해보기, 배움공책을 쓰고 학습 계약 맺기
2	'왜 사람들이 표와 그래프를 만들어 사용할까?'는 주제로 전체 토의하기, 모둠활동으로 선생님과 학생들이 준비한 자료에서 표와 그래프가 어디에 사용되는지를 찾고, 그 속에 담긴 정보 정리하기, 토의 주제에 대한 자신의 생각을 정리하기
3-4	모둠별로 '현장체험 학습'을 주제로 우리 반 친구들을 대상으로 조사 계획을 세우기, 조사 후 결과 자료를 표로 바꿔 보면서 자료와 표의 차이점을 찾고 표의 편리한 점을 정리하기
5	다양한 모양의 그래프를 살펴보며, 그래프의 특징과 공통점에 대해 토의하기, 모둠 친구들과 그래프 사이에 틀린 그래프를 찾고 바르게 고쳐보기, 전 차시에 제작한 표를 그래프로 만들기
6	'줄'과 '칸'의 의미를 표의 열과 행의 의미로 관련지어 이해하고, 한글프로그램으로 우리 반 친구들에 대한 조사 결과를 표로 만들기, 사전 준비도에 따라 우수한 학생을 도우미로 활용하기
7	자신의 이해도에 따라 주어진 자료를 표와 그래프로 만드는 활동을 선택하는 선택학습하기, 어떤 상황에서 표와 그래프 중 어느 것이 더 편리한지 알아보는 퀴즈 풀기
8	강아지, 놀이터, 만화책, 엄마아빠에 대한 네 종류의 흥미 센터를 방문하여 표와 그래프를 읽고 주어진 문제를 친구들과의 협력을 통해 해결하기
9	혼자의 힘으로 자신이 평소에 관심 있었던 주제로 우리 반 친구들 8명을 대상으로 조사 계획을 세우고, 조사하기, 그 결과를 표와 그래프로 나타내고 전시하기

10	단원에서 배운 핵심 요소(표와 그래프의 편리한 점, 표와 그래프를 만드는 방법, 만들 때 주의할 사항) 정리하기, 나의 강점지능에 따라 선택상자에서 학습 활동을 골라 단원 정리하기
11	‘윷놀이’를 할 때 도, 개, 걸, 윷, 모 중 어떤 패가 가장 많이 나올지 모둠 토의하기, 실제 윷놀이를 하면서 패를 기록하고, 그 결과를 표와 그래프로 정리하기, 나의 예상과 결과를 비교해보며 그 까닭 발표하기
12	막대 모양의 그래프 이외에 다른 모양의 그래프를 모둠별로 찾아보기, ‘나의 하루’를 주제로 자신이 정한 형태의 다양한 그래프 만들기, 만든 그래프를 친구들과 공유하며 나의 하루를 의미 있게 보내는 방법에 대해 토의하기
13	1주일간 내가 선생님, 부모님, 친구들로부터 들은 칭찬을 기록하기, 칭찬 수첩을 확인하고 그 결과를 표와 그래프로 만들고, 그 결과를 통해 나의 장점 3가지를 찾아 명함으로 만들기

<표 4-8> 차시별 다양화 전략

차시	소단원별 수업 주제	맞춤형 요소 / 소집단 편성	맞춤 전략
단원 : 표와 그래프			
1	단원 안내	준비도	학습량의 다양화
2	생활 속의 표와 그래프	준비도에 따른 이질집단 협동학습	텍스트 및 자료의 다양화
3-4	자료를 표로 만들기	준비도에 따른 이질집단 협동학습	텍스트 및 자료의 다양화
5	자료를 그래프로 만들기	준비도에 따른 이질집단 협동학습	텍스트 및 자료의 다양화
6	워드프로세서로 표 만들기	준비도	학습량의 다양화
7	표와 그래프의 내용 알기(1)	준비도	선택판
8	표와 그래프의 내용 알기 (2)	흥미에 따른 동질집단 협동학습	텍스트 및 자료의 다양화 (센터학습)
9	직접 조사하고 표와 그래프 만들기	관심사 및 흥미	I-search
10	윷놀이와 표	관심사 및 흥미	선택판
11	나만의 그래프 만들기	관심사 및 흥미	선택판
12	칭찬수첩을 표와 그래프로 만들기	준비도에 따른 이질집단 협동학습	문제중심 학습 (pbl)
13	단원 마무리 학습	학습 프로파일	tic-tac-toe (선택상자)
14	평가	수행과제 및 지필고사 단원 학습 반성하기	-

<표 4-9> 백워드 설계를 적용한 맞춤형 수업단원의 예 : '규칙 찾기'

<table>
<tr><th colspan="2">1단계 - 기대되는 학습결과 확인하기</th></tr>
<tr><td colspan="2">교육과정 문서상의 성취기준 :
· 물체, 무늬, 수의 배열에서 규칙을 찾을 수 있다.
· 규칙을 여러 가지 방법으로 나타낼 수 있다.
· 수배열표나 곱셈표에서 규칙을 찾을 수 있다.
· 정해진 기준에 따라 사물들을 분류하여 개수를 세어 보고, 기준에 따른 결과를 이야기할 수 있다.
· 자신이 정한 기준에 따라 사물들을 분류하여 개수를 세어 보고, 기준에 따른 결과를 이야기할 수 있다.
· 자신이 정한 규칙에 따라 규칙을 만들고 다른 사람과 이야기를 주고받을 수 있다.
· 규칙을 활용하여 문제를 해결할 수 있다.</td></tr>
<tr><td>이해(일반화) :
· 일상생활이나 자연현상 속에는 규칙이 있다.
· 물체, 무늬, 수의 배열에서 나타난 규칙은 여러 가지 방법으로 나타낼 수 있다.</td><td>핵심 질문 :
· 우리 주변에서 찾을 수 있는 규칙은 어떠한 것들이 있을까?
· 내가 찾은 규칙을 어떤 방법으로 설명할 수 있을까?
· 나는 주어진 것들로 어떤 규칙을 만들어볼 수 있을까?</td></tr>
<tr><td>사실 및 개념적 지식 :
· 규칙
· 배열</td><td>기능 :
· 규칙 찾고 표현하기
· 자료 해석하기</td></tr>
<tr><th colspan="2">2단계 - 다양한 이해의 증거 결정하기</th></tr>
<tr><td>수행과제 :
· 생일파티 준비하기(적용)</td><td>다른 증거 및 자기평가 :
· 퀴즈 : 수업 중간의 간단한 퀴즈(2회)
· 학습결과물 : 학습지, 교과서 및 수업 이후 만드는 결과물
· 학습일지 : 매 수업마다 작성하는 배움일지
· 지필평가 : 6단원 규칙 찾기 단원평가</td></tr>
</table>

3단계 - 학습활동 계획하기	
차시	교수 · 학습 활동
1	규칙 찾기 단원을 안내하고 핵심 질문을 제시하고 교실에 게시한 후 함께 고민해보기, 배움공책을 쓰고 학습 계약 맺기
2	생활 속에서 무늬가 들어간 물건을 찾아 발표하고, '왜 물건에 무늬를 넣을까?'에 대한 자신의 생각을 정리하기, 다양한 물건들에 대한 무늬를 살펴보고, 무늬의 유용성과 사람들에게 주는 기쁨과 이로움(아름다움)을 이해하기, 생활 속 물건을 하나 선택하여, 물건에 어울리는 무늬를 그리고 공유하기
3-4	다양한 모양의 수배열표를 통해 수배열표의 개념과 공통점 이해하기, 선생님과 수배열표를 보고 그 안에서 찾을 수 있는 규칙을 알아본 후, 준비도에 따른 활동으로 만들어진 3*3 빙고에서 1줄 빙고 완성하기
5	나의 이해 수준에 따라 크기와 모양을 조절하여 수배열표 만들기, 내가 만든 수배열표를 바탕으로 짝의 이해수준에 맞게 문제 내기, 내가 낸 문제와 짝이 낸 문제를 서로 바꾸어 풀고 확인하기
6	교실, 학교 집, 공원, 마트에서 볼 수 있는 수의 규칙을 미리 조사해오기, 모둠별로 수의 규칙에 대한 자료를 모으고 비슷한 것과 다른 것들끼리 분류해 보기, 수의 규칙을 설명할 수 있는 발표 자료 만들고 발표하기
7	복사로봇이 되어 그림, 선생님의 설명, 친구들의 설명과 같은 모양의 쌓기 나무를 만들어보기, 쌓기 나무 문제를 낼 때 주의사항을 알고 짝과 서로 쌓기 나무 모양 문제를 내고 맞추기
8	정해진 개수(3, 4, 5, 6)의 쌓기 나무로 다양한 모양 만들기, 선생님이 보여주는 모양을 보고 우리 주변의 사물과 동물 중에서 닮은 모양을 찾아 발표하기, 책상 위에 다양한 쌓기 나무 모양을 만들고 그 모양에 어울리는 이름을 짓고 post it을 이용해 이름표 붙이기
9	짝과 함께 놀러가고 싶은 장소(놀이터, 동물원, 놀이공원, 수족관, 운동장 등)를 정하고, 쌓기 나무의 다양한 모양을 이용해서 꾸며보고, 만든 장소를 짧은 설명과 함께 전시하고 관람하기
10	단원에서 배운 내용을 전체 o, x 퀴즈를 통해 정리하기, 학습 메뉴를 통해 자신의 다중지능에 맞는 학습 정리 활동을 선택하여 실시하기

<표 4-10> 차시별 다양화 전략

차시	소단원별 수업 주제	맞춤형 요소 / 소집단 편성	맞춤 전략
단원 : 규칙 찾기			
1	단원 안내	준비도	학습량의 다양화
2	무늬 만들기	관심사 및 흥미	선택학습
3-4	수배열표에서 규칙 찾기(1)	준비도	3*3 빙고
5	수배열표에서 규칙 찾기(2)	준비도	차등적 과제 (tiered assignment)
6	생활 속의 규칙 찾기	준비도에 따른 이질집단 협동학습	텍스트 및 자료의 다양화
7	쌓기나무 모양쌓기(1)	준비도	이퀄라이저 (equalizer)
8-9	쌓기나무 모양쌓기(2)	관심사 및 흥미	텍스트 및 자료의 다양화
9	쌓기나무 모양쌓기(3)	관심사 및 흥미	선택학습
10	단원 마무리 학습	학습 프로파일	학습메뉴
11	평가	수행과제 및 지필고사 단원 학습 반성하기	-

4.3.2. 우리나라 수준별 수업과 맞춤형 수업

우리나라에서는 1997년에 고시된 7차 교육과정기부터 학습자의 학습능력 수준에 대응하는 수준별 수업 혹은 맞춤형 수업의 아이디어가 도입되었다(교육부, 1998). 당시에는 국가수준에서 학습자의 학습능력 수준에 대한 결정과 처치가 가능하다고 보았기 때문에, 수준별 수업이라는 용어보다는 수준별 교육과정이라는 용어를 사용하였다. 7차 교육과정 개정을 위한 기초연구를 수행하였던 교육과정개정연구위원회(한국교육개발원, 1996)는 수준별 교육과정을 학습자의 학습능력 수준과 요구에 대응하는 차별적, 선택적 교육을 제공하는 데 근본적인 의의를 두고, 학습능력과 교육내용 간에 상승적인 상호작용이 일어날 수 있도록 교육과정을 구성하는 것이라고 하였다.

수준별 교육과정의 유형은 '단계형 수준별 교육과정', '심화 · 보충형 수준별 교육과정', '과목 선택형 수준별 교육과정'의 세 가지로 제시되었다(교육부, 1998: 115). 단계형 수준별 교육과정은 비교적 학습내용의 위계가 분명하고, 학습 집단 구성원의 능력의 개인차가 심하게 작용하는 교과에서 난이도나 논리적 위계를 기준으로 조직한 교육과정으로서, 학생의 학습 속도에 알맞게 단계별로 세분화하여 운영하는 것이었다. 수학 교과와 중등 영어 교과에 이 유형이 적용되었다. 수학 교과의 단계 설정은 1학년부터 10학년까지 10단계를 두고 학기를 단위로 하는 2개의 하위 단계(예를 들면, 1-가, 1-나,....., 10-가, 10-나)를 설정, 운영하도록 하였다.

심화 · 보충형 수준별 교육과정은 교과의 내용이 다양한 영역으로 구성되어 있고, 학습집단 구성원의 능력별 개인차가 심하게 작용하지 않는 교과에서 학습내용의 범위와 수준을 달리하여 조직하는 교육과정으로서 학생의 능력 수준에 따라 기본 학습내용을 보충 또는 심화할 수 있게 편성, 운영하도록 하였다. 국어, 사회, 과학, 초등 영어 교과에 이 유형을 적용하였다.

과목 선택형 수준별 교육과정은 11, 12학년의 선택중심 교육과정에 적용되는 교육과정으로, 학생의 능력, 적성, 필요, 관심의 차이를 반영하는 다양한 과목을 개설하여 자신의 진로와 능력 수준에 알맞은 과목을 학생 스스로 선택할 수 있도록 구성한 교육과정 운영 체제라고 하였다.

이렇듯, 우리나라에서 7차 교육과정기에 공식적으로 도입된 단계형 수준별 교육과정은 국가에서 전국의 학생들을, 수학을 예로 들면, 10개의 단계로 구분하는 것으로 현실화되었다. 심화・보충형은 단원이 끝나는 지점에 심화・보충 학습을 제시하는 교과서 구성 방식으로 현실화되었고, 실행 과정에서 속진 불허, 동일 학년 내에서만 교과 내 수준별 분단 편성 운영을 할 수 있도록 하였다. 그러나 심화・보충형은 사실상 모든 학생들이 교과서에 제시된 심화과제와 보충과제를 이수하게 함으로써, 의도와는 다른 결과를 가져왔다. 그리고 과목 선택형 수준별 교육과정은 실제로는 사용되지 않은 '죽은' 개념이 되었다.

이러한 결과를 가져온 데는 첫째, 국가가 전국 모든 학생들의 개인차라는 변수를 일괄 처치하려고 한 데 있다고 할 수 있다. 한 학급에서도 학생들의 학습 준비도, 관심사 및 흥미, 학습특성의 차이가 다양하게 나타난다고 할 때, 국가수준에서 전국의 학생의 능력, 적성, 필요, 흥미에 대한 개인차를 최대한 고려한 수준별 교육과정을 제시하려고 한 것은 의도는 좋았지만, 실현 가능성은 애초부터 낮은 것이었다.

7차 교육과정에 처음 도입된 수준별 교육과정은 7차 교육과정이 실행되는 동안 내내 위에 적시한 문제점들을 노출하였다. 이에 2007 개정 교육과정에서는 이러한 문제점을 해결하기 위하여 '수준별 교육과정'이라는 용어를 '수준별 수업'으로 변경하였다. 2007 개정 교육과정에서는 수준별 교육과정에서의 단계형, 심화보충형 수준별 교육과정 유형을 폐지하고, 수업 내실화에 주안점을 두기 위해 수준별 수업을 하도록 지침을 마련하였다. 이는 "수준별 수업 운영과 관련하여 그 수준을 국가수준 교과 교육과정에서 획일적으로 제시한 데서 벗어나, 단위 학교와 담당 교사의 자율성을 확대하고 '기본 내용'을 중심으로 단위 학교의 상황에서 개인차를 반영하도록 하기 위한 것"이라고 하고 있다(교육과학기술부, 2008: 123). 2007 개정 교육과정에 나타난 해당 지침의 내용은 다음 <표 4-11>과 같다.

<표 4-11> 수준별 수업 관련 2007 개정 교육과정 편성 · 운영 지침

해당 부분	지침 내용
4. 교육과정의 편성 · 운영 지침 - 1. 기본 지침 - 가. 국민공통기본교육과정	(2) 국민공통기본교육과정에서는 학생의 능력과 적성, 진로를 고려하여 교육내용과 방법을 다양화한다. 특히 국어, 사회, 수학, 과학, 영어 교과에서는 수준별 수업을 권장한다.
2. 지역 및 학교에서의 편성 · 운영 - 가. 시 · 도 교육청 - (2) 운영	(바) 각 학교가 수준별 수업을 효율적으로 운영하는 데 필요한 행 · 재정적인 지원을 한다.
2. 지역 및 학교에서의 편성 · 운영 - 다. 학교 - (1) 편성 - <공통 지침>	(마) 수준별 수업은 다음 사항에 유의하여 편성 · 운영한다. ① 수준별 수업을 적용하는 교과는 심화보충 학습을 위한 추가 시간이 필요할 경우, 재량 활동에 배당된 시간 등 별도의 시간을 활용할 수 있다. ② 수준별 수업 운영을 위한 학습 집단은 학교의 여건이나 학생의 특성에 따라 다양하게 편성할 수 있다.
2. 지역 및 학교에서의 편성 · 운영 - 다. 학교 - (2) 운영	(다) 단위 학교에서 수준별 수업을 운영할 경우, 다음 사항을 고려한다. ① 교과용 도서 이외의 수준별 교수 · 학습 자료는 교육청이나 학교에서 개발한 것을 사용할 수 있다. ② 수준별 수업을 적용할 경우, 학습 결손을 보충할 수 있도록 '특별 보충 수업'을 운영할 수 있다. 특별 보충 수업의 편성 · 운영에 관한 제반 사항은 학교가 자율적으로 결정한다.

이러한 지침에 따라 국가수준의 7차 교육과정 문서에 포함되었던 '심화과정'의 내용은 2007 개정 교육과정 문서에서는 빠지게 되었다.

2009 개정 교육과정에서 수준별 수업은 7차 교육과정의 연장선에서 다음 <표 4-12>과 같이 지침을 제시하고 있다(교육과학기술부, 2009: 19-20; 24).

<표 4-12> 수준별 수업 관련 2009 개정 교육과정 편성 · 운영 지침

해당 부분	지침 내용
II. 학교 급별 교육과정 편성과 운영 - 4. 학교 급별 공통 사항	(9) 각 교과목별 학습목표를 모든 학생이 성취하도록 지도하고, 능력에 알맞은 성취가 가능하도록 다양한 학습의 기회와 방법을 제공하며, 이를 위한 계획적인 배려와 지도를 하여 학습 결손이 누적되거나 학습 의욕이 저하되지 않도록 노력한다. (10) 공통 교육과정에서는 학생의 능력과 적성, 진로를 고려하여 교육내용과 방법을 다양화한다. 특히 국어, 수학, 사회, 과학, 영어 교과에서는 수준별 수업을 권장한다. (11) 수준별 수업 운영을 위한 학습 집단은 학교의 여건이나 학생의 특성에 따라 다양하게 편성할 수 있으며, 학습 결손을 보충할 수 있도록 '특별 보충 수업'을 운영할 수 있다. 특별 보충 수업의 편성 · 운영에 관한 제반 사항은 학교가 자율적으로 결정한다.
III. 학교 교육과정 지원 - 1.학교 교육과정 편성 · 운영 지원 - 나. 교육청 수준 지원 사항	(9) 수준별 수업을 효율적으로 운영하도록 지원하며, 학습 결손을 보충할 수 있도록 '특별 보충 수업'을 운영하는 데 필요한 행 · 재정적 지원을 한다.

살펴본 바와 같이 우리나라에서는 국가수준에서 학생의 개인차에 반응하는 접근을 한 수준별 교육과정을 거쳐서 학교와 교사수준에서 수준별 수업을 해야 하는 시점에 이르렀다. 그러나 국가수준에서 내리는 위의 지침들은 여전히 교사수준에서 무엇을 어떻게 하여야 학생들의 개인차에 반응할 것인가에 대한 구체적인 과정이나 절차라고 하기에는 너무 광범위하고 일반적인 진술이다. 따라서 이 장에서 제시한 이해중심 교육과정과 맞춤형 수업의 통합모형은 학교와 교사수준에서 학생들의 준비도, 관심사 및 흥미, 학습 프로파일에 반응하는 방식으로 내용, 과정, 절차를 다양화할 수 있는 유용한 지침이 되어 줄 것이다.

	연 습 문 제
1	맞춤형 수업은 이해중심 교육과정과 어떻게 관련이 있나?
2	왜 맞춤형 수업이 필요한가? 내포하고 있는 암묵적 가정은 무엇인가?
3	맞춤형 수업은 설계 모형인가? 아니면 활동 전략으로 보아야 할 것인가?

Chapter 05

통합교육과정의 설계

제5장 통합교육과정의 설계

5.1. 통합교육과정 개발의 다양한 관점과 접근

통합교육과정은 오랜 교육과정 역사를 거쳐 쟁점의 대상이었으며, 1890년대 중반 헤르바르트를 시작으로 듀이를 비롯한 진보주의자들에 의해 옹호되어 왔다. 헤르바르트는 다양한 지적 영역을 가로질러 연결하는 아동의 능력이야말로 지적 성장의 비결이며, 정신은 분할된 능력으로 존재하는 것이 아니라 아이디어가 상호작용한 결과 형성되는 것임을 강조하였다(Grossman et al., 2000). 그 후 통합 교육과정은 지금까지 여러 방식으로 개발, 실행되어 있는데, 1920년대의 프로젝트 방법, 30년대의 중핵 교육과정, 40년대와 50년대의 문제-중심 교육과정 모두 통합교육과정을 다양한 관점에서 발전시킨 방법적 접근들이다(Drake & Burns, 2004; Wraga, 1997).

이와 같은 다양한 방법적 접근들이 공통적으로 추구하는 교육적 의도는 학생들이 삶의 다양한 정보와 문제를 상호 관련성 속에서 파악하고 실생활 문제를 해결할 수 있도록 하는 데 있다. 김경자(2010)는 역사적으로 개발된 다양한 접근 방식들을 크게 아동중심 통합교육과정과 학문중심 통합교육과정의 관점으로 나누어 유형화한다. 아동중심 관점에서의 학습은 학생 개인의 문제와 사회적 관심을 다루는 것에 중점을 두고 이를 통해 실생활에의 전이를 도모한다. 반면 학문중심의 관점에서는 교과가 인식론적이고 사회적인 요소를 동시에 갖고 있으므로 교과에 대한 이해를 통해서 삶의 실제 문제를 해결할 수 있다고 본다.

먼저 아동중심의 관점을 취하는 대표적 학자인 Beane은 미국 진보주의 교육 운동에서 크게 영향을 받았고, 통합교육과정이 민주주의의 사회에 적합한 교육과정이라고 본다. Beane(1997)은 교육과정 원천이 학습자 개인의 관심사와 실생활 이슈나 문제들이 되어야 한다고 주장한다. 전통적인 교과중심 교육과정은 교과의 지식과 기능은 중요시하면서 문제해결력과 비판적 사고가 상대적으로 결여되었다고 비판하면서, 학습자에게 개인적으로 의미 있고 및 사회적으로 유용한 활동으로 구성하는 주제중심 통합교육과정은 비판적 사회 기능과 사회의식을 발달시켜준다고 보았다.

그의 통합교육과정은 크게 세 가지 측면에서 이해될 수 있다. 첫 번째는 학습자 자신의 경험의 통합(integration of experiences)이다. 학습자가 이전의 경험들을 되돌아보면서 현재 자신의 의미의 스키마로 통합시켜 현재의 상황을 더 잘 이해하도록 한다. 두 번째는 사회적 통합(social integration)이다. 학습자들이 민주적인 학습 과정에 참여하면서 집단생활에 잘 적응하고 공동체의 일원으로 행동할 수 있어야 한다. 셋째는 지식의 통합(knowledge integration)으로, 학습자들은 새로운 학습 영역을 탐구하는 기초로 이전의 지식과 경험을 활용한다. Beane의 통합교육과정에서는 큰 이슈나 실세계의 문제, 즉 생활 경험에서 통합될 주제를 선정한다. 생활 경험에서 선택된 주제들은 학습자들이 경험하는 개인적인 문제들과 사회적인 관심이 만날 수 있는 기회를 제공한다(Beane, 1997).

반면, 학문중심 관점에서는 지식의 통합 개념이 학습자의 관심과 흥미, 생활경험 중심의 통합 교육과정보다 오히려 이후 교과 학습과 실생활에의 전이에 더 유용하다고 주장한다. 이 접근의 통합교육과정에서는 교과가 중요한 위치를 차지한다. 교과는 오랜 시대에 걸쳐 저명한 학자들에 의해 축적된 개념과 사고 유형으로, 이 교과들은 우리 주변의 세계를 탐구할 수 있도록 돕는다. 그리고 학습자들은 여러 교과들을 체계적으로 활용하여 실제적인 문제를 잘 해결하고, 새로운 지식을 창출할 수 있다. 특히 전문화된 집단에서 간학문적 접근을 취하게 되면 단일 학문으로는 검토하기 어려운 문제해결을 위해 서로 다른 학문의 개념과 사고 유형을 활용하게 된다. 이러한 능력을 통합적 이해(interdisciplinary understanding)라 부른다(김경자, 2010).

통합적 이해를 형성하기 위한 통합교육과정은 첫째, 삶의 실제 문제를 잘 해결할 수 있도록 돕고, 둘째, 새로운 지식을 창출하게 하는 것으로서 지식의 활용 측면에 대해 강조하며, 셋째, 각 교과를 중요하게 다루면서 동시에 교과 간의 적절한 상호작용을 포함해야 한다. 겉보기에 통합교육과정은 각 학문의 고유성을 해치는 것으로 보일 수 있지만 실생활의 문제를 해결할 때 각 교과의 개념, 이론, 사고양식 등이 고유한 방식으로 문제 해결에 기여하기 때문에, 문제 해결에 활용되는 각 교과들은 중요하게 다루어져야 한다.

이해중심 교육과정(백워드 설계)은 단일교과 뿐 아니라 통합교육과정을 개발할 때에도 적용된다. '이해'라는 것을 학습자가 지식을 상호 관련성 속에서 파악하고 이렇게 습득한 지식을 새로운 상황에 적용하여 새로운 방식으로 결과물을 산출하는 것을 의미하는 것으로 볼 때, 이것이 통합교육과정과 어떠한 관련성이 있는지를 살펴볼 필요가 있다. 통합교육과정은 종종 교과통합, 주제중심 통합이라는 용어와 함께 사용되지만 그와 동일어가 아니다. 오히려 학생들이 통합적으로 사고할 수 있도록 교육과정을 어떠한 방식으로 설계하고 이것을 어떻게 수업을 통해 실현할 것인가에 관심을 가지는 교육과정의 영역으로 바라보아야 할 것이다.

'통합'이란 새로운 지식을 기존의 지식과 관련짓는, 그리고 구체적인 사실들을 전이 가능한 보다 깊은 이해(일반화나 원리를 의미함)와 관련짓는 정신적인 활동이다(Erickson, 2003). 이러한 사고의 통합은 깊은 이해와 지식 및 학습의 전이를 지원하기 위해서 학문기반의 맥락 속에서 이루어질 수도 있고 간학문적 맥락 속에서도 이루어질 수 있다. 그래서 우리는 교육과정을 어떻게 통합시킬 것인가를 묻기보다는 사고의 효과적인 통합을 돕기 위해서 어떻게 교육과정을 설계할 것인가를 물어보아야 한다(온정덕, 2013).

통합교육과정에서 최종적으로 기대하는 것이 학습의 전이임에도 불구하고 Grossman, Wineburg, 그리고 Beers(2000)가 지적하였듯이 우리가 흔히 통합교육과정이라고 부르는 것들은 전-학문적(pre-disciplinary)인 경우가 많다. 교육과정 통합이 일어났다고 하는 많은 경우를 보면 교과들이 상식적인 주제들을 중심으로 엮여 있으며, 전체적인 틀(framework)이나 연결적인 구조가 결여되어 있고, 이렇게 제시된 통합교육과정은 단순히 활동들을 모아놓은 창고라고 비판하였다(김경자, 온정덕, 2012).

많은 경우 교육과정을 통합적으로 재구성할 때 활동이나 행사를 통합의 조직자로 삼는다. Drake(2007)와 Wiggins와 McTighe(2005)에 의하면 이러한 방식의 통합은 오히려 의미 있는 학습을 방해하는 요인으로 작용할 수 있다. 가르치고자 하는 핵심 내용이 부재하고 내용들 간의 논리적 관련성이 제공되지 않은 상태에서는 학생들이 활동주제 중심의 수업에서 사실과 정보들을 관련지어 파악하고 이를 새로운 상황에 적용하는 결과를 얻기가 힘들 수 있기 때문이다.

5.2. 다학문적, 간학문적, 탈(초)학문적 접근

최근 통합교육과정 설계모형을 제시한 Drake(2007; 2012)는 이해중심 교육과정과 같은 관점을 취하면서 학문들의 경계선이 허물어지는 정도에 따라 네 가지로-기존 교과의 체계는 유지하면서 단지 주제를 스며들게 하는 퓨전, 동일 주제에서 각 교과들에 초점을 두는 다학문적 접근, 교과 간의 공통점을 중심으로 한 간학문적 접근, 교과의 경계를 초월하면서 주제가 실생활 맥락에서 주어지는 초학문적 접근-유형화하였다.

다학문적 접근은 특정 조직자들을 다양한 교과의 렌즈를 통해서 바라볼 수 있도록 구성하는 방식이다. 한 교사가 두 개 이상의 교과들을 가르칠 때에 각 교과의 내용체계를 확인하여 특정 주제, 예컨대 학교, 지역사회, 올림픽, 세계대전과 같은 구체적인 주제를 선정하여 여러 교과들의 내용을 상호 관련시킨다. 이때 [그림 5-1]과 같이 교과간의 경계가 허물어지지 않으면서도 학습자들은 한 교과에서 배운 내용을 다른 교과에서 배운 내용과 연결 지을 수 있게 된다. 여러 교사가 각기 다른 교과를 가르칠 때에는 함께 모여 자신들이 가르치고 있는 교과의 내용이 어떤 주제에 의해서 연결될 수 있는지 혹은 이미 정해진 주제를 중심으로 어떻게 재조직할 것인가를 상의한다. 이러한 접근의 성공적 실행을 위해서는 각 교과가 학문적 지식과 기능으로 구성되어 있음이 전제된다. 그렇지 않으면 공통된 주제가 각 교과의 지식 및 기능과 어떻게 관련이 있는지, 다른 교과의 내용과 어떻게 연결되는지를 확인하기 어렵기 때문이다.

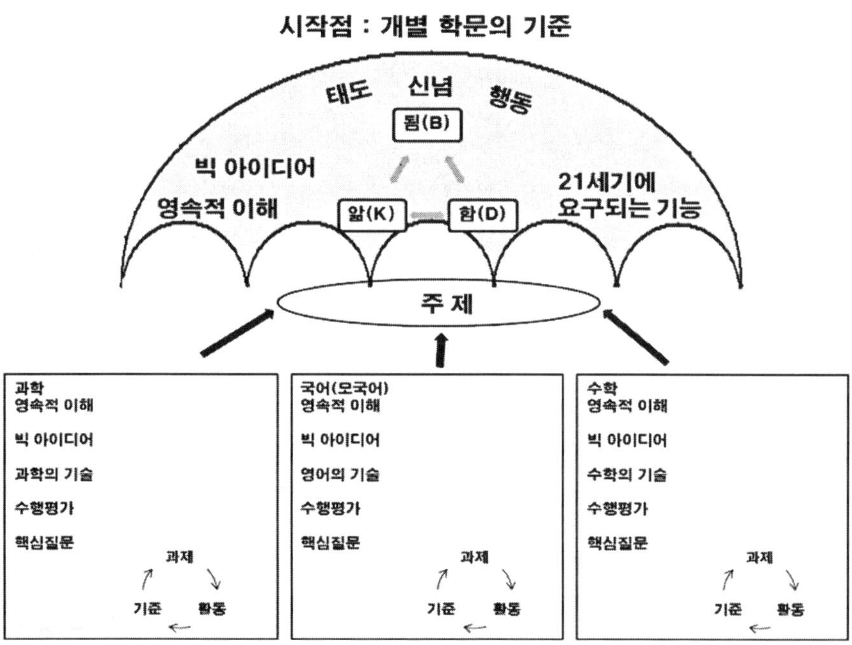

출처: Drake, S. (2012). Creating standards-based integrated curriculum. p.17

[그림 5-1] 다학문적 통합의 설계

간학문적 접근에서는 교과 간의 공통된 연결고리를 찾아내어 그것들을 중심으로 기존의 교과들을 재구성한다. 이 접근을 취하는 교사는 [그림 5-2]에서처럼 교육과정을 전체적으로 훑어보아 교과들 간에 자연스럽게 결쳐지는 주제나 이슈를 통합의 조직자로 삼는다. 그리고 교육내용의 측면에서 교과내의 학문 특수적 개념들 뿐 아니라 여러 학문 영역에 적용될 수 있는 간학문적인 개념과 일반화를 포함시킨다. 갈등, 변화, 상호의존, 시스템처럼 개념이지만 적용 범위가 더 넓은 간학문적 개념들을 찾아내어 여러 교과의 내용을 결합시키기도 하고, 비판적 사고기능과 같은 사고기능이나 특정 탐구기술을 공통분모로 하여 여러 교과의 지식과 기능을 재조직하기도 한다. 간학문적 접근에서는 교과 간의 경계가 허물어지면서 통합단원이나 통합교과의 형태가 생겨난다.

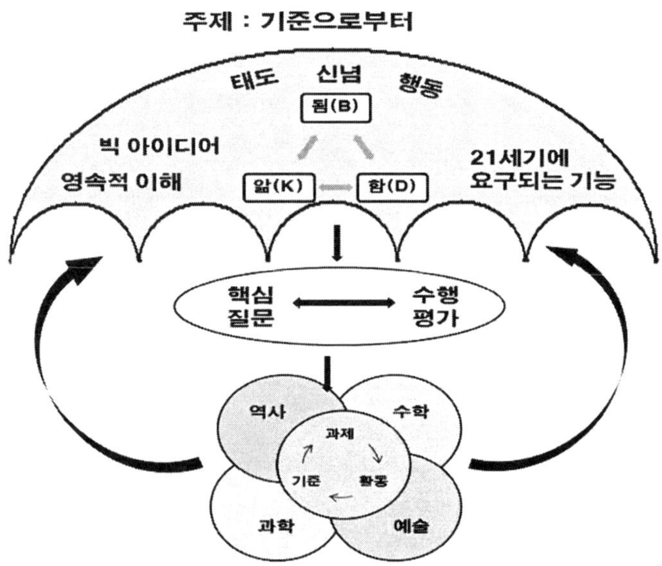

출처: Drake, S. (2012). Creating standards-based integrated curriculum. p.19

[그림 5-2] 간학문적 통합의 설계

탈(초)학문적 접근은 교과의 경계를 초월하면서 실생활 맥락에서 주제를 찾거나 학습자가 탐구하고자 하는 문제로부터 시작된다. [그림 5-3]과 같이 학생들이 관심을 보이는 주제나 문제, 혹은 사회적 이슈를 분과적인 교과를 넘어서서 스스로 탐구하도록 하는 접근이다.

실생활 맥락의 문제나 이슈는 더 이상 특정 교과나 여러 개의 교과들을 가르치는 조직자로 기능하지 않는다. 학습자들이 관심을 가지고 있는 문제와 탐구과정 자체가 교육내용이 된다. 학습자들은 특정 주제나 문제를 이해하고 해결해나가는 데에 필요한 지식과 기능을 실생활 맥락 속에서 습득하게 되고 또한 이를 적용하여 문제를 해결한다. 따라서 어떤 학문적 내용과 기능이 혹은 간학문적 내용과 기능이 선택되는지는 학생들이 선택한 문제나 주제에 의존적이라고 볼 수 있다. 이러한 측면에서 교사는 학생들의 탐구를 안내하는 역할을 담당하고 교육과정을 학습자들과 함께 구성해간다.

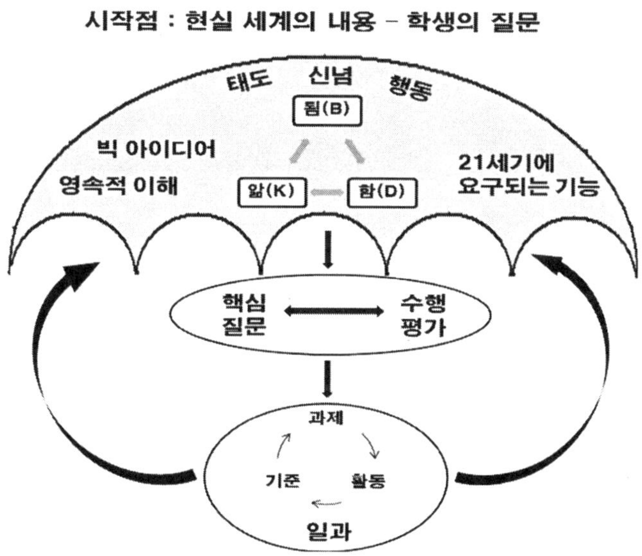

출처: Drake, S. (2012). Creating standards-based integrated curriculum. p.22

[그림 5-3] 탈학문적 통합의 설계

이와 같은 다양한 접근법들은 다음 <표 5-1>과 같이 차이가 있다. 하지만 어떠한 접근을 취하건 간에 위의 그림들에서 공통으로 포함되어 있는 우산의 역할을 하는 핵심내용이 있어야 하며 교육과정을 설계할 때에는 백워드로 설계할 것을 제안하고 있다.

<표 5-1> 퓨전, 다학문, 간학문, 탈(초)학문 통합 방식들의 비교

각 접근들의 차이점		
접근	**시작점에서의 의도**	**주요 평가 관심**
퓨전	각 교과의 틀은 유지되고 특정 주제가 모든 학교생활과 교과에 녹아들게 함	평가는 각 교과에서 담당함
다학문	각 교과 내의 학문기반 개념과 기능들이 타 교과와의 관련성 속에서 보다 잘 학습되게 함	각 교과 내의 학문기반 개념과 기능들의 습득을 평가함
간학문	여러 교과들에 공통적으로 적용되는 간학문적 개념과 기능들이 강조됨	여러 교과들을 가로지르는 공통 개념과 기능들의 적용을 평가함
탈학문	실생활 맥락의 문제와 학생들의 탐구질문들로부터 교육과정이 생성됨.	실생활 맥락에서의 참(authentic) 평가가 이루어짐
각 접근들의 공통점		
퓨전 다학문 간학문 탈학문	√ 기준을 사용하여 백워드 설계로 맵핑하기 √ 모범적인 교수/학습 전략들 √ 가능한 학생들과 관련된 의미 있는 실생활 맥락에 놓기 √ 표준화된 평가 뿐 아니라 수행을 보여주기	

출처: Drake, S. (2012). Creating standards-based integrated curriculum, p.26

5.3. STEAM과 STEM 교육

현재 우리나라 초등학교에서 시범적으로 실행되고 있는 또 다른 형태의 통합교육과정인 STEAM 교육은 미래의 세계적 과학기술 인재 육성을 위한 추진전략으로 도입되었다. STEAM 교육실현을 위해 교육과학기술부가 발표한 구체적인 방안 중에서 교육과정에 해당하는 내용을 보면 '과학기술에 대한 흥미와 이해를 높이고 융합적 사고와 문제해결 능력을 배양할 수 있도록 학습내용을 핵심역량 위주로 재구조화'할 것을 제안하고 있다. 이 방안의 하위영역으로 '체험 탐구활동 및 과목 간 연계를 강화하고 예술적 기법을 접목'하며 '수학 과학 교과별 교육과정 시 STEAM을 반영'하고, '기술 공학 과목 도입의 검토'를 설정하고 있다. 그리고 교육과학기술부의 STEAM 교육 정책은 한국과학창의재단에서 수행하고 있으며 2011년 STEAM 교육의 한글 대체 명칭을 공모하여 '융합인재교육'으로 최종 선정하였다(김진수, 2012). 과학창의재단은 STEAM리더스쿨이라는 명칭의 지역 거점 연구학교 운영을 통해 STEAM을 활성화시키고자 노력하며 2012년에는 전국 초·중등학교 80여개가 선정되었다. 이와 함께 교사연구회를 운영하여 현장 적용성 높은 STEAM 수업 모델 개발이 이루어질 수 있도록 하고 있는데 2012년에는 150개를 선정하여 지원하고 있다(김진수, 2012).

이처럼 빠른 시간 내에 학교 현장에 STEAM 혹은 융합인재교육 프로그램이 개발되고 실행되고 있는 시점에서 교사연구회나 리더스쿨이 학교교육과정 혹은 프로그램을 개발할 때 참조해야 할 교육과정 설계의 틀이 요구된다.

<표 5-2> 융합인재교육(STEAM) 수업 기획/설계를 위한 체크리스트

구분		요소	세부설명
목적		융합인재 양성	· 핵심역량(4C)을 향상시키도록 구성되어 있는가?
개념		학생흥미 증진	· 학생의 과학기술에 대한 흥미를 높이도록 설계되었는가?
		실생활 연계	· 실생활 속의 과학 기술과 연관된 주제인가?
		융합적 사고력 배양	· 학생의 융합적 사고력을 함양하도록 기획되었는가?
교육 활동 준거	상황	상황 제시	· 전체 프로그램을 아우르는 상황이 제시되어 있는가?
		자기 문제화	· 학습자가 학습 주제를 자기 문제로 인식하도록 수업이 구성되었는가?
	내용 통합	내용 통합	· 과학, 수학, 기술, 공학, 예술 등의 내용이 자연스럽게 융합되도록 설계되었는가?
	창의적 설계	자기주도적 학습	· 학생 스스로가 주도적으로 참여하는 프로그램인가?
		문제발견 및 정의	· 문제를 발견하고 정의할 수 있는 기회가 제공되었는가?
		아이디어 발현	· 학생의 아이디어가 적극적으로 반영되도록 기획되었는가?
		학습 방법	· 개념을 교사가 직접 설명하지 않고 활동을 통해 학생이 스스로 깨우치도록 설계되었는가?
		과정, 활동 중심	· 결과보다 과정이, 지식보다는 활동이 강조되었는가?
		다양한 산출물	· 프로그램의 결과물이 모둠별 또는 개인별로 다양하게 산출되도록 설계되었는가?

		협력 학습	· 동료, 교사, 다양한 도구와의 의사소통을 통해 협력 학습이 이루어질 수 있도록 설계되었는가?
	감성적 체험	몰입	· 학습자가 학습에 대하여 몰입하도록 흥미롭게 구성하고 있는가?
		Hands-on	· 학생들이 직접적입 체험(hands-on)을 통하여 열정을 가지고 참여할 수 있도록 하는가?
		성취의 경험	· 학습자가 성취를 경험하여 선순환 구조로 연결되도록 구성되어 있는가?
		배려	· 타인을 이해하고 존중하도록 구성되어 있는가?
		새로운 도전	· 연계된 활동에 새로운 도전을 하도록 설계되었는가?
		자기평가	· 학습자가 스스로 활동을 평가할 수 있는 기회를 제공하였는가?
보상		내재적/외재적 보상	· 학습에 대한 다양한 보상을 계획하고 제공하였는가?

출처: 백윤수 외(2012). 융합인재교육 실행방향 정립을 위한 기초연구. p.97

미국에서 STEM과 관련하여 교사들이 개발하고 공유하고 있는 단원들의 예를 살펴보면 어떠한 방식으로 STEAM 교육이 이루어지고 있는지에 대한 보다 명료한 아이디어를 얻을 수 있다. 다음은 초등학교 2학년 교사가 만든 교육과정 맵과 일 년에 걸친 교육과정 구성표이다.

<표 5-3> 초등 2학년 STEM수업을 위한 교육과정 재구성에 따른 연간 계획표

2학년	묘사해보기 9-11월 관찰, 질문, 소통하기	장난감의 과학 11-1월 실험, 예측, 적용하기	날씨 1-3월 분석, 평가, 요약하기	성장 4-6월 측정, 예측, 소통하기
과학	화학, 과학적 방법, 물질의 성질	자연과학, 에너지, 균형과 움직임, 공학	기상학, 날씨, 공기와 물의 성질	생물학, 곤충학, 식물과 곤충들의 생활 주기
독해, 작문 능력	특성, 패턴, 속성 묘사적 글쓰기, 이야기 요소, 말하기 요소 *1, 2단원*	문학적 도구, 역사 소설, 전기, 서사쓰기, 기억, 문법 *3, 4단원*	실화, 민간설화, 시, 설명문, 작문, 순서화하기, 도식 조작자, 발표기술 *5, 6단원*	연구보고서, 우화, ABC 책, 드라마 각색, 문서 구조, 과학 전람회 프로젝트 *7, 8단원*
사회	공동체, 하나의 힘, 시사	가족, 세대 간 인터뷰	지리학, 지도 제작, 연대표	환경과학, 지역 봉사활동 프로젝트
수학	대수학적 사고, 수, 10자릿수 연산 *1, 2단원*	기하학, 측정과 데이터, 수 *3, 4 단원*	수, 10자릿수 연산, 측정, 자료 *5, 6, 7단원*	대수학적 사고, 측정과 데이터, 수 *8, 9단원*
기술	iMovies, 그리기 도구, 문서작성, 슬라이드 쇼	가상현장체험, 웹 검색, 그래픽 디자인, iMovies	웹 시뮬레이션, 인터넷 조사, 기상학, 기술문서 작성	생활 주기 책, 파워포인트, iMovies, 스스로 결정하여 연구하는 프로젝트
예술	노래, 종, 드럼, 클라베이스, 피카소의 관점에서 그리기, 시	장난감과 게임 박람회, 장난감 조립, 2학년 올림픽 깃발	날씨 축전, 눈송이 예술, 연, 노래, 시, 무지개 잡기	3D 곤충, 곤충예술, 정원 설계, 대칭적인 예술, 과학 전람회 프로젝트
현장 학습 자료	3M 마술, 프랭클린 협회, 어린이 박물관	잡화 전시관, 장난감 기차 박물관 헨리포드 박물관	기상센터 방문, 과학박물관	대학에서 운영하는 온실, 공원, 박물관, 동물원

출처: Oljace, G. (2012). STEM is elementary. p.46

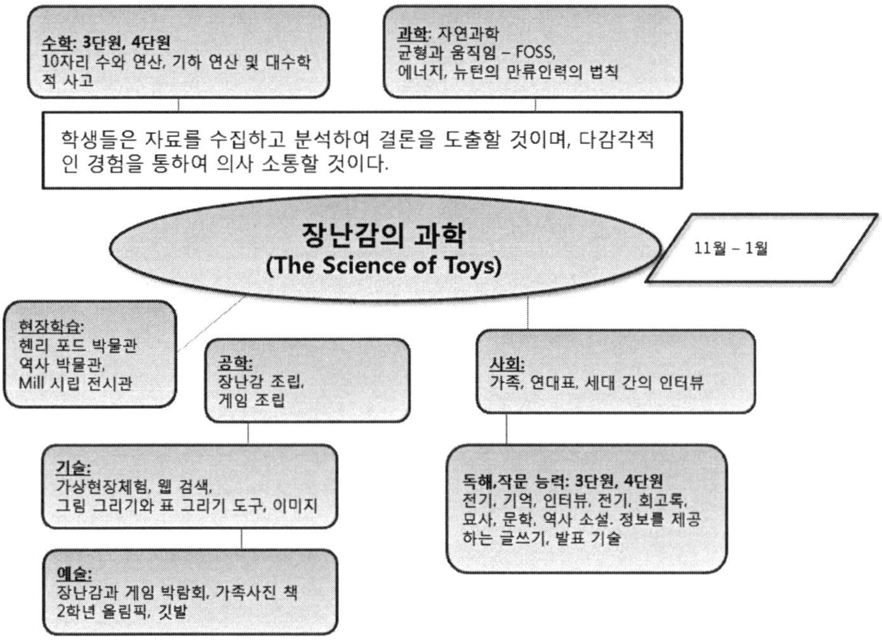

출처: Oljace, G. (2012). STEM is elementary. p.35

[그림 5-4] 초등 2학년 STEAM 단원개발을 위한 교육과정 맵

미국에서 STEAM 교육을 하는 교사들은 자신들이 개발한 단원의 구체적인 일련의 수업 차시 안들을 여러 웹사이트(예를 들어 www.elementarystem.com/)에서 공유하고 있으며 여기에서 공유하는 수업 안들은 공통적으로 다음의 영역과 요소들을 포함하고 있다. 이들은 Drake가 제시하는 간학문적 단원의 구성요소들과 겹치며 수업 설계에 있어서 이해중심 교육과정과 비슷한 관점을 취하고 있음을 암시한다.

- 단원의 길잡이 질문 (학생들의 흥미를 자극하면서 단원의 길잡이가 되는 핵심 질문으로 위의 science of toys의 질문은 '사람들은 장난감을 필요로 하는가? 장난감은 어떻게 우리를 과거, 현재, 미래와 연결시켜주는가?'로 제시되었다.)

- 과학의 내용기준(과학의 각 하위영역의 내용기준들도 포함한다.)
- 개념과 일반화
- 교수학습 활동(학습자들의 특성을 고려하여 다양화/맞춤형 수업도 포함된다.)
- 평가(수행평가와 그 외 다른 평가, 평가준거로 구성됨)
- 관련된 타 교과의 교과별 길잡이 질문 내용기준
- 타 교과의 교수학습 활동
- 타 교과에서의 평가

5.4. 통합단원의 예시

통합단원을 개발할 때에는 다음과 같은 절차를 거친다. 첫째, 다학문, 간학문, 혹은 초학문 중에서 어떠한 접근 방식을 취할 것인지 결정한다. 어떠한 방식을 취하는지에 따라서 core가 되는 교과가 있을 수 있다. 둘째, 교육과정을 종적, 횡적으로 검토하여 핵심이 되는 학문적 개념과 기능, 여러 교과에 걸치는 간학문적인 개념, 간학문적인 원리, 혹은 사고기능이 있는지를 파악해야 한다. 셋째, 다학문적 접근과 간학문적 접근의 경우 교육과정으로부터 주제를 이끌어온다. 넷째, 학생의 학습을 평가할 수 있는 과제를 계획한다. 이 과제는 수행과제의 형태를 띨 수 있으며, 학생들의 창의적 문제해결 과정이 드러나도록 구성하면서도 1단계의 중요한 내용을 반영해서 구성한다. 그리고 평가준거를 학생들과 함께 작성하고 공유한다. 마지막으로 학생들이 그 문제를 해결하는 데 필요한 지식과 기능을 학습활동을 계획하고 실행한다. 학생들이 위의 문제를 해결하는 과정을 모니터링해서 오개념이 있으면 수업을 통해서 바로잡아준다.

5.4.1. 다학문적 통합단원의 예시

다음의 단원에서는 '자료해석'을 중심으로 다학문적인 접근을 취했을 때의 단원 구성을 보여준다. 다학문적 접근에서는 '자료 해석'을 여러 교과의 렌즈를 통해 볼 수 있게 도와주어 심층적인 이해가 가능하게 한다. 여러 교과를 아우르는 영속적 이해와 빅 아이디어, 핵심 기능이 우산의 역할을 하지만 그 주제를 국어, 수학, 과학, 미술이라는 개별 교과를 통해서 학습한다. 수행과제 역시 특정 교과의 지식과 기능을 활용하여 문제를 해결하는 방식으로 구성된다.

1단계 - 기대하는 학습의 결과 확인하기

◈ **교육과정 문서상의 목표**

교과		단원	학 습 목 표
국어	5-1	1. 문학의 즐거움	- 시나 이야기를 읽으며 인상적인 부분을 찾을 수 있다. - 시에서 인상적인 부분에 대하여 알 수 있다. - 인상적인 부분을 생각하며 시를 읽을 수 있다. - 시를 읽고 인상적인 부분을 찾아 그 까닭을 말할 수 있다. - 이야기에서 인상적인 부분에 대하여 알 수 있다.
		2. 정보의 탐색	- 기사문의 특성을 알 수 있다. - 기사문을 쓸 때에 자료를 수집하는 방법에 대하여 알 수 있다. - 읽는 이를 고려하여 그림, 사진, 도표 등을 활용할 수 있다.
		6. 깊이 있는 생각	- 광고의 성격을 알 수 있다. - 광고의 성격을 파악하며 광고를 읽을 수 있다. - 광고에 나타난 표현 특성을 찾을 수 있다.
		7. 상상의 날개	- 시에 대한 생각이나 느낌이 서로 다른 까닭이 무엇인지 알 수 있다. - 시를 읽고, 시에 대한 생각이나 느낌을 이야기할 수 있다. - 시를 읽고, 시에 대한 생각이나 느낌을 서로 비교할 수 있다. - 이야기에 대한 생각이나 느낌이 서로 다른 까닭이 무엇

			인지 알 수 있다.
		8. 함께하는 세상	- 전기문의 특성을 알 수 있다. - 전기문의 특성을 생각하며 글을 읽을 수 있다
	5-2	2. 사건의 기록	- 기사문이 갖추어야 할 조건 알기 - 기사문의 내용적 특성 알기 - 기사문을 쓸 때 다른 사람의 자료를 올바르게 활용하는 방법 알기 - 기사문을 쓸 때 지켜야 할 저작권 바로 알기 - 자료를 수집·정리하여 기사문 쓰기
		5. 우리가 사는 세상	- 발표할 때에 주의할 점 알기 - 상황에 알맞게 발표하는 점 알기 - 발표 내용에 알맞은 자료를 활용하는 방법 알기 - 발표할 내용에 알맞은 자료 수집하기 - 발표문 준비하기 - 발표 상황에 알맞게 발표하기
수학	5-2	6. 자료의 표현과 해석	- 그림그래프를 이해하게 한다. - 표에 맞게 그림그래프를 그릴 수 있게 한다. - 그림그래프를 보고 여러 가지 통계적 사실을 알게 한다. - 자료를 보고 여러 가지 그래프로 나타낼 수 있다. - 그림그래프를 보고 여러 가지 사실을 설명할 수 있다.
미술	5	4. 광고 읽기 (시각 문화 환경과 미술)	- 생활 속 다양한 광고에서 전달하고자 하는 목적을 이해하고 주변에서 일어나는 일을 주제로 공익 광고를 제작할 수 있다. - 주변에서 일어나는 일에 관심을 가지고 공익 광고를 만들 수 있다.
		20. 사진으로 본 세상	- 앵글에 따라 사진 속에 담긴 대상은 실제의 대상과 다르게 보일 수 있다는 점을 이해하고, 사진에 대한 관심과 흥미를 갖도록 구성하였다. - 사진기를 다루는 방법을 이해하고 여러 가지 각도에서 대상을 찍을 수 있다.
사회	5-2	3-2) 민주화와 경제 발전	- 사람들이 민주주의 발전을 위해 어떤 노력을 했는지 설명할 수 있다. - 새마을 운동과 경제개발 계획을 살펴보고, 경제 성장에 어떤 사람들의 희생과 노력이 있었는지 설명할 수 있다. - 경제 발전이 가져온 생활의 변화에 대해 자료를 통해 이해할 수 있다.

		3-3) 대한민국의 발전을 위하여	- 분단 이후 민주주의의 발전 과정을 이해할 수 있다. - 북한의 정치와 경제, 사회의 모습에 대하여 이해할 수 있다. - 분단 이후 남북통일을 위한 노력에 대하여 이해할 수 있다.
과학	5-2	2. 용해와 용액	- 지식 1. 용매의 종류에 따라 녹는 용질의 양이 달라 짐을 설명할 수 있다. 2. 용해 전과 후의 무게 비교를 통하여 용액 속 용질의 존재를 추리할 수 있다. 3. 용질의 녹는 양을 조절하기 위하여 용매의 양과 온도를 변화시킬 수 있다. - 탐구 1. 여러 가지 용매에 대한 가루 물질의 용해 정도를 관찰할 수 있다. 2. 용해 전과 후의 무게를 측정하여 비교할 수 있다. 3. 용매의 온도와 용질이 녹는 양과의 관계를 알아보기 위한 실험을 수행하고 결론을 도출할 수 있다. - 태도 1. 생활에서 물질이 녹는 현상에 대하여 관심을 갖는다. 2. 고체 물질의 용해 실험과 토론 등의 소집단 활동에 적극적으로 참여한다.

◈ 핵심 질문

- 다른 형태의 자료들을 해석하는 방법은 같을까? 다를까?
- 시와 광고를 같은 방법으로 읽어도 좋을까?
- 이 자료는 우리에게 지금 의미가 있을까? 어떻게 하면 의미가 생길 수 있을까?
- 사람들은 같은 자료를 다르게 해석할 수 있는가?
- 과거의 자료가 현재에도 가치 있을까? 그렇다면, 혹은 그렇지 않다면 그 이유는 무엇일까?

◈ 영속적 이해

- 자료의 형태에 따라 해석하는 방법이 다르다.
- 자료는 이해하고 해석하는 과정을 통해 의미 있는 정보로 변환된다.
- 해석의 과정은 주관적이므로, 어떠한 자료는 다양한 해석이 있을 수 있다.
- 목적에 따라 새로운 자료를 제작할 수 있고 계속 새로운 자료들이 생성되고 있다.
- 같은 자료라도 목적에 따라 다르게 활용할 수 있다.

◈ 빅 아이디어

- 해석
- 데이터
- 관점
- 다양성
- 의사소통

◈ 핵심 기능

- 자료 수집하기
- 자료 해석하기
- 자료 분류하기
- 다양한 관점을 고려하기
- 의사소통하기
- 자료 활용하기

2단계 - 다양한 이해의 증거 결정하기

수행과제 1

당신은 "소년 중동일보"의 기자입니다. 가정의 달인 5월호의 특집으로 당신은 편집장과의 대화 끝에 어린이들의 부모님이 어린 시절을 보낸 1980년대 사회에 대한 특집 기사를 쓰게 되었습니다. 이 기사를 통해 당신은 독자인 어린이들에게 부모님을 좀 더 잘 이해하고, 친밀해 질 수 있는 기회를 주고자 합니다.

하지만 당신 역시 그 시대를 겪어보지 못한 어린이이기 때문에 그 시대에 대한 이해가 부족합니다. 따라서 당신은 1980년대의 사회 모습이 드러난 시, 광고, 사진, 서평, 그래프 등을 먼저 조사하고 해석하는 과정을 거칠 수 있는 자료 수집 카드를 만들어야 합니다. 그리고 그 카드를 바탕으로 기사문을 쓰게 될 것입니다.

기사문의 주제는 "1980년. 우리 부모님의 어린 시절은 어떠했을까?"이며 그 분량은 1200자 내외입니다. 내용은 1) 정치 2) 경제 3) 생활, 문화의 세 가지 항목으로 나누어 작성할 것이며, 1980년대 사회의 모습이 알기 쉽게 잘 드러나 있어야 합니다.

그리고 당신은 기사의 이해를 도울 수 있는 자료를 기사에 3개 이상 첨부하여야 합니다. 기사의 내용을 돕기 위한 새로운 자료를 당신이 제작할 수도 있으며, 실제 있는 정보들 중 선택하여 활용할 수도 있습니다.

수행과제 2

당신은 친구들과 어느 시골 마을을 여행하던 중 한 마법사의 마술 공연을 보게 되었습니다.

마법사 : 이것은 물에 녹으면 이 세상에서 없어져 버리는 마법의 소금입니다. 어떤 액체든, 이 소금을 넣고 저어주기만 하면 그 소금은 더 이상 이 세상에 존재하지 않게 됩니다, 제가 한번 시범을 보여드리죠, 짠!

관 객 : 우와, 진짜 소금이 어디에 갔는지 흔적도 없이 사라졌네? 무슨 일이지?

마법사 : 이제 이 소금은 영원히 사라졌습니다... 또 다른 마법을 보여드릴까요?

관 객 : 네! 네! 마법사님 어서 보여주세요.

마법사 : 이번엔 제가 메추리알을 떠오르게 하는 마법을 보여드리죠. 똑같은 시험관에 든 액체입니다. 1번 비커에는 시험관의 아래쪽 액체, 2번 비커에는 시험관의 위쪽 액체를 담겠습니다. 그럼 이젠 두 비커에 메추리알을 띄워보고 1번 비커의 메추리알만 띄워보도록 하죠. 짠!

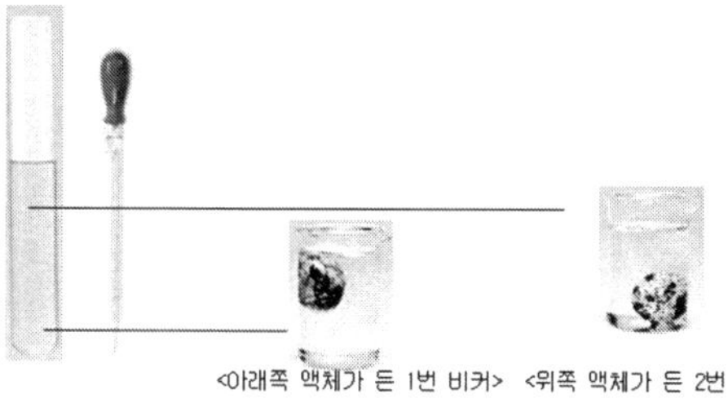

<아래쪽 액체가 든 1번 비커> <위쪽 액체가 든 2번 비커>

관 객 : 우와, 1번의 메추리알만 떠오르네? 메추리알에 문제가 있는 게 아닌가요?

마법사 : 자, 그럼 메추리알을 바꾸어 넣어 보겠습니다. 얍!

관 객 : 메추리알의 문제가 아니네? 똑같은 액체인데, 역시 마법사님 너무 위대하십니다.

마법사 : 하하. 이처럼 저는 모든 걸 할 수 있습니다. 아픈 당신의 몸도 낫게 해 줄 수 있지요.

당신은 지켜보던 중 마법사의 마법이 모두 거짓이라는 것을 깨닫게 되었습니다.

따라서 당신은 이 마법사의 마법이 실제로는 속임수가 쓰이고 있다는 것을 증명하여 마법사의 손아귀에서 동네 사람들을 벗어나게 만들고자 합니다.

그러기 위해서는 당신의 주장을 동네 사람들에게 증명할 증거 자료가 필요합니다. 따라서 당신은 친구들과 마법사의 마법에서 틀린 부분을 세 가지 찾아, 그것을 증명하는 실험들을 설계하고 수행할 것입니다. 그리고 그 실험 결과를 바탕으로 표, 그래프, 그림 등 적절한 형태의 발표 자료를 만들 것입니다.

마지막으로 당신이 제작한 자료를 바탕으로 마을 사람들 앞에서 마법사의 마법이 모두 거짓이라는 발표를 하게 됩니다. 성공적인 발표를 위해 당신은 발표문을 준비하고 친구들과 연습할 기회를 가질 수 있습니다.

◈ 다른 증거들

- 글짓기 : 기사문의 특성을 알고 알맞은 그림, 사진, 도표를 활용하여 주변에 있는 사건을 알리는 기사문을 쓸 것이다.
- 퀴즈 : 표를 그림그래프를 서로 변환시키는 연습을 한 후 퀴즈 문제를 풀 것이다.
- 도표 그리기 : 생활 속에서 간단히 찾아볼 수 있는 용매와 용질의 관계를 알아보는 실험을 하고 그 결과를 도표로 만들 것이다.
- 관찰(발표) : 부모님이 어렸을 때 사용하던 물건에 대한 광고를 제작한 후, 친구들 앞에서 발표하는 프레젠테이션을 할 것이다.
- 관찰(토의) : 1980년대에 발표된 시와 이야기, 그 인물의 전기문을 읽고 느낀 인상적인 부분을 친구들과 토의할 것이다.
- 관찰(토론) : 우리나라 주요 민주화 사건들에 대하여 자신의 입장을 정하고, 토론을 할 것이다.

◈ 자기 평가 및 반성(Reflection)

- 과제의 중간 단계에서 주어진 평가 준거들을 가지고 짝(모둠원들)과 함께 상호 피드백을 주고받을 것이다.
- 과제 완성까지의 단계마다 스스로 어떤 사고 과정을 거쳐 왔는지 생각해 보고 앞으로의 개선점과 보완점을 짧게 정리하여 다음 단계에 반영할 것이다.
- 자신의 수행 결과물들을 스스로 준거에 맞게 평가할 것이다.
- 수행 과제를 마치고 난 후 자신이 더 공부하고 싶은 내용을 탐색해 볼 것이다.
- 과거와 현재의 차이점을 인식하며, 왜 역사를 공부해야 하는지에 대한 자신만의 정답을 도출해 낼 것이다.

3단계 - 학습활동 계획하기

차시	학습활동	WHERETO	참고
1	세 장의 사진을 보고 느낀 학생들의 다양한 의견을 함께 나눈다. 그리고 똑같은 사건을 다룬 세 개의 다른 신문 기사를 함께 비교하여 읽는다. 왜 같은 사진을 본 느낌과 같은 사건을 다룬 기사의 내용이 다른지에 대해 토의해 본다. 토의 활동을 통해 학생들은 왜 같은 자료를 관점에 따라 다르게 해석하고 활용할 수 있는지에 대해 이해한다.	H, W	국어
2	교사는 다양한 동시 자료를 주고, 시의 공통적인 특징을 찾아보게 한다. 시의 특성과 관련하여 시를 해석하는 방법을 이야기나 희곡과 같은 다른 문학 작품과 어떻게 다른지 비교해 보고 정리하는 벤다이어그램을 만든다.	E	
3	모둠별로 재미있는 시와 이야기를 각각 하나씩 선정한다. 각자 작품들을 읽고 인상적인 부분을 찾아 모둠원들에게 자신의 과거 경험과 관련지어 왜 인상적이었는지 설명한다. 모둠원과 의견을 나눈 후 왜 시에 대한 생각이나 느낌이 다른 지 토의해 본다. 최근에 함께 본 영화에도 적용해 본다.	E	
4	학생들은 영화 '화려한 휴가'와 '26년'의 일부를 시청한다. 영화의 배경이 되는 사건(5.18 민주화 운동, 6.10 민주항쟁)을 소개하고 집에서 부모님으로부터 직접 겪은 경험으로서의 사건을 구술로 받아 적는 과제를 한다.	H E	사회 국어 (듣기)
5	5.18 민주화 운동과 6.10 민주항쟁에 참여하는 인물(교수/정치인/학생/종교인/군인) 중 하나를 선정해 역사 일기를 써본다.	E R	사회 국어 (쓰기)
6	교실에서 학생단체, 시민, 군인, 정부의 역할을 나누어 '5.18 민주화 운동은 민주운동인가 폭동인가.'를 주제로 토론을 한다.	E R,	사회 국어 (말하기)
7	학생들은 1970년대 노동계 인물인 전태일에 대한 시와 전기문을 전기문 각각 한 편 씩 읽는다. 그리고 같은 주제를 가진 시와 전기문을 읽고 공통점과 차이점을 도표로 작성해 봄으로써 전기문과 시의 문학적 특성을 이해하고 정리한다. 더불어 경제 개발 계획으로 많은 노동자들이 희생되었던 시대상황을 이해한다.	E R	국어 (읽기) 사회
8	노래, 사진, 영상, 기사를 통해 새마을운동과 경제개발 계획에 대해 이해한다. 집에서 할머니/할아버지, 부모님과 과거의 사라진 물건	H, E, T	국어 (말하기,

	들에 대한 이야기를 나눈 후 추억의 물건이나 유행을 소개하는 발표 자료를 준비하고 발표문을 작성한다. 교실 앞에서 발표 상황에 알맞게 발표한다.		읽기)
9	학생들은 주변에 있는 다양한 종류의 광고들을 수집한다. 먼저 광고를 광고하는 대상에 따라 분류해 보며 광고의 목적과 종류에 대하여 이해한다. 다음으로는 모둠원들과 함께 좋은 광고와 그렇지 않은 광고를 분류한다. 분류한 것을 바탕으로 좋은 광고의 조건에 대하여 모둠원들과 토의하고 그 결과를 다른 모둠의 결과와 비교, 발표해 본다.	E	국어 (읽기) 미술
	마지막으로 교사가 보여주는 광고들(수상작)을 보고 그 밖의 광고가 지녀야 할 요건(창의성 등)에 대해 생각해 본다. 이 수업을 통해 학생은 광고의 목적과 종류는 무엇이며 좋은 광고는 어떠해야 하는지에 대하여 이해한다.	R	
10	1960년대에서 2000년대까지 각 시대를 대표하는 공익광고 네 점을 보고 그 의도를 파악하고 공익광고를 통해 알 수 있는 각 시대의 사회상을 표로 정리한다. 학생들은 그 중 현재 가장 필요하다고 생각하는 광고를 선정하고 그 이유에 대해 토의해 봄으로써 어떤 자료가 지금 가장 가치 있는 자료인지 알 수 있다.	E	국어 (읽기) 미술 사회
11	학생들은 최근에 발간된 어린이 신문을 읽고 어떤 사건들이 기사로 만들어지는지에 대해서 브레인스토밍 한다. 그리고 교사와 그 날의 기사문을 함께 보면서 기사문의 특성에 대해 정리한다. 그리고 어린이 신문에서 하나의 기사문을 보고 사실과 의견을 나누어 밑줄을 그어보면서 사실을 바탕으로 하는 기사문의 내용적 특징을 알게 된다.	E	국어
12	교사는 "내가 대기업 CEO의 비서가 되어 모든 기사문을 한 문장으로 줄여서 보고해야 한다면?"의 미션을 학생들에게 제공한다. 학생들은 기사문을 이해하고 축소해 보며, 하나의 기사문을 한 문장으로 줄이기 위해서는 중요 사건의 핵심만 파악해야 한다는 것을 알게 된다. 교사는 육하원칙을 소개하고 기사문과 육하원칙의 관계에 대해 설명한다. 학생은 어린이 신문에서 기사문 다섯 개를 선택해 육하원칙에 따라 도표로 정리해 보고 기사문 분석 연습을 한다.	E	
13	1주일동안 '가족 신문'에 쓸만한 기삿거리를 수집한다. 각각의 기사에 알맞은 자료를 사진, 그림, 동영상, 도표, 그래프 중 가장 알맞은 형태로 수집한다. 기사의 내용을 뒷받침 할 수 있는지 짝과 서로 피드백을 주고받는다.	E T	

14	수행과제 1을 실시한다. 완성된 작품은 학급 누리집에 올린 후 부모님과 댓글로서 실시간 피드백(칭찬)을 주고받는다.	E2, T	국어재량 (정보통신 이해교육)
15	학생들은 그림그래프를 막대그래프와 꺾은 선 그래프와 비교해 보고 다양한 그림그래프를 해석해 보는 연습을 통해 그림그래프에 대한 특징을 이해한다.	E	수학 사회
	1970년대-2000년대의 경제 규모 성장을 표를 바탕으로 그림그래프로 만드는 퀴즈를 푼다.	E2	
16 -17	우리 학교에서 고쳤으면 하는 점에 대하여 학년 복도에서 설문조사를 실시하고 그 결과를 그림그래프로 나타낸다. 그리고 그 그래프의 결과를 바탕으로 가장 많은 득표를 얻은 주제를 선정하여 공익광고 포스터를 만든다.	E2, R	수학 미술
	포스터는 복도에 게시하여 생활 교육 자료로 활용하고 칭찬한다.	R	
18	야외에서의 대통령 후보의 선거 유세, 강당에서의 교장선생님 말씀, 교실에서의 친구가 발표하는 동영상을 보고 비교해 본다. 발표 상황에 알맞은 발표 방법에 대해 이야기해 본다. 짝과 함께 듣는 이와의 관계와 발표 장소에 따라 다르게 발표 연습을 한다.	E	사회
19	용해와 용액에 대한 네 가지 실험을 설계한 후 수행하고 보고서를 작성한다. <실험 주제> 용해 전과 용해 후의 무게를 측정 후 비교 용매의 온도와 용질의 관계 용해를 빨리 시킬 수 있는 다양한 방법들 여러 가지 용매에 대한 가루물질의 용해 정도	E	과학
20	학생들은 모둠별 실험 결과를 과학실에서 친구들 앞에서 발표해 볼 것이다. 사전에 각자 실험 결과를 도표와 그림 자료로 만들어 모둠원들 앞에서 돌아가며 발표 연습을 한다. 모둠원들은 발표 자세에 대한 체크리스트를 작성해 주며 서로 피드백을 주고받는다.	E2	과학 국어 (읽기) 수학
21	수행과제 2를 실행한다. 교사는 간단한 가이드로 과제의 방향이 바르게 지속되는 것을 돕는다.	E2	
22	과제를 마친 후 이 단원을 학습하면서 자신의 잘된 점과 부족한 점을 찾아보고, 더 공부하고 싶은 내용을 탐색해 본다.	R	

5.4.2. 간학문적 통합단원의 예시

다음에 제시하는 두 개의 사례는 두 개 이상의 교과를 간학문적으로 연결 지어 하나의 통합된 단원으로 재구성한 예이다. 첫 번째 통합단원은 '환경과의 상호작용을' 주제로 하여 사회, 과학, 도덕에서 공통적으로 가르칠 내용을 중심으로 간학문적으로 통합하였고, 두 번째 통합단원은 '전통문화'를 주제로 하여 사회, 음악, 미술, 체육을 통합하였다. 간학문적인 주제는 교사가 임의로 설정한 것이 아니며, 교육과정 문서들을 훑는 과정 속에서 여러 교과에 중복되는 것이 자연스럽게 도출된 것이다.

예시 1 주제: 인간과 자연의 조화

1단계 - 기대하는 학습결과 확인하기

교과	단 원		학 습 목 표
사회	3-1-1	고장의 모습	[자연환경의 이용 및 기후] • 고장의 기후가 우리 생활에 끼치는 영향을 이해할 수 있다.
	4-2-2	도시와 촌락의 문제 해결	[도시문제] • 신도시 개발의 사례를 소개하고 신도시가 개발된 이유와 문제점을 설명할 수 있다. • 도시문제(주택문제, 환경문제, 교통문제 등)의 특징을 설명하고 해결방법을 제시할 수 있다.
과학	3-1-4	날씨와 우리 생활	[기상이변] • 날씨와 우리 생활의 관계를 예를 들어 설명할 수 있다 • 날씨로 인한 피해와 그 방지책을 예를 들어 설명할 수 있다.
	3-2-2	동물의 세계	[멸종위기의 동물] • 멸종위기 동물의 예를 알고 환경보호의 마음을 가질 수 있다.

<table>
<tr><td rowspan="2">도덕</td><td>3-2-4</td><td>생명은
소중
해요</td><td>[생명존중]
• 생명을 소중히 여겨야 하는 까닭을 알아보고 생명존중의 마음을 다질 수 있다.
• 생명을 존중하고 소중히 하기 위해서는 어떻게 해야 하는지 바르게 판단할 수 있다.
• 생명을 소중히 여기는 생활태도를 기르고 생명 존중을 생활 속에서 꾸준히 실천할 수 있다.</td></tr>
<tr><td>4-2-4</td><td>우리가
지키는
푸른 별</td><td>[환경보호]
• 인간이 자연과 밀접하게 관계를 맺고 있음을 깨닫고 자연과 조화를 이루며 살기 위한 실천 방법을 알 수 있다.
• 일상생활에서 자연환경을 잘 보호하기 위해 어떻게 해야 하는지 깊이 생각하고 바르게 판단할 수 있다.
• 자연환경을 소중히 하는 방법을 익히고 생활 속에서 환경보호를 꾸준히 실천할 수 있다.</td></tr>
</table>

◈ 빅 아이디어

• 이해 • 의사소통 • 공존 • 조화 • 실천 • 미래지향 • 관계

◈ 영속적 이해

• 인간은 자연과 서로 영향을 주고받는다.
• 인간은 자연과 조화를 이루며 공존한다.
• 인간은 자연과의 조화를 위해 미래지향적인 태도와 실천이 요구된다.

◈ 핵심 기능

- 과거와 현재의 모습 비교하기
- 자연이 인간에게 주는 영향 조사하기
- 의사소통하기
- 다양한 관점 고려하기
- 다양한 자료원을 통한 자료 수집하기
- 수집한 자료 분류하기
- 수집한 자료 해석하기
- 자료를 통한 결과 예측하기

◈ 핵심 질문

- 인간은 자연에게 어떤 영향을 주는가?
  고장의 과거의 모습과 현재의 모습은 어떻게 변했는가?
  인간으로 인한 환경 파괴로 인해 어떤 문제가 생기는가?
- 인간은 자연으로부터 어떤 영향을 받는가?
  사람들은 왜 날씨에 민감한가?
  기후에 따라 사람들이 사는 모습은 어떻게 다른가?
  인간은 자연으로부터 어떤 도움을 받는가?
- 인간은 자연과 함께 하기 위해 어떤 노력을 해야 하는가?
  도시 문제를 해결하기 위해 인간은 어떤 노력을 하는가?
  인간이 자연과 함께 하기 위한 노력을 하지 않는다면 미래는 어떤 모습일까?
  인간이 자연과 함께 하기 위해 내가 할 수 있는 일은 무엇인가?

2단계 - 다양한 이해의 증거 결정하기

수행과제1. 자연환경을 고려한 현장학습제안서 작성하기

여러분 현장학습을 기다리고 있나요? 이번 3학년 현장학습은 실내가 아닌 실외에서 자연을 느끼며 체험할 수 있는 활동으로 운영하고자 합니다. 이를 위한 현장학습 시기, 장소, 활동 내용을 선정하기 위하여 학급회의를 개최합니다. 여러분은 그 회의에서 현장학습 시기, 장소, 활동내용에 대한 적절한 결정을 내릴 수 있도록 제안서를 작성해야 하며, 작성한 제안서의 내용은 교사회의에 최대한 반영될 것입니다.

먼저, 다음 세 곳 중 여러분은 어느 시기에 어떤 장소를 가고 싶은지 시기와 장소를 선정하고 선정한 이유를 자세하게 적어 학급회의를 위한 제안서를 한 페이지 분량으로 작성해야 합니다. 이때 이 장소에서 이루어질 수 있는 현장학습 활동내용을 오전과 오후의 일정으로 각 한 개, 일정에 따른 준비물 두개도 내용에 포함되어야 합니다. 그리고 학급회의가 시작되기 전에 각자 제안서를 읽고 발표 연습을 해야 합니다.

제안서를 작성할 때 여러분이 선택한 시기, 장소, 활동내용이 자연환경을 고려한 최선의 계획임을 친구들과 선생님에게 확신시켜야 합니다. 이때 여러분의 의견은 여러분이 제시한 적절한 사실과 예들에 의해 지지되어야 합니다.

- 각 지역의 자연환경 -

		A 지역			B 지역			C 지역		
	월	평균 기온 (℃)	강수량 (mm)	풍속 (m/s)	평균 기온 (℃)	강수량 (mm)	풍속 (m/s)	평균 기온 (℃)	강수량 (mm)	풍속 (m/s)
연평균 날씨	1	-2.2		0.7	-9.0		0.4	5.6		1.9
	2	1.3		2.8	-3.5		1.7	5.5	1.8	4.0
	3	4.7		1.2	2.4		1.7	8.9		2.5
	4	9.1		1.6	5.2		1.8	14.9		2.0
	5	18.8		1.4	18.6		3.2	18.8		1.8
	6	22.9	0.5	1.6	23.6		1.6	21.5		2.0
	7	28.4		3.7	22.5	96	1.4	28.8		2.2
	8	28.6		1.2	27.2		1.9	29.8		2.3
	9	23.5		2.1	20.3		1.3	24.5		2.8
	10	15.3		2.6	10.3	9.0	2.8	18.6		4.5
	11	9.3	0.5	1.0	5.4	1.5	0.9	13.2	0.9	2.2
	12	0.8		2.6	-9.4		0.5	7.9		3.6
지역 특색		▹풀밭이 넓게 펼쳐짐 ▹낮은 언덕에 작은 개울이 흐름 ▹주변에 논, 밭이 많음			▹ 주변이 높은 산으로 둘러 쌓임 ▹ 대규모 삼림욕장이 있음 ▹ 목재들과 약초들이 많음			▹넓은 모래사장과 바다가 있음 ▹희귀한 색과 모양의 돌이 많음 ▹키가 낮은 나무들이 주를 이룸		

◈ 루브릭

	뛰어남	보통	노력요함	부족함
선택과 이유 (5)	자연환경과 관련하여 선택한 내용이 정확히 진술되었고 3개 이상의 사실과 이유가 제시되어 자신의 의견을 나타냈다.	자연환경과 관련하여 선택한 내용이 정확히 진술되었고 2개의 사실과 이유가 제시되어 자신의 의견을 나타냈다.	자연환경과 관련하여 선택한 내용이 진술되었고 1개의 사실과 이유가 제시되어 자신의 의견을 나타냈다.	자연환경과 관련하여 선택한 내용이 진술되지 않았고 사실과 이유가 제시되지 않았다.
제안서 작성 (10)	시기, 장소, 활동내용, 준비물의 4요소가 자연환경과 관련지어 적절하게 빠짐없이 제시되었다.	시기, 장소, 활동내용, 준비물의 4요소 중 3요소가 자연환경과 관련지어 적절하게 제시되었다.	시기, 장소, 활동내용, 준비물의 4요소 중 2요소가 자연환경과 관련지어 제시되었다.	시기, 장소, 활동내용, 준비물의 4요소 중 1요소만 제시되었다.
제안서 발표 (5)	발표 준비가 잘 되어 있고 청중에게 적합한 언어를 사용하여 명확하게 의견을 전달하였다.	발표 준비가 잘 되어 있고 명확하게 의견을 전달하였다.	발표 준비가 되어 있고 청중에게 의견을 전달하였다.	발표 준비가 미흡하고 관심과 열정이 부족하다.

수행과제2. 자연과 조화를 이룬 놀이터 계획하기

학교 운동장에서 놀고 싶지만 5-6학년들이 운동장에서 축구를 해서 편하게 놀 수가 없습니다. 그리고 유치원 놀이터는 잘 꾸며져 있지만, 우리가 쓰면 망가진다고 이용하지 못하게 합니다.

그런데, 우리 고장에 어린이들을 위한 놀이터를 만든다는 반가운 소식이 들려왔습니다. 단, 도시 전체 개발 계획에 의해 자연과 인간이 조화를 이루는 놀이터로 만들 예정이라고 합니다. 이 개발 프로젝트를 맡은 도시개발자가 여러분들의 의견을 듣고자 학교를 방문한다고 합니다. 도시개발자에게 여러분들이 놀고 싶은 놀이터의 모습을 설명해야 합니다. 이를 위해서는 구체적인 자료를 준비해야 합니다. 그리고 도시개발자의 만남에 앞서 준비한 계획서를 친구들 앞에서 발표 연습을 할 것입니다.

계획서를 발표할 때 여러분이 만든 공간이 자연과의 조화를 고려할 때 최선이라는 것을 도시개발자에게 확신시켜야 합니다. 이때 여러분의 주장은 여러분이 제시한 자료에 의해 지지되어야 합니다. (S)

아래의 사진에서 한 곳을 골라 자연과 조화를 이루면서 여러분이 놀 수 있는 공간을 계획해서 그림으로 나타내고, 그에 대한 설명을 작성해야 합니다. 단, 그림에는 이용자들을 위한 안내문도 포함되어야 합니다. 결과물은 한 페이지 이내로 작성합니다. 그림과 글을 이용한 결과물 형식은 자유입니다. 만화, 광고, 포스터, 신문 등 다양한 형식을 선택할 수 있습니다.

◈ 루브릭

	뛰어남	보통	노력요함	부족함
선택과 이유 (10)	자연과 조화를 이룬 놀이터의 모습을 그림으로 효과적으로 표현하고 이용안내자들을 위한 주의사항을 안내판에 명확히 제시하였다. (10)	자연과 조화를 이룬 놀이터의 모습을 그림으로 효과적으로 표현하고 이용안내자들을 위한 주의사항을 안내판에 제시하였다. (7)	자연과 조화를 이룬 놀이터의 모습을 그림으로 표현하였다. (5)	놀이터의 모습 그림이나 안내판이 제시되지 않았다. (2)
제안서 작성 (5)	두 문단 이상으로 설명하는 글을 완성하였으며 자연과의 조화를 관련지어 그림에 대한 설명을 명확히 제시하였다. (5)	두 문단 이상으로 설명하는 글을 완성하였으며 자연과의 조화를 관련지어 그림에 대한 설명을 제시하였다. (4)	한 문단으로 설명하는 글을 완성하였으며 자연과의 조화를 관련지어 그림에 대한 설명을 제시하였다. (2)	설명하는 글이 자연과의 조화와 관련되지 않았다. (1)
제안서 발표 (5)	발표 준비가 잘 되어 있고 청중에게 적합한 언어를 사용하여 명확하게 의견을 전달하였다. (5)	발표 준비가 잘 되어 있고 명확하게 의견을 전달하였다. (4)	발표 준비가 되어 있고 청중에게 의견을 전달하였다. (2)	발표 준비가 미흡하고 관심과 열정이 부족하다. (1)

◈ 그 밖의 이해의 증거

- **관찰 및 활동샘플 모으기**
: 단원 전체에 걸쳐서 비공식적 관찰과 학생들이 수행한 학습결과물들을 수집할 것이다.
(기후에 따른 사람들의 생활모습, 생명 존중 및 자연보호 실천 모습)

- **서술형 평가**
: 자료 수집을 왜 하는지와 활용의 중요성을 기술하는 글쓰기를 할 것이다.
(멸종동물의 예를 수집하고 생명의 소중함을 글로 표현함)

- **객관식 퀴즈**
: 단원이 모두 끝난 후 학생들은 관련 용어와 학습 내용을 정확하게 알고 있는지를 알아보기 위한 퀴즈를 풀 것이다. (도시문제, 기후, 날씨와 기상이변)

◈ 자기 평가 및 반성

- 학생들은 자신들이 만들어낸 수행의 결과물들을 평가 준거에 따라 스스로 평가할 것이다.
- 평가 준거에 따른 체크리스트를 통해 반 학생들과 상호평가하며 그 결과를 피드백할 것이다.
- 학생들은 스스로 학습자로서 성장의 정도를 가치수직선으로 나타내며 이에 대하여 반성하는 짧은 글쓰기를 할 것이다.

3단계 – 학습활동 계획하기

차시	학습활동			WHERETO	참고
1	학습자 특성 파악하기		- 설문지, 워크시트, 체크리스트 등을 통해 준비도, 관심사 및 흥미 그리고 학습프로파일 파악하기		
2	인간과 자연의 관계 발견하기		- 인간과 자연이 서로 관계가 있음을 알려주는 '우포늪' 비디오 시청하기 - 시청 후 인간과 자연의 상호관계를 중심으로 모둠 토의를 통한 의견 발표하기 - "인간과 자연의 조화"라는 주제에 대해 이야기 나누기 - 학생들이 이 주제와 관련하여 배우고 싶거나 관심이 있는 부분에 대해서 이야기 나누기 - 학습활동에 학생들의 의견 반영하기 - 지난 시간에 이루어진 준비도, 관심사 및 흥미 그리고 학습프로파일 결과에 따른 학습활동 및 학습방법 안내하기 - 앞으로의 학습활동 전반에 대한 소개 후 조사 및 수집 자료에 대해 사전 안내하기	W, H, T	사회 과학 도덕
3-4	인간은 자연으로부터 받는 영향 알아보기	기후	- 기후에 따라 사람들이 사는 모습은 어떻게 다른지 이야기 나누기 - 열대기후, 온대기후, 한대기후 중 한 가지를 골라 기후에 따른 사람들의 생활모습을 조별로 조사한 후, 광고, 포스터, 역할극, 율동 등 다양한 방법으로 결과 표현하기 - 친구들의 발표에 대한 소감 및 조별 피드백하기 - 여러 지역 기후에 대한 사람들의 생활모습에 대한 학습내용을 표로 정리하기	E, T	사회 과학
5		날씨	- 사람들은 왜 날씨에 민감한지 이유 생각해 보고 발표하기 - 여러 날씨에 의한 사람들의 다양한 생활모습에 대해 이야기 나누기 - 날씨와 관련된 노래를 찾아보고 날씨를 이용한 사람들의 생활 모습이 잘 드러나게 노래 가사 바꾸어 발표하기 - 뽑힌 노래는 학습의 전 과정에서 수업에 활용하기	W, E, T	

<table>
<tr><th>차
시</th><th colspan="3">학 습 활 동</th><th>WHER
ETO</th><th>참고</th></tr>
<tr><td>6-7</td><td rowspan="3">인간은
자연으로
부터
받는
영향
알아보기</td><td>날
씨</td><td>- 날씨의 다양한 피해에 대한 신문 자료를 스크랩하기 (태풍, 가뭄, 홍수, 폭설, 폭우 등)-사전과제
- 조사한 신문 자료를 활용하여 날씨의 피해를 줄일 수 있는 방지책에 대한 조별 신문 만들기
- 조별 신문을 전시하여 상호 평가하기</td><td>E</td><td rowspan="3">사회
과학</td></tr>
<tr><td>8</td><td colspan="2">- 기후 및 날씨와 관련된 용어, 현상 등에 대한 골든벨 퀴즈 풀기
- 체크리스트로 학습과정과 내용에 대한 이해정도를 자기 평가하기</td><td>E-2</td></tr>
<tr><td>9-
10</td><td colspan="2">자연과의 조화를 고려한 현장학습 계획서 짜기
(수행과제 1)</td><td>E-2, T</td></tr>
<tr><td>11</td><td rowspan="2">인간이
자연에게
주는
영향
알아보기</td><td rowspan="2">도
시
문
제</td><td>- 고장의 개발 전 과거사진과 현재 사진을 보고, 고장의 과거의 모습과 현재의 모습은 어떻게 변했는지 달라진 곳을 찾아보고 발표하기
- 인간이 도시를 개발하는 이유에 대해 토의하기
- 도시 개발에 따른 문제점 사례 조사하기
- 조사한 자료를 칠판에 전시하여 공유하기</td><td>E</td><td rowspan="2">사회
과학
도덕</td></tr>
<tr><td>12</td><td>- 조사한 도시 개발에 따른 문제점 사례들을 비슷한 사례를 모아 분류해 보기(예 - 환경문제(: 쓰레기, 물, 공기 등), 인구문제, 소음문제, 주택문제, 교통문제 등)
- 인간으로 인한 개발로 인해 어떤 문제가 생기는지 인지하기
- 분류된 항목 중 각 모둠별로 한 항목을 골라 전문가 집단이 되어 도시 문제 해결방법을 모색해보고 발표하기
- 도시문제를 해결하기 위해 인간은 어떤 노력을 하는지 생각하며, 서로의 해결방법을 듣고 의견 나누기
- 자연과 조화를 이룬 개발에 대한 생각을 할 수 있도록 유도하기</td><td>E</td></tr>
</table>

<table>
<tr><th>차시</th><th colspan="3">학 습 활 동</th><th>WHERETO</th><th>참고</th></tr>
<tr><td>13-14</td><td rowspan="2"></td><td rowspan="2">멸종위기</td><td>- 인간으로 인한 환경파괴로 인해 어떤 문제가 생기는지 알 수 있도록 '멸종위기 동물 사진전' 열기 (교실 벽에 전시)
- 동물들이 왜 멸종위기 놓여 있을지 생각해 보고 인간이 자연(동물)에게 주는 영향과 관련시켜 생각하기</td><td>E,</td><td rowspan="2"></td></tr>
<tr><td>15</td><td>- 보호하고 싶은 멸종 동물을 골라 보호하려는 마음과 실천의지가 드러나게 편지 쓰고 해당 사진 아래에 게시하기</td><td>E, E-2, T, R</td></tr>
<tr><td>16-17</td><td rowspan="2">인간이 자연과 조화를 이루기 위한 노력 알아보기</td><td colspan="2">- 인간이 자연과 함께 하기 위한 노력을 하지 않으면 미래는 어떤 모습일지 상상해 보기
- 3학년 현장학습(창체 이용)을 이용하여 고장 답사를 하고 고장의 자연 훼손에 대한 사진 자료를 직접 수집하기(개인별 사전 미션 제시)
- 인간이 자연과 함께 하기 위해 우리가 할 수 있는 일이 무엇인지 생각해보기
- 수집한 사진 자료를 통해 고장의 자연을 보호하기 위해 내가 할 수 있는 실천 방법을 정하고 나의 다짐쓰기
- 체크리스트를 통해 실천에 대한 자기 점검하기</td><td>E, E-2, R</td><td rowspan="2">사회 도덕</td></tr>
<tr><td>18-20</td><td colspan="2">- 자연과 조화를 이룬 놀이터 계획서 작성하기 (수행과제2)</td><td>E, E-2, T</td></tr>
</table>

예시 2 주제: 전통문화의 계승과 발전

1단계 - 기대하는 학습결과 확인하기

교과	영역	성 취 기 준
사회	달라지는 생활 모습	사4041. 조상들의 옛날 생활 모습을 알 수 있는 자료(예: 사진, 그림, 책, 지도 등)를 찾아 오늘날 생활 모습과의 차이점을 비교하여 이해할 수 있다.
		사4042. 옛날과 오늘날 생활 도구의 모양과 쓰임이 변화하였음을 이해하고, 생활 도구가 오늘날까지 계승되고 발전된 모습을 설명할 수 있다.
		사4043. 김치, 한복, 온돌 등에 담긴 조상들의 멋과 슬기를 찾아 오늘날의 의식주와 비교해 설명할 수 있다.
		사4044. 옛날과 오늘날의 놀이를 비교하여 그 변화 모습을 살펴보고, 달라진 놀이 문화를 이해할 수 있다.
	다양한 삶의 모습들	사4093. 문화가 시간의 흐름에 따라 변화하거나 지속한다는 것을 사례를 들어 설명할 수 있다.
음악	표현	음4124-1. 동요나 민요를 듣고 부를 수 있다.
		음4124-2. 동요나 민요를 보고 부를 수 있다.
	감상	음4222. 노동요, 놀이요, 춤곡, 행진곡 등을 듣고 음악의 쓰임에 대해 이야기할 수 있다.
	생활화	음4321. 전통적으로 계승되어 온 국악을 생활 속에서 찾을 수 있다.
미술	감상	미4311. 미술 작품의 시대적, 지역적 배경에 관심을 가진다.
		미4312. 주변의 전통 미술 문화에 관심을 가지고 찾을 수 있다.
		미4321. 미술 용어를 사용하여 미술 작품의 특징을 설명할 수 있다.
		미4322. 미술 작품에 대한 자신의 느낌과 생각을 설명할 수 있다.
		미4323. 올바른 태도로 미술 작품을 감상한다.
체육	여가활동	체4521. 놀이와 여가와의 관계 및 전통 놀이의 의미와 특성을 제시할 수 있다.
		체4522. 전통 놀이의 유형별 특징과 방법을 이해하고, 창의적으로 계획할 수 있다.
		체4523. 다양한 전통 놀이를 규칙이나 방법을 바꾸어 적용할 수 있다.
		체4524. 전통 놀이를 체험하면서 느낀 우리 조상이 남긴 전통문화의 소중함과 우수성을 제시할 수 있다.

◈ 핵심 질문

① 오늘날 우리들의 삶이 옛날 조상들의 삶보다 더 나아졌는가?
② 문화는 어떠한 방식으로 표현되어 왔는가?
③ 생활모습은 어떻게 변화해왔고, 앞으로 어떤 방향으로 변화될 것인가?
④ 나는 어떤 문화 속에서 살고 있는가?

◈ 빅 아이디어

• 문화 • 전통 • 계승 • 발전 • 변화 • 정체성

◈ 영속적 이해

① 문화는 그 시대의 생활양식을 담고 있다.
② 문화는 다양한 방식으로 표현된다.
③ 문화는 시대에 따라 변화하고 발전한다.
④ 문화는 특정 집단의 정체성을 형성하는데 영향을 미친다.

◈ 핵심 기능

- 문화적 특성 비교하기
- 관점을 가지고 감상하기
- 다양한 방식으로 표현하기
- 기준 세워 분류하기
- 추론하기
- 토의하기
- 관점 파악하기

2단계 - 다양한 이해의 증거 결정하기

과제1. 유네스코 세계문화유산에 등재될 한국 문화를 찾아라!

유네스코 세계 문화유산 선정위원회가 열릴 예정입니다. 여러분은 한국문화 홍보위원으로 한국의 우수한 문화유산을 선정위원들에게 알려야 합니다.

먼저, 풍속화, 민요, 전통 놀이에서 여러분이 홍보할 주제를 선택합니다.(풍속화 2팀, 민요 2팀, 전통놀이 2팀으로 팀당 인원수는 4명입니다.) 홍보 자료를 한 페이지 분량으로 만들어야 합니다. 홍보 자료에는 그림이나 도표, 간단한 설명글이 있어야 합니다. 필요시 춤, 노래와 같은 활동으로 재연해도 됩니다.

이 홍보 자료는 한국인의 고유한 생활양식과 우수성을 명확히 드러내고, 선정위원회를 설득할 수 있도록 발표를 해야 합니다. 발표 모둠을 제외한 나머지 모둠은 청중이 되어 발표 내용을 듣고 잘한 점과 고쳐야 할 점을 이야기해줍니다.

루브릭(준거)

영역	뛰어남	보통	노력요함	부족함
홍보자료 구성 5점	홍보 자료에 도표, 그림과 설명글을 효과적으로 포함시키고 배치하여 전체적인 내용과 세부 사항을 알기 쉽게 제시하였다. (5)	홍보 자료에 도표, 그림과 설명글을 포함시키고 배치하여 전체적인 내용과 세부 사항을 제시하였다. (4)	홍보 자료에 도표, 그림과 설명글을 포함시키고 배치하였으나 전체적인 내용과 세부 사항을 알기 어렵다. (2)	홍보 자료에 도표, 그림과 설명글이 보는 이에게 혼동을 일으킬 수 있으며 명료하지 못하다. (1)
홍보자료 내용 10점	홍보 주제에서 한국인의 고유한 생활양식을 보여주는 근거를 찾아내어 설명할 수 있고, 이를 통해 우수성을 홍보할 수 있다. (10)	홍보 주제에서 한국인의 고유한 생활양식을 설명하고 이를 통해 우수성을 홍보할 수 있으나 근거가 미약하다. (8)	홍보 주제에서 한국인의 고유한 생활양식을 보여줄 수 있으나 우수성 홍보가 명확하게 드러나지 않았다. (5)	홍보 주제에서 한국인의 고유한 생활양식을 보여주는 근거가 미흡하며, 우수성 홍보도 명확하게 드러나지 않았다. (1)
홍보자료 발표 5점	홍보자료 발표 준비가 되어 있고, 명확하게 열정적으로 의견을 전달하였다. (5)	홍보자료 발표 준비가 되어 있고, 명확하게 의견을 전달하였다. (4)	홍보자료 발표 준비가 다소 미흡하나, 의견을 명확하게 전달하고자 노력하였다. (2)	홍보자료 발표 준비가 거의 되어 있지 않았고, 관심과 열정이 없었다. (1)

과제2. 어린이 큐레이터 활동하기

영국의 대영박물관은 '한국 전통 문화의 변화와 발전'이라는 주제로 한국관을 전시할 예정입니다. 여러분은 '어린이 큐레이터'이며 영국의 대영박물관 관장으로부터 한국 조상들의 생활 모습이 오늘날 어떻게 바뀌었는지에 설명할 수 있는 제안서를 달라는 편지를 받았습니다. 또한 박물관 관장은 앞으로의 변화 모습도 궁금하다며 여러분의 생각도 알고 싶다고 하였습니다.

여러분은 과거 – 오늘날 – 미래의 달라진 생활 모습의 차이점과 발전된 모습을 그림(사진)이나 도표를 포함한 제안서로 보내야 합니다. 실물, 모형 및 동영상 자료를 참고자료로 같이 보내도 됩니다. 주제는 의식주(2팀), 생활도구(2팀), 여가생활(2팀)로 하면 됩니다.

여러분의 제안서와 자료는 박물관 관장님께 보내기 전에 교실 내에 전시될 것입니다. 이때 각 모둠의 대표자 1명은 전시물에 대한 자세한 설명을 하고, 대표자 역할은 번갈아가면서 수행합니다. 다른 학생들은 관람객이 되어 자유롭게 관람한 후에 전시물에 대한 소감문을 작성합니다.

루브릭(준거)

영역	뛰어남	보통	노력요함	부족함
제안서 구성 10점	제안서에 도표, 그림과 설명글을 효과적으로 포함시키고 배치하여 전체적인 내용과 세부 사항을 알기 쉽게 제시하였다. (10)	제안서에 도표, 그림과 설명글을 포함시키고 배치하여 전체적인 내용과 세부 사항을 제시하였다. (8)	제안서에 도표, 그림과 설명글을 포함시키고 배치하였으나 전체적인 내용과 세부 사항을 알기 어렵다. (5)	제안서의 도표, 그림과 설명글이 보는 이에게 혼동을 일으킬 수 있으며 명료하지 못하다. (2)
제안서 내용 10점	제안서에서 과거-오늘날-미래의 달라진 생활 모습의 차이점을 보여주는 근거를 찾아내어 설명할 수 있고, 이를 통해 발전된 모습을 설명할 수 있다. (10)	제안서에서 과거-오늘날-미래의 달라진 생활 모습의 차이점을 설명하고 이를 통해 발전된 모습을 설명할 수 있으나 근거가 미약하다. (8)	제안서에서 과거-오늘날-미래의 달라진 생활 모습의 차이점을 설명하나 이를 통해 발전된 모습이 드러나지 않았다. (5)	제안서에서 과거-오늘날-미래의 달라진 생활 모습의 차이점과 발전된 모습이 드러나지 않았다. (1)
발표 5점	제안서 발표 준비가 되어 있고, 명확하게 열정적으로 의견을 전달하였다. (5)	제안서 발표 준비가 되어 있고, 명확하게 의견을 전달하였다. (4)	제안서 발표 준비가 다소 미흡하나, 의견을 명확하게 전달하고자 노력하였다. (2)	제안서 발표 준비가 거의 되어 있지 않았고, 관심과 열정이 없었다. (1)

소감문 작성 5점	한두 단락의 분량으로 상대방의 제안서에 대한 느낀 점을 구체적으로 쓸 수 있다. (5)	한 단락 분량으로 상대방의 제안서에 대한 느낀 점을 쓸 수 있다. (4)	한 단락 분량으로 상대방의 제안서에 대한 느낀 점을 썼으나 명확하지 않다. (2)	한 두 문장으로 짧게 작성했으며 의미를 파악하기 힘들다. (1)

◈ 그 밖의 증거

- 관찰 : 단원 전체에 걸쳐서 학생들의 활동모습을 관찰할 것이다.
- 퀴즈 : 전통문화의 유형과 시대적 배경에 대하여 자신들의 말로 표현할 것이다.
- 작품 샘플 : 그 외에 그림, 글쓰기, 홍보자료, 조사보고서 등 수업활동을 수행하고 난 후에, 학생들은 학습결과물들을 모아놓을 것이다.

◈ 자기평가 및 반성

- 활동에 참여하고 난 후 학생들은 스스로 알게 된 것을 기록할 것이다.
- 주어진 평가 준거들을 가지고 같은 반 학생들과 상호평가를 할 것이다.
- 학생들은 자신들이 만들어낸 수행의 결과물들을 평가 준거에 따라 스스로 평가할 것이다.

3단계 – 학습활동 계획하기

순	학습활동	WHERETO	참고
1	유네스코 세계문화에 '김장문화'가 등재된 것으로 단원을 시작한다. 단원에 대한 학생들의 관심을 불러일으키고 전통문화에 대한 궁금증을 갖도록 하는데 목적이 있다.	H	
2	핵심 질문들을 소개하고 단원의 수행과제들에 대해서 함께 논의한다.	W	

3	KWL 차트를 작성하기 시작한다. KWL차트는 학습의 전 과정에 결쳐서 사용될 것이다. 학생들은 전통문화에 대해서 이미 알고 있는 것들을 알고 있는 것(Know)에 채워 넣는다. 그 다음에 자신들이 알고 싶은 것(Want to know)을 작성한다. 알게 된 것(What they Learned)은 단원 마지막에 채워 넣는다.	W	
4	김홍도의 '타작', '씨름'과 같은 풍속화 속의 인물이 되어보기 활동을 한다. 이때 교사는 '타작'을 하고 있는 소작농의 모습을 보고 삶의 모습이 어떠한지 생각해 보며 수확의 기쁨을 노래로 불러보는 활동을 한다. '씨름'을 통하여 전통 놀이를 하고 있는 선수와 관중의 모습을 재연해 본다. 이 활동을 통하여 학생들은 조상들의 삶의 모습을 유추할 수 있을 것이다.	E	사회, 미술, 음악, 체육-예술 문화 체험을 통한 역사적 사실 추론
5	지역사회 재능 기부를 통하여 앞에서 재연하였던 전통문화를 직접 체험해 본다. '신나는 시간 여행' 은 수묵화 그려보기, 전통놀이 해보기, 노동요나 민요 불러보기 등의 코너학습으로 진행한다. 각 코너를 담당한 재능기부자는 해당 전통문화에 대하여 교사와 사전협의를 거쳐 충분히 활동과 수업 목표에 대하여 숙지하고 있어야 한다. 학생들은 자신의 흥미에 맞게 자유롭게 코너학습을 진행하고 코너학습을 통하여 조상들의 문화가 다양하게 표현되고 있음을 알 수 있다.	E, T	지역사회의 다양한 인적 자원 활용
6	학생들은 코너 학습을 한 뒤 알게 된 조상들의 삶의 모습에 대하여 마인드 맵, 배움 노트 정리, 그림 등 자신만의 방법으로 정리하면서 문화는 그 시대의 생활양식을 담고 있음을 알게 된다.	E, R, T	
7	수행과제 1을 제시한다. 학생들은 한국문화 홍보위원으로 한국의 우수한 문화유산을 알리는 활동을 한다. 학생들은 풍속화, 민요, 전통놀이 중 주제를 선택하여 6개의 소집단으로 나누어 한국인의 고유한 생활양식과 우수성을 드러내는 홍보자료를 구성하는 활동을 한다. 소집단을 나누고 선택할 때에는 자신의 재능과 흥미를 고려하여 차별화하여 선택할 수 있다.	E-2, T	사회, 미술, 음악, 체육-다양한 방식의 문화 표현을 통해 조상들의 생활모습과 우수성을 유추
8	학생들은 자신들이 만든 홍보 자료에 대해서 발표하고 서로 피드백을 하면서 상호 평가 및 반성을 한다.	E-2, R	
9	박물관 체험학습을 통하여 조상들의 문화유산을 직접 체험해 본다. 또한 이 체험학습을 통하여 박물관의 기능과 큐레이터 역할이 무엇인지 알게 된다.	E	창체, 지역사회 인적, 물적 인프라 활용

10	박물관 체험학습을 통해 배웠던 옛날의 생활도구 사진과 오늘날의 생활 도구 사진을 범주화하고 비교하는 작업을 한 뒤 오늘날의 삶이 옛날 조상들의 삶보다 더 나아졌는가에 대하여 토의한다.	E	
11	학생들은 학습메뉴를 시작할 것이다. 학습메뉴판에 제시된 다양한 활동들을 선택하고 자신의 속도와 성취수준에 맞추어 활동을 끝내게 될 것이다. 학생들은 학습메뉴로부터 조상들의 생활모습(의식주) 주제를 선택한다. 이때 인터넷, 문헌 조사, 부모님께 여쭤보기 등 다양한 방법으로 조사한다. 학습결과물은 자신이 원하는 방식으로 표현한 뒤, 교실 학습게시판에 게시한다. 학생들은 자유롭게 학습결과물을 살펴보고 공통점과 차이점을 발견한다. 결과물의 잘된 점과 알게 된 점을 포스트잇에 적어 붙인다.	E, T	
12	부모님의 여가 놀이 문화와 우리들의 여가 놀이 문화를 설문지로 조사한 뒤 여가 문화의 변화 모습을 알아본다. 주말과제로 세대별 놀이를 해 보는 가정 체험 활동을 제시한다. 가정 체험 활동은 가정에 있는 환경요소에 맞게 자유롭게 선택하여 진행하도록 한다.	E, T	
13	수행평가 2를 제시한다. 학생들은 '한국 전통문화의 변화와 발전'을 주제로 의식주, 생활도구, 여가생활 각 2팀으로 나누어 제안서를 쓰게 될 것이다. 팀을 선택할 때는 그동안 자신의 성취와 흥미, 재능을 고려하여 자유롭게 선택할 수 있다. 제안서에는 과거-오늘날-미래의 달라진 생활 모습의 차이점과 발전된 모습이 그림이나 도표로 포함되어야 한다. 완성된 제안서의 발표는 한 명씩 번갈아 가며 발표를 한다. 나머지 학생들은 관람객이 되어 자유롭게 관람한 후에 전시물에 대한 소감문을 작성한다.	E-2, R, T	
14	학생들은 '나는 어떤 문화 속에서 살고 있는가?'를 주제로 토의를 한다. 토의를 통하여 학생들은 우리 고유문화의 특성과 정체성을 정리한다.	R	
15	마지막으로 학생들은 토의한 내용을 바탕으로 자신의 조상과 현재의 나, 미래의 자손의 변화모습을 생각해 보고 우리의 전통의 뿌리와 계승, 발전에 대한 성찰 글쓰기를 한다.	E-2, R	

5.4.3. 탈(초)학문적 통합단원의 예시

다음에 제시하는 통합단원은 이지현(2014)이 탈학문적 통합의 접근에 따라 지역사회 봉사학습 프로그램을 개발한 사례이다. 단원의 출발점이 교과교육과정이 아닌, 지역사회의 문제를 해결하기 위한 장기 프로젝트의 형태를 띤다.

▶ 주제 설정하기: 지역사회 문제 해결하기 프로젝트

1단계 - 기대하는 학습결과 확인하기

◈ 성취기준

교과	영역	핵심 성취기준
국어	듣기 말하기	1411-3. 듣는 목적에 맞게 중요하거나 인상 깊은 내용을 메모할 수 있다. 1414-2. 말차례를 지키면서 바른 태도로 대화할 수 있다. 1415-1. 내용을 이해하기 쉽게 발표할 수 있다. 1415-2. 다른 사람의 발표를 평가하면서 들을 수 있다. 1416-3. 회의에서 다양한 의견을 수렴하면서 능동적으로 참여할 수 있다.
	읽기	1423-1. 읽기의 전 과정에서 지식과 경험을 활용하여 글을 읽을 수 있다. 1425-1. 의견을 제시한 글에서 주요 의견과 근거를 파악할 수 있다. 1426-2. 글을 읽고 다른 사람과 생각이나 느낌을 적극적으로 주고받는다.
	쓰기	1432-3. 중심 문장과 뒷받침 문장을 갖추어 말하고자 하는 내용을 문단으로 쓸 수 있다. 1434-3. 주변의 문제에 대하여 자신의 의견과 이유를 글로 쓸 수 있다. 1436-1. 다양한 매체를 활용하여 생각과 느낌을 표현할 수 있다.
사회	지리	사4101. 주민 자치의 의미를 민주주의의 원리와 관련지어 설명하고 주민 자치의 필요성에 대해 말할 수 있다. 사4102. 우리 지역을 대표하는 자치단체의 종류를 조사하고 자치 단체의 역할과 의미에 대해 설명할 수 있다. 사4103. 우리 지역을 대표하는 사람들을 뽑는 선거 과정을 알아보고 이를 통해 대표자와 유권자의 역할과 중요성을 설명할 수 있다.

	일반 사회	사4112. 우리 지역의 문제점이 무엇인지 밝히고 그 원인을 정치, 경제, 사회, 문화 측면에서 설명하며 이를 해결하기 위한 대책을 제시할 수 있다. 사4113-1. 우리 지역에서 주민 참여의 사례를 조사하고 이를 통해 참여의 중요성을 설명할 수 있다. 사4113-2. 우리 지역에서 자원 봉사의 우수 사례를 찾아보고 자원 봉사가 필요한 까닭을 제시할 수 있다. 사4114. 우리 지역의 바람직한 미래 모습을 상상하여 다양한 방식(예, 글, 그림, 노래, 만화, 캐릭터 등)으로 표현하고 그것을 실현할 수 있는 방법을 제시할 수 있다.
	역사	사4064. 도시 문제(예, 주택 문제, 환경 문제, 교통 문제 등)의 특징을 설명하고, 그 해결 방법을 제시할 수 있다.
수학	확률과 통계	수45011-1. 실생활 자료를 수집, 분류, 정리하여 간단한 그림그래프로 나타내고, 여러 가지 사실을 찾을 수 있다. 수45011-2. 자료의 특성을 알아보기에 표와 그래프가 편리함을 알고 설명할 수 있다. 수45023-1. 여러 가지 자료를 찾아 목적에 맞는 그래프로 나타낼 수 있다.

◈ 핵심 질문

- 어떤 문제에 대해 생각이나 입장이 다양한 상황에서 이를 해결하기 위한 가장 합리적인 방법은 있을까?
- 만약 사람들이 공동의 문제(우리 모두)에 무관심하다면 어떤 일이 생길까?
- 우리는 왜 선거를 할까? 그런데 초등학생은 왜 선거에 참여할 수 없는가?
- 대표가 여러 사람의 생각을 무시하고 자신을 위해서 행동한다면 어떤 일이 벌어질까?
- 우리의 생각을 다른 사람들에게 알리는 방법에는 어떤 것들이 있을까?
- 공공의 문제를 해결하기 위해 우리의 의견을 말할 때 어느 공공기관/ 대표를 찾아가야 할까?
- 지방 의회와 지방 정부는 왜 따로 있는가?
- 우리 고장을 보다 살기 좋은 사회로 만들기 위해서 어떤 노력을 해야 하는가?

◈ 빅 아이디어

• 민주주의	• 선거	• 지방 정부
• 지역 발전	• 주민 참여	• 지방 자치

◈ 영속적 이해

- 생활에서 일어나는 문제들은 토의와 토론을 통하여 보다 민주적으로 해결할 수 있다.
- 다수가 동의한 의견이라고 해서 항상 합리적인 것은 아니다.
- 해결해야 할 문제에는 우선순위가 있다.
- 말하고자 하는 바를 효과적으로 전달하기 위해서 다양한 방법이 사용된다.
- 참여에는 여러 가지 방법이 있다.
- 문제에 따라 알맞은 참여방법을 선택해야 한다.
- 의견을 효과적으로 전달하는 데에 적합한 방법과 형식이 있다.
- 여러 시민의 의사를 대표하는 사람을 뽑기 위해서 선거를 한다.
- 사람들은 지역의 문제를 주민 스스로 해결하기 위해 대표를 뽑고 단체를 조직하여 운영한다.
- 공공의 문제를 민주적으로 해결하기 위해서는 구성원의 관심과 참여가 필요하며 여러 방법과 절차를 거쳐야 한다.

◈ 핵심 기능

- 문제에 대한 자신의 의견과 이유 제시하기
- 관점을 갖고 회의에 참여하기
- 상황에 대한 문제점 및 그에 대한 해결방안을 제시하기
- 비판적으로 수용하기
- 사회적 관심사를 표현하는 수단으로 매체 활용하기

2단계 - 다양한 이해의 증거 결정하기

지역사회 문제, 내 손으로 해결해요 !!

여러분의 과제는 산곡1동 어린이 대표를 선출하고, 지방정부와 지방의회를 조직하여 우리가 사는 지역사회 - 산곡1동의 문제를 해결하는 것입니다. 앞으로 어린이 대표, 지방정부, 지방의회의 임원으로 우리 지역사회의 문제를 처리하고 다뤄주시기 바랍니다. 여러분은 우리 지역사회의 문제를 해결하기 위하여 지역사회의 문제 및 해결책을 담은 보고서를 만들어야 합니다. 여러분의 결과물은 다음 표(루브릭)[8]에 의해서 판단될 것입니다.

영역	뛰어남	보통	노력요함
문제 발견 및 분석 (40)	▸ 지역사회의 문제에 대한 3가지 이상의 사실과 예를 제시함 (10)	▸ 지역사회의 문제에 대하여 2가지의 사실과 예를 제시함 (7)	▸ 지역사회의 문제에 대하여 1가지 이하의 사실과 예를 제시함 (4)
	▸ 3가지 이상의 자료 수집방법(설문조사, 관찰, 실험, 측정, 인터뷰 등)에 따라 지역사회의 문제를 찾음 (15)	▸ 2가지의 자료 수집방법(설문조사, 관찰, 실험, 측정 등)에 따라 지역사회의 문제를 찾음 (10)	▸ 1가지 이하의 자료 수집방법(설문, 관찰, 실험, 측정 등)에 따라 지역사회의 문제를 찾음 (5)
	▸ 타당한 기준을 가지고 지역사회의 문제를 분류함 (5)	▸ 기준을 가지고 지역사회의 문제를 분류함 (4)	▸ 지역사회의 문제를 분류하지 못함 (3)
	▸ 수집한 자료를 종합하여 적합한 형태의 그래프로 나타내고, 표현한 정보를 해석하고 분석함 (10)	▸ 수집한 자료를 종합하여 적합한 형태의 그래프로 나타냄 (5)	▸ 지역사회의 문제를 그래프로 표현하지 못함 (0)
보고서 속 연설문 작성 (20)	▸ 우리 지역사회의 문제를 주제로 의견과 근거가 명확하게 드러나게 연설문(기사)을 작성함 (10)	▸ 우리 지역사회의 문제를 주제로 의견과 근거가 드러나게 연설문(기사)을 작성함 (7)	▸ 우리 지역사회의 문제를 주제로 쓴 연설문에 의견과 근거가 명확하지 않음 (5)
	▸ 연설문(기사)이 도입부분과 적어도 세 개의 문단으로 구성된 본문 및 결론으로 구성되어 있으며, 주장을 이해하기 쉽게 씀 (10)	▸ 연설문은(기사) 도입부분과 한 두 문단으로 구성된 본문과 결론으로 구성되어 있으며, 주장을 이해하기 쉽게 씀 (7)	▸ 연설문에 도입, 본문, 혹은 결론 부분이 없고, 주장하고자 하는 것이 명확하지 않음 (5)

8) 기존의 평가방법에서 벗어나 학습과 평가가 연계될 수 있도록 학습자에게 루브릭을 수업 전에 제시한다. 이는 기대하는 학습의 결과를 세부영역별로 자세히 제시한 것으로 학습자로 하여금 자신의 활동을 점검하고, 자기주도적 학습계획을 세울 때 참고하여 수정·보완할 수 있도록 한다.

문제 해결 및 발표 (40)	▸ 책, 인터넷 검색, 잡지 등을 통하여 근거 있는 정보를 활용하여 문제에 대한 실질적인 해결책을 스스로 마련하고 실천함 (10)	▸ 문제에 대한 해결책을 스스로 마련하고 실천함 (5)	▸ 문제에 대한 해결책을 마련하지 못함 (0)
	▸ 보고서를 통해 문제 해결을 몸소 실천한 내용을 종합하여 나타냄 (20)	▸ 보고서를 통해 문제 해결에 대한 내용을 종합하여 나타냄 (10)	▸ 보고서에 문제 해결에 대한 내용이 미흡하게 제시됨 (5)
	▸ 4학년 학생들을 대상으로 알기 쉽게 보고서의 내용을 명확하고 열정적으로 발표함 (10)	▸ 4학년 학생들을 대상으로 알기 쉽게 보고서의 내용을 전달함 (8)	▸ 발표 준비가 거의 되어 있지 않았고, 관심과 열정이 없음 (6)

3단계 - 학습활동 계획하기

차시	교수학습 활동
1	✿ 교과 간 통합 : 사회+국어 • 학급의 문제를 민주적으로 해결하는 방법 알아보기 - 토의절차 알아보기 - 토의에 적합한 주제 정하고, 토의를 통해 문제 해결하기 : 우리 반 이름 정하기
2	• 학급의 문제를 민주적으로 해결하는 방법 알아보기2 - 토론절차 알아보기 - 토론에 적합한 주제 정하고, 토론을 통해 문제 해결하기 : 급식에서 먹기 싫은 음식을 남겨도 좋은가?
3	• 영화 <아름다운 세상을 위하여> 도입부 감상 Think of an idea to change our world _ and Put it into ACTION • 지역에서 일어날 수 있는 다양한 문제와 그로 인한 어려움 짐작하기 • 지역 문제를 민주적으로 해결하는 과정 파악하기
4 ~	✿ 교과 간 통합 : 사회+국어 • 지역사회 탐방하기 : 가자! ○○기자단

5	- 우리 마을 곳곳을 돌아다니며 문제점 파악하기 - 사진팀, 동영상팀, 인터뷰팀, 설문조사팀 으로 나누어 프로젝트 학습
6 ~ 7	✿ 교과 간 통합 : 사회+국어+수학 • 지역사회의 문제 기준을 정하여 분석하기 - 장소별 분석, 상황별 분석 • 분석한 자료를 바탕으로 신문기사 작성하기 - 사진, 기사문, 그래프를 포함한 신문기사 작성
8	✿ 교과-비교과 통합 : 사회+국어+연극(창체) • 문제 해결에 있어 주민 참여의 중요성 이해하기 - 창의기법 중 『창의연극』 적용 • 우수 주민자치 사례 살펴보기 - 주민자치 우수사례집 내용 요약을 통해 주민참여의 필요성 알기 - 창의기법 중 『칠판편지』 통해 내용 정리
9	✿ 교과 간 통합 : 사회+국어 • 『초딩, 자전거 길을 만들다』 책 읽고(스토리텔링), 내용 파악하기 • 초딩, 어떻게 자전거 길을 만들었을까? 해결방법을 찾아 독후활동하기(형식 제한 없음-맞춤형수업)
10	✿ 교과 간 통합 : 사회+과학+창체(ICT활용) • 굴포천의 위치와 당면한 문제조사 - ICT활용수업 : 굴포천 복원사업 및 주민들의 문제해결사례 조사하기 - 오염된 하천을 정화시키는 방법 탐구(미생물) : EM흙공에 대하여 정보수집 및 정리
11 ~ 13	✿ 교과 간 통합 : 국어+사회+수학 • 프로젝트 계약서 작성하기 • 원적산 가는 길에서 발생한 여러 문제 분석하기 • 읽는 이를 고려하여 의견과 근거가 드러나게 제안하는 글 쓰기
14	✿ 교과 간 통합 : 과학+미술+사회 • EM흙공 제작 및 하천 살리기 - 구청/주민센터에 EM흙공으로 원적산 가는길 살리기 프로젝트 추진계획 알리기 - EM흙공 제작하기(4~5일간 발효 · 숙성기간 필요) - EM흙공 던지기 및 자연정화활동
15	✿ 교과 간 통합 : 사회+미술+국어 • 선거의 필요성 및 선거 과정 알기 • 선거 원칙 알기 - 선거 원칙에 관한 브로셔/노래/만화 제작(맞춤형수업) - 결과물 발표 및 공유하기

16	✿ 교과 간 통합 : 사회+국어 • 대표 선출 기준 토의하기 - 리더의 자질은? : 사회적 이슈(세월호 사건) + 스토리텔링<멋진 반장이 될래요> 동화 연계수업
17~20	✿ 교과 간 통합 : 사회+국어+미술+음악 통합 • 정당을 만들어 선거 홍보 벽보 만들고 연설문 작성하기 - 연설문 작성시 우리 지역사회의 문제 및 해결방법을 공약으로 제시, 실현가능한 공약에 상호평가에서 가산점 부여 • 선거 운동하기 - 정당별 선거송 만들기 - 선거 운동에 필요한 소품 만들기 • 선거하기 • 대표자와 유권자의 역할 발표하기
21	✿ 교과-비교과 통합 : 사회+창체(ICT활용) • 지방 자치 단체의 종류 알기 • 우리 지역의 지방 자치 단체 알기
22~23	✿ 교과 간 통합 : 사회+국어+미술 • 지방 의회가 하는 일 알아보기 • 지방 정부가 하는 일 알아보기 • 지방 의회와 지방 정부가 하는 일을 만화로 나타내기
24~25	✿ 교과 간 통합 : 사회+국어 • 지방 의회와 지방 정부 구성하기 • 지역의 문제를 선정하여 의회와 정부의 역할 해보기 • 단원 학습 내용 정리하기
26~30	✿ 교과 간 통합 : 사회+국어+창체(ICT활용) • 지역사회 문제해결 과정에 관한 발표자료 제작하기 - UCC, 프레젠테이션, 보고서(전지) 등 형식 자유 (맞춤형 수업) • 발표를 통해 해결사례 공유하고 토의를 통한 성찰 • 성찰일기 작성 및 발표

Chapter 06

설계의 논리와 교사의 교육과정 설계 역량

제6장 설계의 논리와 교사의 교육과정 설계 역량

이해중심 교육과정 설계를 할 때 제기되는 질문 중의 하나는 "누가 설계를 하는가?"이다. 우리나라에서는 국가수준에서 교육과정의 내용기준을 제시하고, 이를 준거로 해서 교과서와 교사용 지도서를 제작하면, 교사는 교과서와 교사용 지도서를 중심으로 수업을 계획하는 방식을 따르고 있다. 국가 교육과정 문서에서 "누가 설계를 하는가?"라는 질문에 대한 답은 "국가, 지역, 교사 모두가 설계를 한다."이다. 그러나 실제로는 국가는 교과의 내용기준을 결정하고, 지역에서는 지원체제를 제공하고, 교사는 교과서를 중심으로 활동을 계획하여 실행하는 주체로 인식되고 있다.

2009년 6월 11일 교육과학기술부가 발표한 '학교단위 책임 경영을 위한 학교자율화 추진 방안'과 2009년 12월 23일 고시된 2009 개정 교육과정 총론에서는 학교를 교육과정 편성·운영의 중요한 권위로 보고 학교와 교사에 의한 '교육과정의 재구성', 즉 학교와 교사 수준에서의 교육과정 의사결정권을 강조하고 있다. 1987년 고시된 제5차 교육과정기부터 강조된 지역화, 분권화의 개념은 이제는 '자율화'라는 개념과 함께 교사의 교육과정 재구성을 더욱 중요한 주제로 떠오르게 하였다. 학교 교육과정은 교사들의 협력적 의사결정이라고 할 수 있다. 교사 수준에서는 개별 교사들 또는 동학년 교사들이 학생들을 위해 무엇을 어떻게 가르칠 것인가에 대한 의사결정을 한다. 이렇게 보면 교사의 '교육과정 재구성'은 언제나 일어나는 것이 된다. 이때 교사의 교수 및 학습에 대한 결정은 학생들의 학습에 초점이 맞추어져야 하며, 최종 목표는 학습하는 것에 대한 '이해'라고 하는 것에 반론을 제기하기는 어려울 것이다.

2009 개정 교육과정에서는 좀 더 명백하게 글로벌 창의 인재 육성

을 하기 위해서 교사가 보다 많은 권한을 가지고 교육과정을 재구성하기를 원한다. 교과서를 중심으로 획일적으로 반복학습을 하고 정답 위주의 문제 풀이를 하는 방식으로는 더 이상 글로벌 창의 인재를 기르기 어렵다고 보기 때문이다. 이렇게 하기 위해서 교사는 그 어느 때보다도 자기주도적인 교육과정 재구성 역량을 갖추어야 할 것이다.

이에 본 장에서는 우리나라 교육과정에서, 특히 교사 수준에서 이해중심 교육과정 설계가 어떠한 논리로 접근할 수 있을 것인가를 사례를 중심으로 논의하고자 한다. 그 다음에는 이해중심 교육과정 모형을 적용하여 교사가 교육과정이나 단원을 설계하고자 할 때 어떠한 역량을 길러야 하는가에 대한 논의를 하고자 한다.

6.1. 도입, 전개, 결말의 논리

우리나라에서 교사가 교육과정을 재구성하거나 단원을 재구성할 때, 참조의 대상이 되는 것은 주로 교과서와 교사용 지도서가 되어 왔다. 그리고 단원을 재구성할 때 사용되는 형식은 약간씩 수정은 있어 왔지만, 도입, 전개, 결말의 형식을 취하고 있다.

6.1.1. 단원 재구성 예시

다음은 바른 생활 1학년 2학기 2단원 "차례를 지켜요"를 한 교사가 교과서와 교사용 지도서를 기준으로 재구성한 사례이다. 먼저 국가수준의 교육과정 문서에 나타난 해당 단원의 내용기준은 <표 6-1>과 같다.

<표 6-1> 국가수준의 교육과정 문서에 나타난 내용기준

여러 사람이 모일 때 차례를 지키는 것이 편리하고 안전함을 알고 생활화한다. 1) 학교에서 차례 지키기 2) 차를 타고 내릴 때 차례 지키기 3) 공공장소에서 차례 지키기

국가수준의 교육과정 문서에 나타난 내용기준은 교사용 지도서에 반복되어 나타나기 때문에 교사는 대개의 경우 교육과정의 문서를 참조하지 않는다. 교과서를 보고, 교사용 지도서에서 해당 단원을 찾은 후, 이를 기초로 전통적인 단원 개발 형식에 맞추어 교과서 단원을 재구성한다. 교사는 세안과 약안을 구성하게 되는데, 세안은 <표 6-2>에 나타난 바와 같이 단원명, 단원의 개관, 단원의 목표, 단원의 연계, 학생의 실태, 단원의 지도계획, 단원의 평가계획, 지도상의 유의점을 포함하고, 이어서 <표 6-3>의 본시 교수・학습과정을 포함한다. 약안은 대개 <표 6-3>의 내용만 포함하면 되고, 학습단계와 교수・학습활동이 이보다 더 요약되어 제시되기도 한다. <표 6-2>의 정보는 교사용 지도서로부터 나온다. '5. 학생의 실태' 항목의 학생들에 대한 정보는 교사가 제시한다.

<표 6-2> 교사에 의한 전통적 단원 재구성 사례

1. 단원명 : 2. 차례를 지켜요 2. 단원의 개관 이 단원에서는 교육과정 상의 활동 주제 '차례 지키기'에서 '학교에서 차례 지키기', '차를 타고 내릴 때 차례 지키기', '공공장소에서 차례 지키기'를 중심으로 지도한다. 우리가 살아가는 세상에는 질서가 있으며 그 질서를 탐구하고 지키는 것은 일상생활에서 요구되는 기본적인 태도이다. 질서를 준수하고 타인을 배려하는 태도의 형성은 일상생활에서 차례를 지키는 것에서부터 시작된다. 그러므로 차례 지키기는 민주시민에게 요구되는 준법과 배려의 토대가 된다는 점에서 그 의의가 크다.

이 단원은 어려서부터 여러 사람이 모인 상황에서 차례를 지켜야 하는 까닭과 실천 방법을 알고 이를 실천하는 습관을 형성하려는 의도로 설정되었다. 특히 초등학교 저학년 시기부터 차례 지키기를 다루어야 학생들은 질서의 편리함과 안전함을 체험하여 일상생활에서부터 질서 지키기를 생활화할 수 있다. 따라서 차례를 지키는 구체적인 방법을 알고, 그 필요성을 이해하여 꾸준히 실천하고 습관화하도록 지속적으로 지도해야 한다.

3. 단원의 목표

- 주어진 상황에서 차례를 지킨다.
  - 가. 학교에서 차례를 지켜야 하는 까닭과 방법을 안다.
  - 나. 탈것을 이용할 때 차례를 지켜야 하는 까닭과 방법을 안다.
  - 다. 공공장소에서 차례를 지켜야 하는 까닭과 방법을 안다.
  - 라. 차례 지키기를 꾸준히 실천하기로 다짐한다.

4. 단원의 연계

선수학습	본 단원의 주제	후속학습
<우리들은 1학년> - 바른 학교생활 - 안전하게 생활하기 - 다른 사람 배려하기	- 차례 지키기	<바른생활 2-1> 6. 함께 지켜요. - 공공장소에서 질서 지키기

5. 학생의 실태

가. 일반적 실태

1) 본 학급은 남자 16명, 여자 16명으로 총 32명으로 구성되어 있다.
2) 대체로 학습 능력이 양호한 편이나, 주의집중력이 부족하고 주위가 산만한 아동이 5~6명 정도 있고, 특수아 1명, 한글 미해독 아동이 1명 있다.
3) 1학년의 특성상 의사전달 능력이나 듣는 태도가 아직 미숙한 편이다. 또한 문자의 이해가 아직 미숙한 상태에 있기 때문에 간단한 문장이나 그림, 어떤 움직임을 나타내는 동작, 소리 흉내내기 등 다양한 표현 방법으로 발표하는 것을 좋아하는 경향이 있다.

나. 본시학습과 관련된 실태 분석 및 지도 대책

조 사 내 용	N	%
버스나 지하철에서 차례를 지키지 않고 먼저 타려고 한 적이 있었는가?	19/33	57.57
여러 사람이 있는 곳에서 차례를 지키지 않아 다친 경험이 있었는가?	15/33	45.45
차례를 지키지 않아 친구와 싸운 경험이 있었는가?	12/33	36.36

본 학급 아동들은 절반 이상이 여러 사람이 있는 곳에서 차례를 지키지 않고 먼저 타려고 하다가 친구 간에 기분이 상하거나 서로 다툼이 있었고 간혹 다친 경험까지 있었다. 놀이기구를 탈 때는 차례를 지키고 사이좋게 이용해야 된다는 것을 알고는 있으나 실제로 아이들의 생활 현장에서는 이를 지키지 못하는 경우가 많이 있음을 알 수 있었다. 따라서 본 차시를 지도할 때 공공장소에서 차례 지키기의 중요성을 충분히 인지하도록 하고 이를 아동들의 생활 속에서 직접 습관화하는데 중점을 두도록 하겠다.

6. 단원의 지도 계획

차시	교과서(쪽)	주제	목표	준비물
1	바생 14~19 생길 12~13	학교에서 차례 지키기	• 학교에서 차례를 지켜야 하는 까닭과 방법을 안다.	• 교사 : 생활 주변에서 순서가 있는 대상에 관한 그림이나 사진 • 학생 : 지도서 참고 자료의 주사위
2	바생 20~21 생길 14~15	탈것을 타고 내릴 때 차례 지키기	• 탈것을 이용할 때 차례를 지켜야 하는 까닭과 방법을 안다.	•교사 : 현장 체험 학습에서 차를 이용하는 사진, 현장 체험 학습과 관련된 보고서나 일기 자료
3 <본시>	바생 22~23 생길 16~17	공공장소에서 차례 지키기	• 공공장소에서 차례를 지켜야 하는 까닭과 방법을 안다.	• 교사 : 이야기 자료 1-2, 실천 다짐카드 • 학생 : 공공장소 그림 및 설명카드
4	바생 24~27 생길 18~21	나의 생활 되돌아보기	• 차례 지키기를 꾸준히 실천하기로 다짐한다.	• 교사 : 실물 화상기, '나란히 나란히' 악보 및 CD자료

7. 단원의 평가 계획

이 단원에서는 학교에서, 탈것을 타고 내릴 때, 공공장소에서 차례를 지키는 방법을 알고 실천할 수 있는지를 평가한다. 그리고 차례를 지키면 좋은 점과 상황에 알맞은 방법을 이해하여 도덕적 상황에 적용하는 초보적인 도덕적 판단 능력을 평가한다. 평가를 계획할 때, 교수·학습 활동이나 평가가 분리되지 않도록 하여 자연스러운 평가가 이루어지도록 한다.

평가의 대상은 학습의 결과물뿐 아니라 학습의 과정이나 일상생활에서 차례 지키기를 실천하는 것도 포함된다. 일상생활에서 차례를 지키는 태도 및 행동 성향을 평가하기 위하여 발표, 자기 보고, 관찰 기록, 일기, 학생 상호평가, 현장체험 학습 보고서, 면담 등의 다양한 방법을 활용한다. 구체적으로 첫째, 학교에서 차례 지키기의 평가는 자기 보고, 관찰 기록, 일기 등의 방법을 활용할 수 있다. 둘째, 탈것을 이용할 때 차례 지키기의 평가는 자기 보고, 학생 상호평가, 현장체험 학습 보고서 등의 방법을 활용할 수 있다. 셋째, 공공장소에서 차례 지키기의 평가는 자기 보고, 일기, 학부모나 학생과의 면담 등의 방법을 활용할 수 있다.

교사에 의한 평가를 포함하여, 학생 자기평가나 상호평가가 누가적으로 이루어질 수 있도록 한다. 누가적 평가를 통해 차례 지키기의 필요성에 대한 이해와 태도 및 행동 성향에 대한 종합적인 평가가 이루어지도록 한다. 그리고 평가의 결과를 학생 개인뿐 아니라 가정과 공유함으로써 가정과 연계하여 학생의 인격적 성장이 이루어지도록 한다.

◉ 평가의 주안점

- 학교에서 차례를 지켜야 하는 까닭과 차례를 지켰을 때의 좋은 점, 학교의 각 장소별로 차례를 지키는 구체적인 방법에 대해 발표하거나 자기 보고 형태의 지필평가를 통해 평가한다.
- 여러 가지 탈것을 이용할 때의 차례 지키기에 대해 구체적으로 아는지 지필평가나 말하기를 통해 평가한다.
- 공공장소에서 차례 지키기가 필요한 이유를 알고, 차례 지키는 방법을 바르게 익혔는지 관찰을 통해 평가한다.
- 일상생활에서 차례를 지키는 생활을 실천해 왔는지 반성하고, 꾸준히 실천하려는 태도를 가졌는지 학생 상호평가를 통해 평가한다.

8. 지도상의 유의점

가. 학교에서 차례 지키기는 편리함뿐 아니라 안전을 위해서 필요하다는 것을

> 이해하도록 지도한다.
> 나. 탈것을 이용할 때 차례를 지키는 방법을 지도한다.
> 다. 다양한 공공장소에서 차례를 지켜야 할 필요성에 대해 자연스럽게 알아보도록 한다.
> 라. 역할놀이 활동 시, 시연 후에 평가하고 평가내용을 바탕으로 재시연하는 과정을 반복하여 스스로 바람직한 행동과 말을 찾아내도록 한다.

이 교사는 위의 내용을 교사용 지도서로부터 정리한 다음, 이에 따른 본시 교수・학습계획을 하였다. 그 예시는 <표 6-3>과 같다. 이때 학습단계는 교사용 지도서에서 제시한 차례를 따라 학습문제 인지하기, 바른 행동 알아보기, 바른 행동 실천하기, 실천동기 부여하기 순으로 계획되었다.

<표 6-3> 교사의 본시 교수・학습과정

교과	바른 생활	지도 일시	0000.0.0일 (0교시)	대상	1학년○반 (남:16, 여:16)	지도 교사	○○○
단원	2. 차례를 지켜요			차시	3 / 4	교과서	바생 22~23 생길 16~17
중점활동	공공장소에서 차례 지키는 방법 알기						
학습목표	공공장소에서 차례를 지켜야 하는 까닭과 방법을 말할 수 있다.						
교수・학습 자료	그림, 사진, 지도서의 참고자료, 이야기 자료, 실천 다짐카드, '나란히 나란히' 악보 및 CD자료						

학습 단계	학습 흐름	교수 · 학습 활동 교사 활동	 학생 활동	시간	자료(▸) 및 유의점(※)
학습 문제 인지 하기	동기 유발	◆경험 나누기 - 줄을 서지 않는 화장실에서의 경험을 이야기하도록 한다.	◆경험 나누기 - 경험을 떠올리면서 자신의 경우에 대해 이야기한다.	2´	※ 이야기가 잘 이어지지 않을 경우 교사 자신의 경우를 예로 든다.
		◆'공공장소' 개념알기 - 마트계산대, 박물관, 공공화장실, 도서관, 내 방, 우리집 화장실, 할머니댁 등의 그림카드를 사례/비사례로 제시한다.	◆'공공장소' 개념알기 - 제시되는 사례와 비사례 그림카드의 공통점과 차이점에 대한 생각을 바탕으로 공공장소인 곳과 그렇지 않은 곳을 구분하는 기준을 파악한다.	5´	※ 개념이 형성되었는지 확인하기 위해 또다른 사례와 비사례를 발표해 보도록 한다.
		-'공공장소'라는 용어를 소개하고 소리내어 말해보도록 하면서 학습문제와 관련하여 안내한다.	- '공공장소'라는 용어를 듣고 그림카드와 연결지어 용어를 이해하고 소리내어 말해본다.		▸그림카드
	학습 목표 인지 하기	공공장소에서 차례를 지켜야 하는 까닭과 방법을 알아봅시다.		1´	
바른 행동 알아 보기	학습 활동 안내	[활동1] 공공장소에서 차례 지키기의 필요성 알기 [활동2] 공공장소에서 차례 지키기의 좋은 점 알기 [활동3] 공공장소에서 차례를 지키는 방법 알기			
	활동 1	[활동1] 공공장소에서 차례 지키기의 필요성 알기 ◆'00의 일기' 들려주기 - 휴일에 마트 계산대, 박물관, 화장실, 도서관을 돌아다닌 00이가 다른 사람들이 모두 차례를 지키지 않아서 불편을 겪은 이야기를 일기 형식으로 만들어서 들려준다.	◆'00이 일기' 듣고 말하기 - 불편을 겪은 00이가 왜 그러한 불편을 겪었는지에 대해 생각하면서 이야기를 듣는다.	10´	▸개념형성 시 사용한 그림카드를 활용 ▸그림카드를 포함하여 전체칠판에 표를 그린다.

		◆까닭 알아보기 - 불편을 겪은 까닭이 무엇일지 말해보도록 한다. - 발표내용을 판서로 정리한다.	◆까닭 발표하기 - 이야기를 듣고 난 후 자신이 생각하는 까닭을 이야기한다.		
	활동 2	[활동2] 공공장소에서 차례 지키기의 좋은 점 알기 ◆상황 추측하기 - 사람들이 차례를 지켰다면 상황이 어떻게 달라졌을까 생각해 보도록 한다. - 아이들의 이야기 내용을 판서로 정리한다.	◆상황 추측하기 - 사람들이 차례를 지켰다면 00이는 더 빠르고 쉽게 일을 마칠 수 있었으며 힘들지 않았을 것을 추측하여 이야기한다.	5′	
바른 행동 실천하기	활동 3	[활동3] 공공장소에서 차례를 지키는 방법 알기 ◆방법 선택지 제시하기 - 4개의 장소에 적합한 방법이 각각 다름을 안내하고, 차례대로 방법 선택지를 제시한다.	◆방법 선택지 선택하기 - 교사가 제시하는 방법 선택지를 보고 선택한 후 왜 그 방법이 좋은지 말해 본다.	5′	▸방법 선택지 카드
		◆'00의 일기' 바꾸기 - 배운 내용을 바탕으로 사람들이 차례를 지켰다면 00이의 일기 내용이 어떠할지 바꿔보도록 한다.	◆'00의 일기' 바꿔보기 - 각 상황별로 사람들이 적당한 방식으로 차례를 지킨 것으로 내용을 바꾸고, 그랬다면 00이는 어떤 다른 하루를 보낼 것인지 선택지에 표시해 보면서 확인한다.	5′	▸주요 학습내용을 선택지로 놓은 학습지
실천 동기 부여하기	정리	◆다짐카드 안내하기 - 오늘 배운 장소 중 자신이 가장 자주 가는 곳을 골라 그에 대한 다짐카드를 작성토록 한다. ◆차시예고 -다음 차시를 예고한다.	◆다짐카드 작성하기 - 배운 곳 중 자신이 자주 가는 한 곳을 골라 그 장소에서 어떤 방법으로 차례를 지킬 것인지에 대한 다짐장을 쓴다.	7′	▸다짐카드

<table>
<tr><td>판서 계획</td><td>
<table>
<tr><th>그림 카드</th><th>왜 그럴까요?</th><th>무엇이 좋을까요?</th><th>어떻게 할까요</th></tr>
<tr><td>마트 계산대</td><td></td><td></td><td>한 줄로/여러 줄로</td></tr>
<tr><td>박물관</td><td></td><td></td><td>한 줄로/자유롭게</td></tr>
<tr><td>공공화장실</td><td></td><td></td><td>선 앞에/문 앞에</td></tr>
<tr><td>도서관</td><td></td><td></td><td>조용히/장난치며</td></tr>
</table>
</td></tr>
<tr><td>본시 수행 평가 계획</td><td>1. 다짐카드 평가
1) 인지적 평가 - 개인의 다짐카드에 장소에 맞는 적절한 방법을 썼는지 확인한다.
2) 정의적 평가 - 카드를 게시하고 스스로 잘한 행동에 대해 스티커를 붙이도록 한다.
2. 관찰 평가
- 학교 교실, 화장실, 도서관 등에서 차례를 잘 지키는지 관찰하고 이에 대해 개별적으로 즉각적 피드백을 준다.</td></tr>
</table>

지금까지 살펴 본 위 교사의 교수·학습 계획은 교사용 지도서의 내용과 교과서 활동을 크게 넘어서지 않는다. 이 교사는 단원을 재구성하는 어느 단계에서도 수업활동의 기저에 놓인 빅 아이디어, 일반화 등을 마음에 두거나 찾으려는 시도를 하지 않는다는 것을 알 수 있다. 이 교사는 차시 내내 줄을 서서 차례를 지켜야 하는 다양한 장소와 줄을 서는 방법을 주지시키고 있다. 이러한 학습활동을 통해서 학생들은 규칙 또는 차례는 누가 결정하는 것인지, 왜 차례를 지켜야 하는지, 누구를 위한 차례인지 등을 포함하는 차례를 지켜야 하는 진짜 이유를 진정으로 이해하기는 어려울 것이다. 여러 가지 사실들을 반복적으로 제시하는 학습은 연습의 기회가 충분히 반복해서 주어지지 않으면, 대부분의 사실들을 바로 잊어버리게 된다. 위 수업은 여러 활동들로 이루어지지만, 어느 단계에서도 '규칙', '질서'라는 개념에 대한 '이해'를 하도록 하는 장면을 찾기가 어렵다.

6.1.2. 이해중심 교육과정 설계 모형의 적용

위절에서 제시한 교사의 전통적 단원 재구성 사례를 이해중심 교육과정 설계의 요소에 대응시켜보면, 실제로 이 교사가 어느 정도 교과서의 기저에 놓인 개념체계를 파악하고 이를 마음에 두고 설계를 하였는지를 확인할 수 있다. 위의 <표 6-2>와 <표 6-3>을 이해중심 교육과정 설계 요소에 대응하여 제시하면 다음과 같다.

<표 6-4> 이해중심 교육과정 설계 요소에의 대응

<table>
<tr><th colspan="2">1단계 - 기대하는 학습결과 확인하기</th></tr>
<tr><td colspan="2">교육과정 상의 내용기준 :
• 공공장소에서 차례를 지켜야 하는 까닭과 방법을 안다.
•</td></tr>
<tr><td>이해 또는 일반화 :
•
•</td><td>핵심 질문 :
•
•</td></tr>
<tr><td>사실과 개념적 지식 :
• 공공장소, 마트 계산대, 박물관, 도서관, 공공화장실, 자동판매기, 영화관
• 차례, 줄서기, 순서</td><td>사고기능 및 과정적 지식 :
• 좋은 점 알기
• 불편한 점 알기
• 바른 행동 실천하기</td></tr>
<tr><th colspan="2">2단계 - 다양한 이해의 증거 결정하기</th></tr>
<tr><td>수행과제 :
•
•</td><td>다른 증거 :
• 다짐카드 작성하기- 자주 가는 장소를 골라서 어떤 방법으로 차례를 지킬 것인지에 대한 다짐장을 쓴다.
• 관찰평가

자기평가 :
•</td></tr>
</table>

3단계 - 학습활동 계획하기
• 학습문제 인지하기(동기 유발) : - 경험나누기 - 공공장소 개념알기 : 사례와 비 사례를 제시 - 공공장소라는 용어를 소리 내어 말해 보기 • 바른 행동 알아보기 - 학습목표 인지하기 : 공공장소에서 차례를 지켜야 하는 까닭과 방법을 알아봅시다. - 활동 1 : 공공장소에서 차례 지키기의 필요성 알기 '00의 일기'를 듣고 말하기 불편을 겪은 경험 이야기하기 불편을 겪은 까닭에 대한 발표 - 활동 2 : 공공장소에서 차례 지키기의 좋은 점 알기 상황 추측하기: 사람들이 차례를 지켰다면... 판서로 정리 • 바른 행동 실천하기 - 활동 3 : 공공장소에서 차례를 지키는 방법 알기 방법 선택지에서 차례 지키는 방법을 선택하고 이유를 말해 보기 '00'의 일기 바꿔보기 • 실천동기 부여하기 - 정리 : 다짐카드 안내하고 작성하기

이렇듯, 이해중심 교육과정 설계 요소에 대응시켜 보면, 이 교사는 단원 재구성을 할 때 교과서와 교사용 지도서에 제시된 내용을 거의 그대로 따라하고 있음을 알 수 있다. 이러한 현상은 우리나라 국가수준의 초등학교 저학년 통합교과 교육과정에서는 활동주제를 중심으로 내용체계를 제시하고 있고, 교과의 구조에 따른 개념체계를 제시하고 있지 않기 때문에 나타나는 것이라고 볼 수 있다. 즉 해당 교과의 큰 개념, 일반화 그리고 사고기능/과정적 지식이 무엇이고, 이들이 어떻게 서로 연결되는지, 학년이 올라가면서 어떤 것이 계속적으로 심화

되어야 하는 중요한 핵심지식인지 등에 대한 내용이 제시되고 있지 않다. <표 6-4>에 나타난 바와 같이, 일반화, 핵심 질문에 대한 계획이 없고, 사실과 개념적 지식에서는 사실 지식에 치중하고 있고, 사고기능/과정적 지식 부분은 단순한 활동으로 제시되고 있다. 이 또한 교과서와 교사용 지도서에 제시된 것을 크게 넘어서지 못하고 있다. 학습목표는 교과서와 교사용 지도서에 제시된 것이고, 평가의 경우, 목표의 달성 여부를 간략하게 관찰하거나 사실적 지식의 습득 여부를 평가하고 있다.

교사가 교과서의 기저에 놓인 큰 개념, 일반화 등을 통해 교과서에 제시된 활동들을 연결하거나, 계열화하거나, 학생들이 오개념을 가졌을 때 또는 탐구심을 가지고 발문을 하는 경우에 이를 교수의 기회로 활용하기 위해서는 교과의 구조에 해당하는 개념체계가 필요하다. 만일 학생들의 오개념을 파악할 수 있는 참조의 틀이 되는 개념체계가 없고, 학생들의 탐구심의 발로가 되는 질문들을 학생들 스스로 탐구할 수 있는 교수기회로 만들 때 필요한 개념체계가 없다면, 교사는 특별히 훈련을 받지 않는 한, 이를 교수기회로 만들기가 어렵다.

따라서 일차적으로 위 단원을 이해중심 교육과정 모형을 적용하여 재구성하기 위해서는 먼저 국가수준의 교육과정을 개념체계 중심으로 탐구하는 것이 필요하다고 하겠다. 이 책의 1장에서 제시한 [그림 1-1]에서 제시된 나선형 교육과정에 따른 이해중심 교육과정의 틀을 따르는 것이 하나의 접근이 될 것이다. 교과의 핵심 개념, 일반화, 사고기능/과정적 지식을 찾고, 이에 도달할 수 있는 핵심 질문을 탐색한 다음, 이를 교과, 학년군별, 학년별, 학기별 교과로 그리고 단원에 이르기까지 나선형으로 내려갈 수 있을 것이다. 그러나 국가수준에서 이러한 접근을 하고 있지 않다면, 거꾸로 교과서의 사실적 지식과 활동을 통해 기저에 놓인 핵심개념과 일반화를 찾아 들어가는, 소위 McTighe와 Wiggins가 말한 '교육과정 풀기'를 하는 방법이 있을 것이다.

그렇다면, 교사가 이해중심 교육과정 모형을 적용하기 위해서는 먼저 교과서에서 제시된 사실적 지식들이 기초하고 있는 '중요한' 핵심 지식을 찾는 것이 일차적 과제일 것이다. 즉 교과가 기초하고 있는 학문기반의 개념, 일반화 그리고 해당 교과에서 지식을 발견하고 검증하는 사고기능/과정적 지식을 추출하고 구조화하는 일을 해야 한다. 그리고 이를 기초로 하여 다시 학습자들을 중요한 핵심 지식으로 안내하고, 동시에 광범위하고 추상적인 아이디어로 구체화시키도록 하는 데 도움이 되는 핵심 질문을 만들어야 한다. 다음 <표 6-5>는 위 <표 6-2>와 <표 6-3>의 "차례를 지켜요" 단원에서 교육과정 풀기를 통해 사실, 개념, 일반화 그리고 사고기능/과정적 지식을 찾고 핵심 질문을 구성하는 과정을 보여준다.

먼저, "차례를 지켜요" 단원 중, 본시 계획에 해당하는 "공공장소에서 차례 지키기"에 나온 교과서 지식을 정리하면, 다음과 같다. 이는 모두 사실적 지식에 해당한다는 것을 알 수 있다.

<표 6-5> 교과서에 제시된 지식

• 놀이 공원에서 놀이 기구를 탈 때에는 줄을 서서 차례를 지켜야 한다. • 영화관 매표소에서는 줄을 서서 표를 사야 한다. • 박물관에서는 한 줄로 서서 관람 순서를 지켜야 한다. • 기차와 같은 탈것을 이용할 때에는 내리는 사람이 먼저 내릴 때까지 줄을 서서 기다렸다가 차례대로 탄다. • 자동판매기와 가게에서 물건을 사고 계산을 할 때에는 차례차례 줄을 서서 내 차례를 기다린다. • 화장실에서는 정해진 줄에서 차례를 기다린다. • 도서관이나 도서실을 이용할 때에는 조용히 줄을 서서 책을 반납하거나 빌린다.

이러한 사실적 지식은 어떠한 학문 영역에서 주로 다루고 있는가를 살펴볼 필요가 있다. 예를 들면, 정치학과 법학에서 다루는 빅 아이디어, 즉 자유, 갈등, 법, 규칙 등의 큰 개념에 비추어 핵심 개념과 일반화를 도출할 수 있다. 다음 <표 6-6>와 표 <6-7>은 개념과 일반화의 예를 보여준다.

<표 6-6> 사실적 지식의 기저에 놓인 개념

• 질서(차례), 규칙(법), 자유, 자기조절, 안전

이러한 개념들이 관련지어졌을 때 나타나는 일반화 또는 이해는 다음과 같이 찾아질 수 있다.

<표 6-7> 포괄적 일반화

• 사람들은 만인의 만인에 대한 갈등 상황을 조정하고 자유를 누리기 위해서 법과 규칙을 만든다. • 사람들은 자신과 타인의 안전을 위해 모두가 함께 지켜야 하는 법과 규칙을 만들고 이를 지켜나간다. • 사람들은 법과 규칙을 지키기 위해서 자신의 행동을 조절(반성적)해야 한다. • 사회에서 정해진 법과 규칙은 학습을 통해 습득된다.

이러한 포괄적 일반화는 다음 <표 6-8>과 같이 단원과 구체적으로 관련되는 소재적 일반화로 정리될 수 있다.

<표 6-8> 소재적 일반화

• 공공장소에서는 나와 다른 사람의 안전을 위해서 규칙(차례를 지키기)을 만든다. • 공공장소의 특징에 따라서 차례를 지키는 방법이 달라진다. • 공공장소에서 차례 지키기 규칙은 사람들이 서로의 안전을 위해서 약속한 것이다. • 공공장소에서 사람들은 규칙을 지키기 위해서 자신의 행동을 조절(반성)해야 한다.

교과의 내용지식에서 개념, 일반화와 함께, 기능/과정적 지식 또한 중요한 내용지식에 해당한다. 교과서에서 요구하는 기능/과정적 지식은 다음 <표 6-9>와 같이 파악된다. 상황을 달리하면서 사실들을 기억하도록 하고, 모방하도록 하는 기능과 활동에 치중하고 있다.

<표 6-9> 낮은 수준의 기능/과정적 지식

• 열거한다. 기억한다. 모방한다. • 알아보기, 실천하기, 동기부여하기.

위의 낮은 수준의 기능/과정적 지식을 개념 및 일반화와 일관되는 방식으로 해당 교과의 기능/과정적 지식으로 풀면 다음 <표 6-10>과 같이 될 수 있다.

<표 6-10> 높은 수준의 기능/과정적 지식

• 반성적으로 사고한다. • 주어진 자료로부터 일반화를 도출한다. • 의사결정을 한다. • 갈등을 조정한다.

이렇게 핵심 개념과 일반화를 결정하고 기능/과정적 지식을 찾고 나면, 핵심 질문을 결정해야 한다. 3장에서 설명한 바와 같이, 핵심 질문은 학습자에게 탐구심과 호기심을 불러일으키고, 학습자가 핵심 개념과 일반화에 도달할 수 있도록 도와주는 역할을 한다. 그리고 일반화의 수준에 따라 포괄적 핵심 질문과 소재적 핵심 질문으로 구분될 수 있다.

다음 <표 6-11>은 위의 핵심 지식과 기능/과정적 지식을 이끌어줄 수 있는 핵심 질문의 예이다.

<표 6-11> 포괄적 핵심 질문과 소재적 핵심 질문

포괄적 핵심 질문	소재적 핵심 질문
• 누가 법과 규칙을 정하는가?	• 누가 공공장소(도서관, 영화관)에서 지켜야 할 차례를 정했을까?
• 왜 법과 규칙을 정하는가?	• 왜 공공장소에서 지켜야 할 차례를 정했을까?

• 정해진 법과 규칙을 모두가(또는 몇 사람이) 지키지 않는다면 어떻게 될까?	• 공공장소에서 정해야 할 차례를 모두가(또는 몇 사람이) 지키지 않는다면 어떻게 될까?
• 정해진 법과 규칙을 지키기 위해서 사람들은 어떻게 행동해야 할까?	• 공공장소에서 차례를 지키기 위해서 나는 무엇을 참아야 할까?
• 누구를 위해서 법과 규칙을 정하는가?	• 공공장소에서 지켜야 할 차례는 누구를 위한 것일까? 나? 다른 사람?
• 법과 규칙을 지켜야 한다는 것을 어떻게 알게 되는가?	• 공공장소에서 지켜야 할 차례를 나는 어떻게 알 수 있을까?

이렇듯 교과서 내용을 중심으로 '교육과정 풀기'를 하여 중요한 교육내용과 핵심 질문을 결정한 다음, <표 6-2>와 <표 6-3>을 다시 이해중심 교육과정의 단계를 따라 재구성을 하기 위해서 이해중심 교육과정 설계 요소에 위치시키면 다음 <표 6-12>에서 <표 6-17>에 나타난 바와 같이 재구성 될 수 있다.

<표 6-12> 국가 교육과정 문서상의 내용기준

여러 사람이 모일 때 차례를 지키는 것이 편리하고 안전함을 알고 생활화한다. 1) 공공장소에서 차례 지키기

<표 6-13> 핵심 질문

• 누가 공공장소에서 지켜야 할 차례를 정했는가? 왜 정했는가? • 모두가 정해진 규칙과 차례를 지키지 않으면 어떻게 될까? • 공공장소에서 차례를 지키기 위해서 나는 무엇을 참아야 할까? • 공공장소에서 차례를 지키는 것은 나를 위한 것일까 아니면 다른 사람을 위한 것일까? • 공공장소에서 지켜야 할 차례가 무엇인지 어떻게 알 수 있을까?

<표 6-14> 영속적인 이해 혹은 일반화

- 공공장소에서 차례를 지키는 규칙은 사람들이 서로의 안전을 위해서 약속한 것이다.
- 공공장소에서는 나와 다른 사람의 안전을 위해서 차례를 지켜야 한다.
- 공공장소의 특징에 따라서 차례를 지키는 방법이 달라진다.
- 공공장소에서 사람들은 규칙을 지키기 위해서 자신의 행동을 조절(반성)해야 한다.

<표 6-15> 주요지식과 기능/과정적 지식

사실과 개념적 지식	기능/과정적 지식
• 차례를 지키는 다양한 방법(줄서기) • 공공장소 • 안전 • 규칙 • 자유 • 반성	• 주어진 상황에서 의사 결정하기 • 갈등 조정하기 • 반성적 사고하기

두 번째 단계에서는 학습자들이 위의 중요한 핵심 내용들을 이해했는지를 보기 위해서, 즉 핵심 질문들에 답할 수 있도록 수행평가 과제들을 개발해야 한다. 그러나 <표 6-4>에서 본 바와 같이 위 교사의 단원 재구성에서는 수행과제를 이해의 증거로 개발한 흔적을 찾기 어렵다. 단순히 다짐카드와 관찰로 학생들의 이해의 증거를 찾는 것으로 되어 있다. 그러나 이 교사가 학습계획을 세우기에 앞서서 수행평가 과제를 완성한다면, 수행과제를 성공적으로 완수할 수 있도록 돕는 방식으로 학습활동을 계획할 수 있다.

새롭게 교육과정 풀기를 통해 찾은 일반화와 기능/과정적 지식에 대한 이해를 목표로 할 때 재구성할 수 있는 수행과제를 고안해 보면 다음과 같다.

<표 6-16> 다양한 이해의 증거 결정하기

수행과제 1. 규칙 만들기 : 학생들은 모둠으로 학급의 규칙(차례 지키기)을 만들고, 이 규칙을 다른 학급의 친구들에게 그림 자료를 만들어서 설명해야 한다. 학생들은 규칙을 만드는 학급 대표이면서, 동시에 이를 지켜야 하는 사람의 역할을 해야 한다. 학생들은 모둠으로 학급에서 차례를 지켜야하는 상황을 생각해 본다. 그리고 그 상황에 필요한 규칙을 만들도록 한다. 그림 자료에는 규칙이 필요한 상황과 규칙을 지킬 때의 상황을 제시해야 하고, 그것이 어떤 규칙인지를 한 줄로 설명하고, 왜 그러한 규칙 또는 약속이 필요한 것인지에 대한 설명을 두 줄로 써야 한다. 그리고 그 규칙이 나를 위한 것인지, 다른 친구들을 위한 것인지를 포함해야 한다. 규칙을 지키기 위해서 학생들이 해야 할 일, 마음가짐을 고려하도록 한다. 학생들에게는 고려해야 할 영속적 이해를 학생들의 수준에 맞는 언어로 표현해 주고, 이를 고려하라고 한다.	**다른 증거 :** 1. 교과서에 제시된 다양한 공공장소에서 차례 지키는 방법을 묻는 객관식 시험 2. 왜 어떤 규칙이 결정되었는가에 대한 질문에 간단히 답하는 퀴즈 3. 실천 다짐 카드
수행과제 2. 역할놀이 하기 : 학생들은 각기 규칙을 지키는 사람의 역할과 규칙을 만드는 사람의 역할을 보여주는 역할놀이를 한다. 관중은 학부모와 교사가 된다. 규칙이 없고 모든 사람들이 한꺼번에 같은 것을 갖기 위해서 그리고 다른 사람을 배려하지 않아서 벌어지는 갈등 상황을 결정하고(수행과제 1에서	**자기평가 :** 1. 수행과제를 시작할 때, 소재적 핵심 질문과 소재적 일반화를 제시하고 이를 루브릭으로 만들어서 제공하여 학생들이 이를 기초로 스스로 자신의 수행과정과 결과물을 평가하도록 한다. 2. 단원을 시작하기 전에 학생들이 알고 있는 줄서기 규칙을 이야기하게

결정한 상황을 사용할 수 있음), 학생들은 나와 다른 사람의 역할을 하면서, 나와 다른 사람의 안전을 위해서 규칙이 필요하다는 일반화를 도출한다. 동시에 모두가 규칙을 지키지 않는 상황에서 내가 규칙을 지키지 않았던 상황에 대하여 반성문(reflection journal)을 발표한다. 학생들에게는 고려해야 할 영속적 이해를 학생들의 수준에 맞는 언어로 표현해 주고, 이를 고려하라고 한다.	하고, 줄서기와 같은 규칙이 왜 만들어졌는지에 대한 상황을 이야기하게 한 다음, 단원을 마친 후 학습활동을 통해서 무엇을 알게 되었는지, 혹은 더 알고 싶고, 하고 싶은 것에 대하여 토론을 하게 한다.

마지막으로 교사는 단원의 개별 차시에 포함되는 수업활동을 계획하는데, 2단계에서 개발한 수행과제들이 학습활동의 로드 맵의 역할을 하도록 한다. 교사는 학습자들이 과제를 성공적으로 수행하고 질적인 결과물을 만들어 낼 수 있도록 도와주는 방식으로 학습활동을 계획한다. 이때 2단계에서 만든 수행과제를 중심으로 학습활동을 적절하게 계획할 수 있다. 학습활동은 1) 학생들이 단원의 궁극적인 목표와 방향이 무엇인지, 왜 그것을 배우는지 알 수 있도록 안내해야 하고 (Where, Why), 2) 관심을 집중시키며 (Hook), 3) 과제 수행에 필요한 지식과 경험, 도구, 노하우 등을 갖추게 하고(Equip), 4) 핵심 아이디어들을 다시 생각해보고 반성하고 재점검 (Rethink, reflect, revise)하게 하고, 5) 스스로의 진보를 평가할 수 있는 기회를 제공하고 (Evaluate), 6) 학생 개개인의 강점과, 재능, 흥미에 적합한 방식으로 (Tailored) 그리고 7) 깊이 있는 이해를 최적화 할 수 있도록 조직화 (Organize)한다. 다음 <표 6-17>은 앞 절에서 제시한 예들과 관련지어 학습활동을 개발, 계열화한 것으로서 3-4 차시 분량이다.

<표 6-17> 학습활동 계획하기

- 학생들에게 학교의 여러 장소에서, 예를 들면, 복도를 걸어갈 때, 식판을 받을 때, 계단을 걸어갈 때, 복도를 걸을 때, 선생님께서 물품을 나누어 줄 때 모두 한꺼번에 먼저 하려고 할 때 일어나는 상황을 사진이나 동영상으로 제시하고, 왜 이런 일이 일어났는지, 그 상황 속에 내가 있다면, 누가 가장 불편할 것인가 그리고 함께 있던 친구들과 어떤 일들이 일어날 수 있을 것인가에 대하여 토론하게 한다. H
- 학생들에게 질서를 지키지 않아서 일어난 학교 밖 장소(학교 이외의 공공장소)에서 일어난 사고의 사진 또는 동영상을 보여주고, 규칙에 대하여 알고 있는 것, 알고 싶은 것이 무엇인지에 대하여 토론하게 한다. W
- 학생들에게 핵심 질문을 제시하고 함께 토론한다. K-W-L 챠트를 만든다. W
- 모르는 단어는 설명해 주고, 학생들에게 단어 그림 사전을 만들도록 한다. E
- 수업 처음에 제시한 상황들을 다시 보면서, 위와 같은 일이 일어나지 않도록 하기 위해서 어떤 규칙이 필요한가에 대하여 논의하고, 규칙을 만들어 보도록 한다. 규칙을 지켜야 하는 상황, 구체적인 규칙, 필요한 이유, 내가 규칙을 지키기 위해서 무엇을 참아야 할 것인가에 대한 내용을 도표로 완성한다. 모둠별로 하나의 상황을 완성하고 발표한다. 학생들은 이때 자신이 더 잘 할 수 있는 방식으로 발표 형식을 결정할 수 있다. E & T
- 공공장소와 사적 장소를 개념획득 수업을 통해 이해시킨다. E
- 교과서에 나온 공공장소에서 차례 지키기의 규칙을 누가 결정했는지, 내가 차례를 지킬 때와 지키지 않을 때 어떤 결과가 올 수 있는지에 대하여 토론하고, 나의 다짐카드를 완성한다. R
- 학생들은 학급에서 차례를 지켜야 하는 상황을 하나씩 찾고, 수행과제 1을 모둠별로 수행한다. E & R
- 학생들은 수행과제의 결과를 발표하기 전에 학습의 과정과 결과에 대하여 다시 생각하고 수정할 기회를 갖는다. R & E
- 학생들은 모둠별로 교사가 제공한 루브릭을 가지고 자기평가를 하고, 다른 조의 것을 평가한다. E
- 학생들은 수행과제 2를 수행하고, 학부모 앞에서 역할놀이를 수행한다. 모든 학생들이 역할놀이에 참여하며, 이때 학생들의 재능, 관심 및 흥미에 따라 역할 놀이에서의 역할을 결정한다. R & E, T

- 학생들은 규칙을 제정한 후, 다짐카드를 만들고, 자신의 실천에 대하여 매일 체크를 하고 반성 노트를 쓴다. 교사는 이에 대한 피드백을 제공한다.
- 학생들은 수업을 마칠 때, 알고 있었던 것, 학습하기를 원했던 것, 학습한 것에 대하여 토론한다. 실천 다짐카드는 주기적으로 교사가 피드백을 제공한다. E
- 교사는 마지막으로 학생들과 함께 핵심 질문에 답하는 방식으로 학생들의 표현 양식에 따라 일반화를 도출한다. R & E

6.2. 이해중심 교육과정 설계의 논리: 구체적 실재와 추상적 실재

우리나라에서는 교과의 지식을 논의할 때 개념과 일반화로 대표되는 교과의 구조에 속하는 개념체계를 추상적인 지식으로, 그래서 학교에 다니는 학생들이 학습하기에는 어려운 것으로 인식하는 경향이 있다. 이에 반해 반복학습과 문제풀이를 요구하는 구체적인 사실적 지식은 실세계 또는 구체적 세계를 드러내기 때문에 학생들이 학습하는 데 그리고 활동하기에 쉬운 것으로 본다. 그러나 만일 추상적인 지식과 구체적인 지식이 동일한 실재(reality)를 각기 다른 방식으로 보는 것이라면, 전술한 이분법적 논쟁은 무효한 것이 된다. 그리고 교과서중심의 현행 교육과정 재구성 방식은 '교육과정 풀기'를 통한 이해중심 교육과정 설계 방식으로 변화해야 한다는 근거를 제공하게 된다. 이 절에서는 우선 국가 교육과정의 법적 구속성과 교사가 갖는 교육과정의 자율성의 범위를 살펴 본 다음 구체적 실재와 추상적 실재로서의 지식을 논의한다.

6.2.1. 국가 교육과정의 법적 구속성과 교사수준의 교육과정

우리나라에서는 국가 교육과정이 고시되고 나면, 시행일에 맞추어 전국의 모든 해당 학교에 일제히 적용된다. 그리고 그 적용의 근거는 초・중등 교육법 제23조에 있다.

초・중등 교육법 제23조(교육과정)

① 학교는 교육과정을 운영하여야 한다.

② 교육과학기술부 장관은 제1항의 규정에 의한 교육과정의 기준과 내용에 관한 기본적인 사항을 정하여, 교육감은 교육과학기술부 장관이 정한 범위 안에서 지역의 실정에 적합한 기준과 내용을 정할 수 있다. <개정 2001.1.29, 2008.2.29>

③ 학교의 교과는 대통령령으로 정한다.

교육과학기술부가 국가 교육과정을 문서로 고시하면, 이는 법적 효력을 지니게 된다. 7차 교육과정기까지는 총론을 비롯하여 전 교과를 동시에 개정하는 전면 개정체제이었다. 그러나 이후 2007개정 교육과정부터는 수시 개정체제로 전환하였기 때문에 필요한 시기에 필요한 영역을 개정하는 접근을 한다. 수시 개정체제하에서도 국가 교육과정은 법적 구속성을 지니며, 강제성을 띤다고 할 수 있다(허경철 외, 2005). 따라서 학교 교육과정 그리고 이에 기초한 교사수준의 교육과정은 적어도 국가 교육과정의 '적용'과 '실행'이라는 정도로 자율성을 갖는다. 교육과정 의사결정의 흐름은 다음 [그림 6-1]과 같이 나타난다.

[그림 6-1] 교육과정 의사결정 권한의 분권화 흐름

그러나 국가수준의 교육과정이 대강화되고, 학교수준에서 교육과정의 자율성이 강조되는 현재, 교사수준에서의 교육과정 재구성은 학생의 학습에 가장 강력한 영향을 미치게 된다. 그리고 [그림 6-2]에서 보는 바와 같이 이들 의사결정 수준은 상호분리된 것이 아니며, 교사수준의 교육과정은 국가 교육과정의 영향력 하에 교사가 주도적으로 계획, 실행하고, 학생이 경험하는 것이 된다. 그리고 교사가 인지하고 실행하는 교육과정은 실제로 학습자가 경험하는 교육과정의 중심에 놓이게 됨을 알 수 있다.

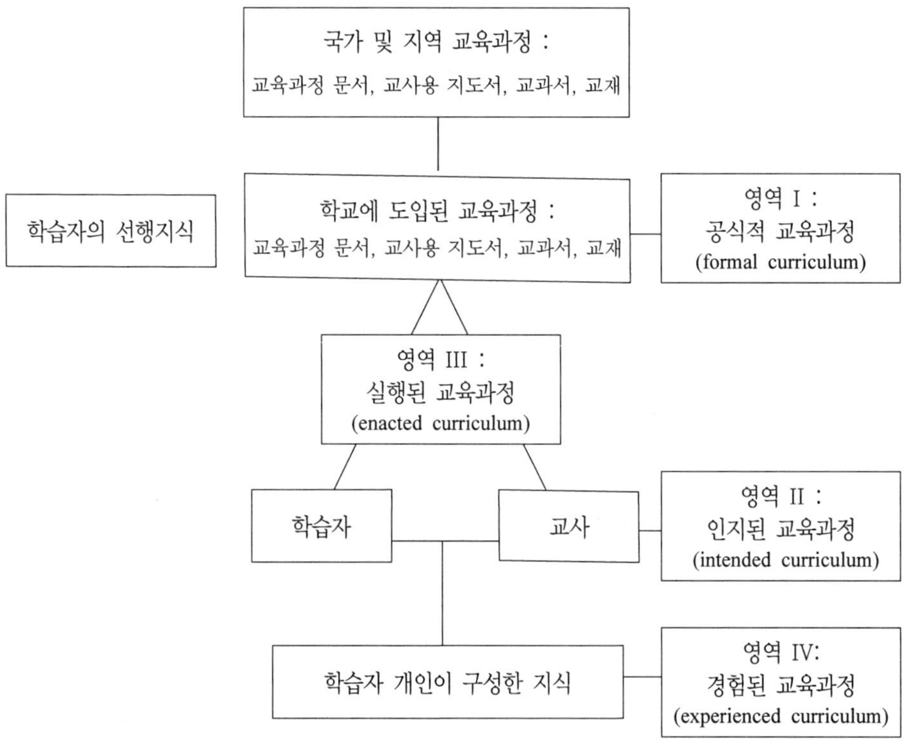

출처. 서경혜(2000)의 *Children's construction of personal meanings of mathematical symbolism in a reform-oriented classroom,* Unpublished Doctorial Dissertation, Columbia University의 연구설계 틀을 수정 · 인용

[그림 6-2] 교사의 교육과정 재구성

6.2.2. 구체적 실재와 추상적 실재[9)]

이 절에서는 학문으로 상징되는 추상적 세계가 실세계인 구체적 세계로부터 출발하였다는 것을 전제로 하여, 학문적 지식이 교과로 변환되어 학습이 일어나는 과정을 논의하고자 한다. 교육과정에 대한 논의는 '무엇을' 가르치고 배우는가에 초점이 모아진다. '무엇'이라는 것을 제쳐둔 상태에서 가르치고 배우는 '활동'이라는 말은 성립되지 않는다. 학문적 필요이든, 사회적 필요이든, 학습자의 필요이든, 그 어느 것이 교육과정에서 강조된다고 해도, 결국 그것을 출발점으로 해서 선정되는 것은 가르치고 배우는 활동이나 방법이 아니라, '무엇'을 이라는 교과내용 혹은 내용지식이 된다. 그럼에도 불구하고 교과에서 내용을 중시하거나, 내용지식을 강조하게 되면 금세 비판의 대상이 되고, 학습자의 생활 경험이나 실세계 중심의 문제해결 등이 내용지식을 대체해야 한다는 주장이 일어난다. 왜 그럴까? 이는 구체적으로 보이는 실세계와 추상적 세계를 대표하는 학문을 서로 다른 것으로 보는데 기인한다고 할 수 있다. 그러나 이들이 바라보는 실재(reality)는 동일한 것이다.

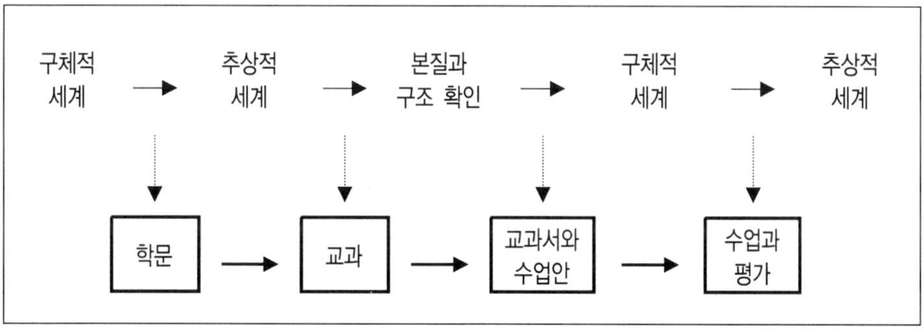

[그림 6-3] 구체적 세계, 추상적 세계, 학문, 교과, 교과서, 수업과 평가의 관계

9) 이 절의 내용은 김경자(2000), 학교 교육과정론 중, 제8장 학교 교육과정 모형, 중의 일부 내용(pp. 401-436)을 수정 · 정련하여 제시한 것임.

[그림 6-3]에서 보는 바와 같이, 학문이란 인간이 경험하고 있는 구체적인 실세계를 일반화하는 방식으로 추상화한 것이다. 교과란 추상적인 세계를 표상하는 학문에 담긴 지식을 중심으로 학교지식으로 선정 · 조직된 것이다. 그러나 교과는 다양한 수준에서 그 지식을 다른 정도로 구체화 · 상세화 할 수 있다. 다시 말하면, 학교 교육과정을 구성하고 개발하기 위해서 교과에 담는 지식을 학문에서 가져올 때 그 지식은 아직은 학문에서 다루는 큰 개념과 일반화의 상태로 보통 사람들에게는 추상적인 것으로 인식된다. 그러나 이를 학습자가 이해해야 할 교과로 번역할 때, 이는 학교 지식으로 그 범위가 제한되고, 추상성의 정도 또한 학교급별에 따라 달라지게 된다. 그리고 이러한 교과의 지식이 교과서와 교사의 수업계획으로 변환될 때는, 학습자의 '구체적인 세계' 혹은 '실생활' 속에서 학습자에게 이해되는 적합한 형태로 번역되고 구체화된다. 이렇게 구체적으로 표현되는 내용과 학습을 위해 꾸며지는 활동 속에는 개념이나 일반화와 더불어 이를 발견하고 검증하는 교과 특유의 사고기능/절차적 지식 또는 탐구방법이 그 기저에 놓이게 된다. 그리고 교과서와 수업계획을 통한 학습활동과 평가 상황에서는 일반화를 도출하고, 이를 또 다른 일반화된 맥락 속에서 적용할 수 있는가를 확인할 수 있어야 한다. 이러한 방식으로 추상적인 세계와 구체적인 세계 속에서 교과를 이해한다면, 이들은 표상이 다를 뿐 동일한 실재가 되고, 교사의 수업계획 또는 교육과정 재구성은 구체적 세계와 추상적 세계를 교사수준에서 매개하는 것이 되며, 궁극에는 학습자가 교과의 내용지식을 일반화하여 이해하는 것이 된다.

그러나 학습자의 구체적인 세계와 학문의 추상화된 세계를 서로 다른 실재로 이해할 경우, 교과에 담겨진 학문에 기반한 지식은 학습자에게 가르치기에는 너무 어려운 것이 된다. 만일 교과서와 수업계획안을 개발할 때, 학습자에게 이해 가능한 형태로 교과의 지식을 제대로 번역하여 담는 노력이 간과된다면 학습자가 구체적으로 제시되는 교과의 내용을 일반화하여 추상화할 개연성은 거의 없어지게 된다.

또한 학습자가 이해할 수 있는 언어로 번역하였다고 하더라도 수업과 평가에서 개념이나 일반화를 학습자가 '이해'하게 하기보다는 교과서에 표현된 대로, 즉 브루너가 말한 '중간 언어'를 전달하는 방식으로 가르칠 수 있다. 이렇게 되면, 추상화된 개념이나 일반화는 학습자의 삶과 유리되어, 암기하기 어려운 파편화된 사실적 지식이 되고 만다. 함수에서 x의 값을 낼 줄은 알지만, x라는 변수의 개념을 이해하지 못하며, 사회과에서 교과서에 나온 낙동강 유역의 생활에 관한 모든 사실을 기억하지만, 그 기저에 놓인 지역의 개념과 인간과 환경과의 관계에 대한 일반화를 도출하지 못하는 경우가 예가 될 것이다.

이렇게 되면, 학습자는 구체적인 세계와 추상적인 세계를 서로 다른 것으로 이해하게 되고, 자신이 이해하는 구체적인 세계에서의 사실적 지식과 이를 초월하는 추상적인 세계에서의 개념과 일반화를 관련지어 이해할 수 있는 기회를 잃게 된다. 또한 개념이나 일반화를 학습자의 수준에 맞게 번역하지 않고, 그대로 주입하게 될 때, 혹은 사실을 사실로만 가르칠 때 학습자는 추상적 세계와 구체적 세계와의 관련을 이해할 기회를 얻지 못하게 된다. 그러나 교사가 수업과 평가 활동을 하는 가운데 교과서와 자신의 수업계획에 녹아 있는 개념과 일반화를 학습자가 구체적인 세계 속에서 탐구하고, 발견하도록 도와준다면, 학습자는 학교에서 배우는 교과 지식과 자신이 살고 있는 실세계와의 관련을 이해하고, 적은 수의 개념과 일반화를 통해서 수많은 사실적 지식들을 사례로서 이해할 수 있음을 알게 된다. 이러한 학습을 통해 교과에 담겨진, 이전에는 몰랐던 내용을 새롭게 '이해'하는 과정은 곧 학습자가 새로운 것을 발견하는 창의적인 경험이 된다. 이를 그림으로 나타내면 다음 [그림 6-4]와 같다.

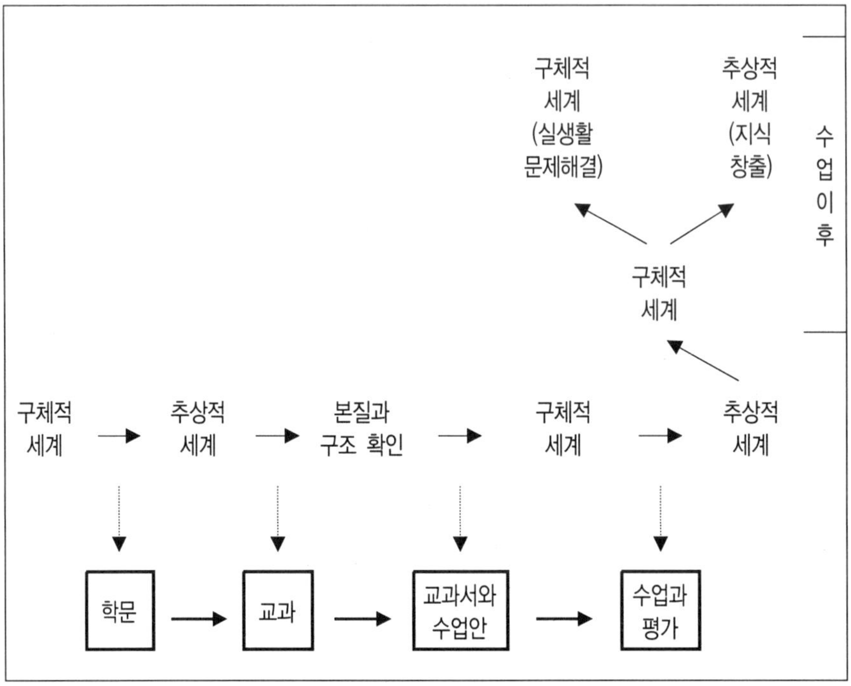

[그림 6-4] 구체적 세계와 추상적 세계 그리고 학습자의 수업 이후 지식

즉, 학문이란 인간의 경험 속에서 축적·진보되어 온 문화유산이고, 적어도 학문 공동체의 현재까지의 성과이다. 그래서 학문은 그 탐구대상인 인간의 경험영역에 대한 현재로서는 최선의 표상이라고 할 수 있다. 그리고 학교는 제한된 시간 안에 학습자에게 적합한 형태로 이러한 인간 경험의 제 영역을 경험하게 하는 곳이다. 결국 학문의 형성 과정이 창조적 과정의 연속이라 할 때, 이를 학습하는 것 또한 창조적 과정에 대한 연습이 된다.

학교에서 교과를 배운 학생들은 자신이 획득한 개념체계를 가지고 다시 특정 학문영역에서 탐구대상으로 하는 구체적 세계를 다르게 생각해 볼 수 있고, 실생활 문제에 대한 다양한 해결책을 궁구할 수 있게 된다. 예컨대 아인슈타인이 상대성 원리를 발견한 것과 같이 새로운 지식을 창출할 수도 있고, 아주 개인적 수준에서 이전에 몰랐던 새로운 지식을 가질 수도 있으며, 일상생활의 문제를 해결할 수도 있다.

이러한 방식으로 계획된 교육과정을 경험한 학생들은 기존의 학문이나 문제해결 방식을 더 새롭고 적절한 것으로 진보하게 할 수 있는 능력을 가질 가능성이 커지게 된다.

따라서 교육과정을 개발 또는 설계할 때에 가장 중요한 과제는 이 책의 전 장을 통해 강조되어 온 교과의 내용지식을 결정하는 일이 된다. McTighe와 Wiggins는 중요한 교과의 내용지식을 '핵심 지식' 또는 '영속적 이해'라고 하였고, Bruner는 교과의 구조라고 하였다.

결국 앞서 살펴 본 우리나라에서의 도입, 전개, 결말의 논리를 따르는 전통적 설계 접근은 구체적 실재와 추상적 실재라는 논리에 따라 재해석해 볼 필요가 있다고 하겠다. 재해석의 결과로서 이해중심 교육과정의 논리를 제안하면 다음과 같다.

첫째, 국가수준의 교육과정을 교과별로 학문 분야의 전문가들이 다루는 큰 개념과 일반화와 교과 고유의 기능/과정적 지식으로 구조화하고, 이를 핵심 질문과 함께 제시한 다음, 내용기준을 제시하는 것이다. 이렇게 된다면 교사들이 이해중심 교육과정을 설계하거나 재구성하는 과정이 지금 보다 용이해질 수 있을 것이다.

둘째, 각 교과별로 교과의 내용지식이 큰 개념과 일반화의 형태로 진술되고, 교과 고유의 기능/과정적 지식으로 구조화되고, 핵심 질문이 제시되는 방식으로 교과의 큰 그림이 제시되고 나면, 학교급 및 학년에 따라 큰 개념과 일반화의 하위개념과 특정 소재들을 결부시켜서 수준별로 좀 더 구체화시킬 수 있을 것이다. 내용의 위계가 교과의 구조 및 핵심 질문에 따라 나선형 교육과정의 형태로 제시된다면, 교사는 자신이 현재 가르치는 내용이 다른 학년에서 가르쳐야 할 내용과 어떻게 관련되는지를 볼 수 있을 것이고, 학급 및 학년 수준에서도 내용의 위계에 따른 수준별 수업을 할 수 있게 될 것이다.

셋째, 교사교육 프로그램에서 예비 교사들을 양성하거나 현직 교사들에게 연수를 제공할 때, 단순히 재미있는 활동이나 일반적 교수·학습 전략들에만 초점을 맞추기보다는, 그러한 활동과 전략들이 어떠한 목적을 위해서 어떠한 교과의 어떠한 내용지식, 즉 개념과 일반화를 이해하게 하고, 어떠한 사고기능 및 과정적 사고를 하게 하는지에 대한 것을 이해할 수 있도록 해야 할 것이다. 어떻게 가르쳐야 하는가 이전에 무엇을 가르칠 것인가를 명확하게 하는 것이 중요한 이유는 가르치고자 하는 중요한 교육내용에 대한 이해가 선행되어야만 교사가 학생들을 가르칠 때에 이를 참조의 틀로 하여 학생들이 가지고 있는 오개념을 비롯한 사전 지식들을 드러낼 수 있고, '재미있는' 활동들에 목적성과 적절성을 부여할 수 있기 때문이다.

마지막으로 교육과정, 평가, 수업의 관계에 대한 사고의 전환이 요청된다. 물론 이 세 가지 요소들이 어떻게 관련지어지는 가에 대한 여러 가지 관점이 있을 수 있고 선형적 관계가 아니라는 것에 대한 광범위한 동의가 있다. 그러나 이해중심 교육과정 설계가 주는 함의점은 평가가 교육내용과 수업을 긴밀하게 연결한다는 데에 있다. 교사들이 단원을 가르치기에 앞서서 교육과정 문서와 교과서에 녹아있는 핵심 지식들을 질문의 형태로 전환한 다음 그 질문들이 탐구를 가능하게 하는 방식으로 수행과제를 구성한다면, 단원 내 개별 차시들에서는 학습 활동들이 수행과제를 중심으로 조직되기 때문에 수업의 적절성과 통일성이 높아질 것이다. 수행평가 과제는 교육내용과 평가, 수업의 일관성을 높이면서 심도 있고 견실한 수업을 유도하는 역할을 한다. 따라서 학교 현장에서 사실 암기와 단순한 문제풀이 식의 기능 습득이 아닌, 제대로 된 이해와 전이가 가능한 방식으로 수업이 이루어지기 위해서는 교육과정과 평가 및 수업이 모두 유기적으로 관련되는 방식으로 국가와 교사 수준에서 개선이 함께 이루어져야 할 것이다.

6.3. 교사의 교육과정 설계 역량

교사의 교육과정 설계 역량은 교육과정 의사결정권의 분권화 운동, 자율화 방안 등으로 그 어느 때보다 강조되고 있다. 그리고 교사가 이해중심 교육과정 설계를 하기 위해서는 특별히 교과의 내용지식을 확인하고, 선정하는 일을 할 수 있어야 한다. 이 전에는 교과서에 제시되는 내용과 활동을 진도대로 나가기만 하면 되었지만, 이제는 교과서 지식은 학교에서 배워야 하는 것의 아주 일부분이면서, 그 피상성과 파편성으로 인해 학습 부담을 가중시키는 원인이라는 점이 분명해졌다. 동시에 학습자가 배운 지식을 새로운 상황이나 맥락 속에서 적용하거나, 새로운 것으로 만들어 내는 수행을 하게 하는 데는 아주 제한적인 가치를 갖는다는 점이 밝혀졌다. 그러나 국가수준에서 교과의 중요한 내용지식을 제시해 주지 않았거나, 교사가 교육과정 풀기에 대한 훈련을 받지 않았다면, 이해중심 교육과정 설계는 교사에게 지난한 과제가 되고 만다. 이에 이 절에서는 교사가 이해중심 교육과정 설계를 잘 하기 위해서 필요한 역량이 무엇인가를 살펴보고자 한다.

6.3.1. 교사의 전문성

교사가 이해중심 교육과정 설계를 잘 하기 위해서 갖추어야 할 역량을 논의하기 전에 이 절에서는 새로운 시대에 요청되는 교사의 전문성에 대하여 살펴보고자 한다. 이제 교과서의 진도를 따라가는 방식의 교사의 전문성은 더 이상 유효하지 않다. 그리고 교원양성기관에서 한 번 배운 지식과 기능으로 21세기의 학생을 가르치는 것 또한 적절하지 않다. 이러한 시대에는 교사의 '능동적 전문성'(adaptive expertise)[10]이 요청된다. 능동적 전문성에는 효율적 전문성과 혁신적 전문성이 포함된다(Hatano, & Inagaki, 1986; Hatano, & Oura, 2003). 효율적 전문성이 직무를 수행하는 데 필요한 역량을 갖추고 이를 효율적으로 적용하는 것이라면, 혁신적 전문성은 그 역량을 계속해서 발전시키면서 전문성을 신장시키는 것이라고 할 수 있다. 즉 일생동안 교사는 자신의 수업을 개선하기 위해서 자신이 교원양성 교육과정에서 그리고 현직 연수과정에서 학습한 것을 사용할 수 있어야 할 뿐만 아니라, 초인지적이며 지속적으로 자신의 현재의 전문성 수준에

10) 능동적 전문성은 적응적 전문성으로 번역되기도 한다.

대하여 질문을 던지면서 그 수준을 넘어서는 노력을 하여야 한다는 것이다.

그렇다면 우리가 현재 하지 않고 있는 이해중심 교육과정 설계를 하기 위해서 교사에게 필요한 전문성은 무엇일까? 이를 위해서 여기에서는 우선 학습자로서의 교사에 대한 이해를 하기 위해서 Bransford, et. al. (1999)의 "사람들은 어떻게 학습하는가?"의 연구결과를 살펴보고자 한다. 이들 학자들은 미국에서 기준운동과 책무성 정책으로부터 나타난 '시험에 나오는 것만 가르치는' 획일성의 폐해를 극복하고자, 기존의 학습 관련 연구들을 검토한 후, 새로운 학습이론을 정리하고 있다. 그리고 이에 기초하여 새로운 학교교육의 목표로서의 '이해'를 수반하는 학습이 가능함을 밝히고 있다. 이들이 밝히고 있는 세 가지 연구결과를 정리하면 다음과 같다.

첫째, 학습은 심층적 이해(learning with understanding)를 목표로 해야 한다. 여기에서 연구자들은 이해란 학생이 아는 것을 확장하고, 종합하고, 적용하여 수행으로 드러내 보이는 것이고, 배운 것을 유연하게 사고하고 행동하는 능력이며, 이는 피상적 학습과 대비되는 심층적 학습을 통해 성취되는 것이다. 이에 1) 교사는 교과를 심층적으로 가르쳐야 하고, 2) 교과 영역의 모든 피상적 주제는 교과의 이해를 돕는 소수의 핵심 개념을 포괄하는 심층적 주제로 대체되어야 하고, 3) 사실적 지식은 심층적 학습을 돕는, 교과의 핵심 개념을 이해하는 데 필요한 충분한 수의 사례로서 제시해야 하고, 4) 교사는 교과에 대한 심층적 학습의 경험을 충분히 가지고 있어야 하는데, 교사는 교수학적 도구를 개발하기 전에 교과에서의 담론과 탐구과정에 친숙해야 하고, 5) 책무성을 목적으로 하는 평가는 피상적 지식보다는 심층적 이해를 평가해야 한다.

둘째, 인간은 이미 알고 있는 지식(pre-existing knowledge)에 기초하여 새로운 지식과 이해를 구성한다. 그러나 이러한 발견점이 선지식을 강조하는 구성주의의 오류를 반복하지 않도록 주의하고 있다. 즉 학생들에게 직접적으로 아무 것도 가르치지 말고, 학생들이 스스로 지식을 구성하도록 버려둔다는 의미가 아니라는 것이다. 이에 1) 교사는 학생들이 가지고 들어오는 선 이해에 기초하여 수업설계를 해야 하며, 2) 학생의 사고가 드러나도록 수행과제를 만들어야 하고, 학습의 조건을 탐구하고, 형성평가의 역할을 확대해야 한다.

셋째, 인간은 목적지향적 개체로서 자신의 학습을 능동적으로 조절하며(activie learning), 자신이 이해하였을 때와 더 많은 정보와 전략이 필요한 때를 알아차리는 초인지 전략을 사용한다. 그러나 초인지는 내면적 대화의 형식이기 때문에 교사가 강조하지 않으면 학습에서 강력한 힘을 갖지 못하고 배우지 못하게 된다. 이에 1) 교사는 이해를 점검할 수 있는 질문들을 형성해야 하고, 2) 교과학습에 초인지 교수를 통합해야 하고, 3) 여러 교과에서 그리고 여러 학년에 걸쳐서 초인지 학습을 교수해야 한다.

이러한 연구결과에 기초하여 이들은 학습환경 설계 모형을 다음 [그림 6-5]와 같이 제안하고 있다.

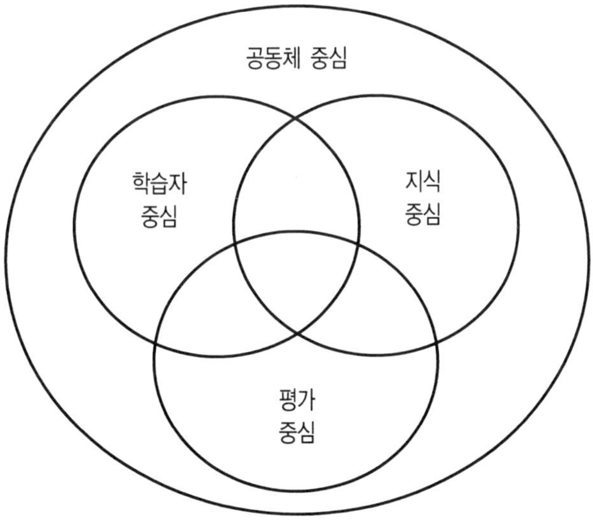

[그림 6-5] 학습환경 설계 모형

첫째, 공동체 중심이라고 함은 사회적 규범에 의해서 학습이 촉진된다는 의미이다. 따라서 교육과정을 설계할 때, '단순히 빨리 많이' 학습하게 하는 가치보다는 '이해'를 추구하는 가치 또는 목표를 중시해야 한다. 그리고 학교에서 교사학습 공동체가 강조되어야 하고 학생의 성취와 관련하여 교사의 역할이 강조되어야 한다.

둘째, 학습자 중심이라고 함은 학습자가 학습상황에 가져오는 지식, 태도, 믿음이 학습에 영향을 미치게 되기 때문에 현재의 교과 과제와 학생들의 사전 지식간의 관련성을 파악해서 관련을 시키자는 것이다. 이때, 선지식과 오개념의 확인이 강조되어야 한다.

셋째, 지식중심 관점이라고 할 때, 학습자 중심 환경은 필요조건이지 충분조건이 아니다. 심층적 이해와 계속되는 학습전이의 과정에 대한 이해를 통해 학생의 지식이 풍부해지도록 도와야 하며, 이를 위해서는 학습계획과 전략적 사고를 지원하는 잘 조직된 교과의 구조가 요청된다.

넷째, 피드백과 수정의 기회를 제공하고, 중요한 개념에 대한 이해를 평가의 대상으로 해야 하는 평가중심의 환경이 제공되어야 한다. 고차적 사고와 심층적 이해를 평가해야 하고, 평가과제는 내용지식과 탐구과정의 가능한 조합이어야 하며, 초인지에 대한 자기평가를 중요시해야 한다.

다섯째, 이러한 네 가지 관점은 서로 분리된 것이 아니라, 서로 다른 관점을 상호 지지하는 방식으로 정렬되어야 한다. 즉 무엇을, 어떻게 가르치고, 평가할 것인가는 '이해'라는 목표를 중심으로 정렬되어야 한다.

Bransford,et.al의 발견과 제안은 이해중심 교육과정 설계에서 강조되는 점과 일치한다. 첫째, 교사는 학생이 각 교과의 중요 개념과 일반화에 대한 조직화된 이해를 발달시켜야 하고, 둘째, 교사는 학생이 학습상황에 가져오는 선지식에 기반해야 하며, 셋째, 학생의 이해가 눈에 보이도록 증거를 확보할 수 있는 수행과제를 고안해내야 하고, 자기평가를 강조해야 하며, 넷째, 교사는 이해중심 교육과정을 가치있게 여기고, 학생이 이해하지 못하는 오개념의 순간을 포착해야 하고, 학생이 탐구심을 가지고 질문하는 순간을 이해를 위한 교수기회로 삼아야 한다고 한 점에서 그러하다. 그렇다면. 이러한 설계과제를 수행해야 하는 교사는 어떠한 역량을 갖추어야 할 것인가? 이는 다음 절에서 논의한다.

6.3.2. 교사의 이해중심 교육과정 설계 역량

구체적으로 교사가 이해중심 교육과정 설계를 하기 위해서 필요한 역량은 무엇인가? 교사가 교육과정 설계를 잘 하였는지 평가하기 위해서 첫째, 목표하는 내용을 큰 개념과 일반화 그리고 사고기능/과정적 지식에 초점을 두는가? 둘째, 바람직한 결과를 공정하고, 타당하고, 신뢰롭고, 충분하게 평가하고 있는가? 셋째, 학습계획을 학생들이 효과적으로 참여할 수 있도록 만들었는가? 넷째, 세 단계의 내용이 내적 통일성을 갖도록 연결하였는가? 라는 질문을 던질 수 있다. 설계를 하는 중에 그리고 설계가 끝난 후, 이러한 질문에 답하는 방식으로 교사는 자신이 설계하거나 재구성한 교육과정을 검토할 수 있다.

그렇다면 교사가 이러한 설계기준에 맞는 설계를 하기 위해서 갖추어야 할 역량은 무엇인가? 앞 절에서 고찰한 바와 같이 교사는 효율적 전문성과 혁신적 전문성을 동시에 포함하는 능동적 전문가가 되어야 한다. 그리고 최신 학습이론에서의 발견에 주목하면, 교육과정 설계는 '이해'를 목표로 해야 한다. 그리고 이해를 목표로 할 때, 가장 중요한 과제는 학생들이 이해해야 할 교과의 핵심 지식을 선정하고 조직하는 일이다. 그렇다면, 교사에게는 교과의 내용지식(content knowledge)과 교수학적 내용지식(pedagogical content knowledge)에 대한 역량과 함께 이 둘 간의 상호작용에 대한 이해 역량이 필요하다고 하겠다.

Shulman(1986, 1987; 주영주 외: 47~48)은 교사의 전문성을 갖추는데 기반이 되는 지식을 다음과 같이 제안하였다.

첫째, 내용지식이다. 내용지식은 가르치는 교과에 대한 전문지식을 의미한다. 이것은 교과의 중요한 사실이나 개념을 아는 수준을 넘어서서, 교과가 기반하고 있는 학문의 구조에 대한 이해를 포함한다. 즉 학문의 핵심개념과 그 개념들 간의 관계 및 탐구양식에 대한 깊은 이해를 의미한다.

둘째, 일반적 교수학 지식이다. 일반적 교수학 지식은 교과를 넘어서서 전 교과에 이용할 수 있는 교수원리나 전략, 학급 운영 등 교수학에 대한 지식을 의미한다.

셋째, 교육과정 지식이다. 여기에서 교육과정 지식은 교육과정 문서와 자료들에 대한 지식을 의미한다. 이것은 현재 가르치고 있는 교육과정 문서와 자료에 대한 지식 뿐 아니라 그 외 여러 가지 다양한 교육과정 문서와 자료들에 대한 지식을 포함한다.

넷째, 교수학적 내용지식이다. 교수학적 내용지식은 교수를 위한 내용지식을 의미한다. 즉 교과내용을 학생들이 이해할 수 있도록 가르칠 수 있는 지식이다. 이것은 특정 교과내용을 이해하는 데 있어 발생하는 어려움은 무엇인지, 학생들이 그 내용에 대해 어떤 선개념과 오개념을 가지고 있는지, 이를 위해 어떤 전략을 이용해야 하는지 등에 대한 지식을 포함한다. 따라서 교수학적 내용지식은 내용지식과 학습자에 대한 지식 및 교수학 지식이 통합된 지식으로, 교과내용 즉 교과의 특정 주제, 문제, 쟁점 등이 학습자들의 다양한 관심과 능력에 따라 어떻게 조직되고 표현되고 변형되어야 하며 수업에서 어떻게 제시되어야 하는가에 대한 지식을 의미한다.

다섯째, 학습자와 학습자의 특성에 대한 지식이다. 이것은 학습자 개개인에 대한 지식과 학습자의 발달과 학습에 대한 지식을 의미한다.

여섯째, 교육상황에 대한 지식이다. 교육상황에 대한 지식은 학교, 가정, 지역사회, 국가 등 교육과 관련된 상황에 대한 지식, 교육공동체 구성원들에 대한 지식, 그리고 교육을 둘러싼 사회, 문화, 정치적 맥락에 대한 지식을 의미한다.

일곱째, 교육 목적과 가치 그리고 그 기저의 철학적, 역사적 배경에 대한 지식이다. 이것은 교육의 기초와 관련된 지식으로, 교육이 지향하는 비전과 목적에 대한 지식, 교육적 가치에 대한 지식, 그리고 교육이 기초하고 있는 철학적, 역사적 배경에 대한 지식을 의미한다.

<표 6-18> Shulman의 교직 기반 지식 구분

- 내용지식
- 일반 교수학 지식
- 교육과정 지식
- 교수학적 내용지식
- 학습자와 학습자의 특성에 대한 지식
- 교육 상황에 대한 지식
- 교육 목적과 가치 및 교육의 철학적, 역사적 배경에 대한 지식

이 중에서 내용지식과 교수학적 내용지식은 모든 교과에 적용되는 일련의 일반적인 지식이 아니다. 이는 교과라는 특수 영역에서 작동하는 교과의 내용지식과 교수학적 내용지식이라고 하였다. 이러한 지식에 대한 역량을 갖추기 위해서 교사는 교과가 기반하고 있는 학문에 대한 확실한 이해를 하고 있어야 하고, 교과를 학습하는 과정에서 학습자가 직면하는 개념적 장벽, 즉 오개념에 대한 이해가 있어야 하고, 교과를 학습하는데 필요한 효과적인 전략에 대한 지식을 가져야 한다. 역사, 수학, 과학에 대한 내용지식과 교수학적 내용지식은 서로 구분되며, 따라서 모든 교과영역에 적용되는 일반적인 교수전략은 오해이며, 교과의 내용지식과 교수학적 내용지식을 갖추지 않은 채, 한 교과를 잘 가르치는 교사가 전 교과를 잘 가르칠 수 있다는 것 또한 오해라고 할 수 있다.

따라서 이해중심 교육과정 설계를 잘 하기 위해서 교사는 다른 일반적 교직 기반 지식과 함께, 특히 이해의 핵심이 되는 교과의 내용지식과 교수학적 내용지식에 대한 충분한 역량을 갖추는 노력을 지속적

으로 기울여야 할 것이다. 비록 이러한 역량이 아직 갖추어져 있지 않은 경우라고 할지라도, 능동적 전문성의 개념에 비추어 본다면, 교사는 끊임없이 자신이 가르치는 교과를 이해하고, 학생들에게 이해하도록 하기 위해서 일생동안 노력해야 할 것이다. 이해중심 교육과정 설계로의 전환은 그래서 교사에게는 반드시 치루어 내야 할 도전이라고 하겠다. 국가, 지역수준에서는 이를 돕기 위한 지원체제로서의 이해중심 교육과정 설계와 개발이 필요한 시점이라고 하겠다.

	연 습 문 제
1	추상적 지식과 구체적 세계가 동일한 실재라는 것에 담긴 의미와 교수 · 학습에 주는 함의는 무엇인가?
2	이해중심 교육과정 설계 모형에 따른 단원 설계와 도입, 전개, 결말을 기본 단계로 하는 전통적 단원 설계의 차이는 무엇인가? 교사가 설계한 단원 또는 차시의 세안을 예로 들어 설명해 보시오.
3	이해중심 교육과정 설계를 하고자 하는 교사에게 필요한 역량들은 무엇인가? 왜 그러한 역량이 필요하다고 생각하는가?

에필로그

이 책에서는 교육목표로서 학습자들의 이해를 도모하기 위해서 국가수준에서 어떻게 교육과정을 설계해야 하는가에 대한 논의를 전개하였고, 이와 함께 교사가 교육과정 실행의 주체이면서 동시에 개발자로서 현장에서 어떻게 교육과정을 재구성할 수 있는지를 안내하였다. 집필과정에서 교육과정 설계 또는 단원 재구성이라는 실제적인 단계와 절차를 논의하는 데 집중하였기 때문에 저자들과 생각을 같이 하는 학자들의 이해중심 교육과정 설계 모형이 자주 등장하였다. 그러나 허급지급 시간에 쫓기다 보니 책을 마친 시점에 이르자 책의 내용이 내 것이 아닌 듯한 아쉬움이 저자들에게 남는다.

그러나 이해중심 교육과정은 저자들의 오랜 기간 동안의 교육과정 설계에 대한 관점을 반영하고 있다. 백워드 설계라는 명칭을 달지는 않았지만, 이해의 개념과 상통한다고 밝힌 창의성과 교과지식과의 밀접한 관계에 대한 이해가 있었고, 교육내용으로서 교과의 핵심 지식이 선정되어야 하며, 교육과정 설계를 함에 있어서 무엇을 가르칠 것인가, 즉 교육내용의 선정이 가장 우선적으로 고려되어야 한다는 생각은 이미 1999년 논문과 2000년, 2003년, 2006년 저서에 상세하게 논의하였다.

이해중심 교육과정에 대한 아이디어는 1장에서 논의한 대로, Tyler와 Bruner의 교육과정 설계 모형 및 단계와 구분되기도 하지만, 실제로는 같은 생각을 가진 한 가족에 속한다고 할 수 있다. 단지 이 책은 이들과 조금씩 레시피(recipe)를 달리하여 '이해'를 목표로 하는 설계의 논리를 전개한 것이라고 할 수 있다. 학생의 교과에 대한 이해를 강조하는 것은 언제, 어디에서나 교육의 핵심이 되어 왔다. 그것이 잘 이루어지지 않은 것이 항상 문제였다. 그러나 이 책을 집필하는 동안 저자들은 이해중심 교육과정에 대한 강조와 이해중심 설계 노력 속에

그간의 잘못된 교과교육의 문제를 극복하는 길이 있음을 보았다.

이 책을 집필하는 중에, 몇몇 장소에서 이해중심 교육과정에 관한 특강을 하는 중에 알게 된 사실은 아무리 저자들이 이를 잘 이해하고 설명하였다고 해도, 우리나라 교사들에게 이해중심 교육과정은 아직은 생소한 개념이고 쉽게 적용하기 어려운 접근이라는 사실이었다. 그럼에도 불구하고, 이 책이 교육과정을 설계하는데, 그리고 교사들의 수업 개선에 일말의 도움이라도 된다면, 저자들은 노력에 비해 귀중한 보상을 받는다는 생각을 하게 될 것이다.

부 록

[부록 1] 템플릿 모음

[부록 2] 주 수준의 교육과정 문서사례

[부록 3] 텍사스주 저학년 사회과 단원 개발 사례

[부록 4] 교사의 단계별 단원설계 루브릭

[부록 5] 유용한 웹사이트

[부록 6] 2007 개정 교육과정과 2009 개정 교육과정

[부록 1] 템플릿 모음

1. 단원 개발의 1단계 적용

○ 주 교육과정 문서상의 내용기준 :

해당 교과 단원의 내용기준들 뿐 아니라 타 교과와 관련될 수 있는 모든 내용기준들을 포함한다.

○ 어떤 핵심 질문들을 고려할 수 있는가?

포괄적 질문과 소재적 질문들 모두 포함될 수 있다.

○ 어떤 영속적인 이해 혹은 일반화를 습득하기를 기대하는가?

일반화는 학습자들이 구체적인 정보와 사실들을 모두 기억하지 못한다고 해도 마음속에 남아 있는 개념들 혹은 빅 아이디어들의 관계를 드러내는 진술문이다. 원리는 일반화에 포함되며 개념들 간의 관련성을 드러내준다.

○ 이 단원의 학습결과로서 학생들은 어떤 주요 지식과 기능들을 습득할 것인가?

사실과 개념적 지식	기능/과정적 지식
일반화 형태의 '영속적 이해'에 도달하는 데 필요한 사실들과 개념적 지식을 포함한다.	단원의 내용습득에 활용되는 일반적 사고기능 뿐 아니라 교과 특유의 과정적 지식으로서의 기능을 포함한다.

2. 단원 개발의 2단계 적용

○ 수행과제

수행평가 과제는 학습과제와 동일할 수 있다. 학습자들의 '이해'를 보여주기 위해서 고등사고기능과 적용능력을 드러낼 수 있어야 한다.

○ 그 외 증거들

수행평가 과제 이 외에 1단계에서 가르치려고 계획한 구체적 사실들과 개념적 지식 및 과정적 지식으로서의 기능들을 획득했는지를 확인할 수 있는 다양한 평가형태와 방식들을 포함한다.

○ 자기평가 및 반성

학습자가 자신이 습득한 내용에 대한 자기평가를 할 뿐 아니라, 스스로 학습자로서의 성장과 자신이 거친 사고과정을 반성하는 지속적인 기회를 제공해야 한다.

3. 단원 개발의 3단계 적용

WHERETO의 각 요소들을 적용하며, 2단계의 수행과제와 평가계획들은 수업활동들과 통합적으로 제시될 수 있도록 한다. 또한 E-2는 학습내용에 대한 자기평가 및 반성이며, R은 학습자로서 자신의 학습에 대한 반성으로서 E-2와는 달리 메타 인지적 기능임을 명확히 해야 한다.

4. UbD와 맞춤형 수업의 통합적 접근을 위한 단원계획

<table>
<tr><td>단계</td><td colspan="4">단원 개발의 요소들</td></tr>
<tr><td rowspan="4">1단계</td><td colspan="4">교육과정 상 내용기준:</td></tr>
<tr><td colspan="2">핵심 질문:</td><td colspan="2">일반화</td></tr>
<tr><td>개념:</td><td>사실적 지식:</td><td colspan="2" rowspan="2">타 교과와의 연결</td></tr>
<tr><td colspan="2">과정적 지식:</td></tr>
<tr><td rowspan="3">2단계</td><td colspan="2">수행과제:</td><td colspan="2">다양화된 수행과제:</td></tr>
<tr><td colspan="4">그 외 증거들:</td></tr>
<tr><td colspan="4">자기평가:</td></tr>
<tr><td rowspan="2">3단계</td><td>학습요소</td><td colspan="2">학습활동</td><td>다양화된 수업전략</td></tr>
<tr><td></td><td colspan="2"></td><td></td></tr>
</table>

5. 수준별 수업을 적용한 차시안

영역	
차시제목	
수업맥락	학생들의 준비도, 흥미, 학습스타일을 알기 위한 어떤 사전평가가 이루어졌는가? 왜 이 시점에서 이 수업이 적절한가? 이 수업이 교육과정 위계에서 어디에 해당하는가? 이 수업이 교사의 아동발달에 대한 지식과는 어떻게 관련되는가?

내용 및 학습목표	학습내용을 다음과 같이 조직한 후 목표의 형태로 전환 : 1. 내용기반 • 이해 : 어떤 일반화를 가르치는가(일반화는 하나의 차시 안에서 평가하기는 힘듦) • 알아야 할 것 : 학생들이 이 수업을 통해서 습득하게 될 사실, 개념, 구체적인 정보(수업 내에서 평가될 수 있음) • 할 수 있어야 할 것: 학생들이 사용하게 될 사고기능이나 기술들(수업 내에서 평가될 수 있음) 2. 수업목표 • 위의 내용기반에서 확인한 것을 학습결과의 형태로 기술
평가	모든 학생이 위의 내용을 습득하고 목표를 달성했다는 것을 알려주는 수행과제와 평가준거
교육과정	본 차시와 관련된 교육과정 문서상의 내용기준
자료	수업에 필요한 학습 자료들
절차	크게 도입, 전개, 정리의 세 단계로 수업활동들을 계획하되, 5가지 E, 참여(engagement), 탐구(exploration), 설명(explanation), 심화(expansion), 평가(evaluation)를 고려 학생들의 준비도, 관심사 및 흥미, 학습유형에 따라 내용, 과정, 혹은 결과 다양화가 수업활동들 안에서 이루어지도록 계획
다양화 전략	학급의 모든 학생들의 필요와 요구를 어떻게 만족시키기로 계획하는가? 예를 들어, 언어가 서투른 학생들, 집중하는 데 힘들어 하는 학생들, 다른 학생들보다 과제를 먼저 끝낸 학생들, 다른 학생들에 비해서 이해의 속도가 느린 학생들을 위해서 별도의 활동을 준비하거나 과제를 다양화하였는가?
유의점	수업을 진행하는 데 혹시 유의해야 할 다른 사항들은 없는가?

[부록 2] 주 수준의 교육과정 문서사례

미국을 비롯한 여러 나라에서는 국가 또는 주 수준의 교육과정 문서를 해당 교과의 일반화와 핵심 질문을 중심으로 개발하고 있다. [부록 2]에서는 이해중심 교육과정 설계 원리에 따라 주 수준의 교육과정과 수업 단원을 개발하고 있는 미국 뉴저지주의 사례를 제시한다.

미국 뉴저지주의 교육부에서는 교과별로 일반화(영속적 이해)와 핵심 질문을 제시하고 있다. 각 교과의 성취기준은 우리나라 국가수준 교육과정의 내용기준이 목표처럼 진술되어 있는 것과는 달리, 각 교과의 핵심 내용을 기반하고 있는 학문의 성격을 드러내는 방식으로 보다 포괄적으로 제시하고 있다. 여기에서는 언어, 수학, 과학, 사회과의 사례를 차례로 제시한다.

1. 언어

목적: 학생들은 읽기, 쓰기, 말하기, 듣기에 대한 학습과 비판적, 전략적, 창의적인 사고를 통해 자신의 삶에서 개인적 및 공동체적인 의미를 발견할 수 있다.

<table>
<tr><th colspan="2">성취기준 3.1 읽기
모든 학습자는 영어의 소리, 문자 그리고 낱말에 대한 지식을 이해하고 적용하여 독립적이고 유창한 독자가 되고, 다양한 자료와 글을 유창성과 이해력을 갖고 읽는다.</th></tr>
<tr><td colspan="2">큰 개념 : 다양한 종류의 글을 독립적으로 이해하면서 유창하게 읽을 수 있는 능력</td></tr>
<tr><td>핵심 질문</td><td>영속적 이해</td></tr>
<tr><td>A 영역. 활자(인쇄물)에 대한 개념
• 글의 구조에 대한 이해가 어떻게 내용의 이해를 돕는가?</td><td>• 글의 요소, 구조, 특징에 대한 이해는 글 전체의 의미를 이해하는 독자의 능력을 촉진시킨다.</td></tr>
</table>

B 영역. 음운에 대한 이해 • 소리는 어떻게 글자로 표현되는가?	• 소리는 글자와 글자의 합성으로 이루어진다.
C 영역. 의미 이해 및 낱말 인식 • 모르는 낱말의 뜻을 어떻게 알 수 있는가?	• 독자들은 언어의 구조와 글 속의 단서를 통해 글에서 작가가 의도적으로 사용한 낱말이나 절의 의미를 밝힐 수 있다.
D 영역. 유창성 • 유창성은 글의 이해에 어떠한 영향을 미치는가?	• 유창한 독자는 빠르게 낱말들을 연결하여 자신이 읽은 내용의 의미를 파악한다.
E 영역. 읽기전략(읽기 전, 읽는 과정, 읽은 후) • 독자가 글의 모든 내용을 이해하지 못할 때 어떻게 하는가?	• 성공적인 독자는 글을 이해하는데 몇 가지 전략을 사용한다. • 전략적인 독자는 읽기전략을 개발하고, 선택하며, 적용하여 글에 대한 이해를 높인다.
F 영역. 어휘 및 개념 발달 • 독자는 왜 작가의 어휘 선택에 주의를 기울여야 하는가?	• 어휘는 의미에 크게 영향을 미친다.
G 영역. 이해 기능 및 글에 대한 반응 • 독자는 어떻게 글로부터 의미를 구성하는가?	• 성공적인 독자는 글의 내용이 개인적으로 적절하고 유용하도록 비교, 추론, 종합, 연결(글과 글, 글과 사회, 글과 자신)한다.
H 영역. 탐구 및 연구 • 왜 연구를 하는가?	• 연구자는 구체적인 목적을 위해 다양한 자료로부터 정보를 수집하거나 비판한다.

<table>
<tr><td colspan="2">성취기준 3.2 쓰기
모든 학생은 독자층과 목적에 따라 내용과 형식이 명확하고 간결하며 잘 조직된 글을 쓴다.</td></tr>
<tr><td colspan="2">큰 개념 : 쓰기는 다양한 독자와 목적을 위해 인쇄물을 활용해서 의사소통하는 과정이다.</td></tr>
<tr><td>핵심 질문</td><td>영속적 이해</td></tr>
<tr><td>A 영역. 과정으로서의 글쓰기(쓰기 전 과정, 초고 쓰기, 검토하기, 수정하기, 쓰기 후 과정)
• 성공적인 작가들은 어떻게 자기 자신을 표현하는가?
• 글쓰기 과정이 어떻게 작가의 결과물에 영향을 미치는가?</td><td>• 성공적인 작가는 생각, 학습, 의사소통, 진실된 표현을 위해 자신의 아이디어를 발전시키고 수정한다.</td></tr>
<tr><td>B 영역. 결과물로서의 글쓰기(형식적 결과물이나 출판물)
• 작가는 어떻게 훌륭한 결과물을 완성하는가?</td><td>• 성공적인 작가는 다양한 목적, 독자, 맥락에 맞는 글을 쓰기 위하여 형식과 스타일을 다양화하는 전략들을 사용한다.</td></tr>
<tr><td>C 영역. 문장부호, 맞춤법, 글씨체
• 언어의 규칙이 어떻게 의사소통에 영향을 미치는가?</td><td>• 관습적인 언어 사용, 다시 말해 언어의 규칙은 독자들이 내용을 이해하도록 돕는다.</td></tr>
<tr><td>D 영역. 글쓰기의 형식, 독자, 목적(다양한 형식의 탐색)
• 작가는 왜 특정 형식의 글쓰기를 선택하는가?</td><td>• 작가는 독자와 목적에 따라 글의 형식을 선택한다.</td></tr>
</table>

<table>
<tr><th colspan="2">성취기준 3.3 말하기
모든 학생은 청자와 목적에 따라 명확하고 간결하며 잘 조직된 말하기를 한다.</th></tr>
<tr><td colspan="2">큰 개념 : 음성 언어는 의사소통, 사고, 학습의 도구이다.</td></tr>
<tr><th>핵심 질문</th><th>영속적 이해</th></tr>
<tr><td>영역 A. 토론
• 어떤 주제에 대한 토론이 어떻게 지식과 이해를 증진시키는가?</td><td>• 토론은 다른 사람과의 관계 형성을 돕고 학습의 기회를 만든다.</td></tr>
<tr><td>영역 B. 질문하기(탐구)와 기여하기
• 언제 질문하는 것이 적절한가?
• 화자는 어떻게 자신의 생각과 느낌을 표현하는가?</td><td>• 질문하기와 기여하기는 화자가 전달하려는 의미를 드러내고, 주제를 탐색하게 하며 명확한 사고를 하도록 돕는다.</td></tr>
<tr><td>영역 C. 어휘 선택
• 어휘 선택은 어떻게 의미 전달에 영향을 미치는가?</td><td>• 화자가 선택한 어휘와 스타일이 특정한 어조를 형성하고 전달하려는 의미를 규정한다.</td></tr>
<tr><td>영역 D. 구술 발표
• 화자는 자신이 전달하려는 의미를 다른 사람들이 듣고 이해할 수 있도록 어떻게 의사소통 하는가?</td><td>• 화자는 청자와 목적에 따른 형식과 구조적인 패턴을 선택한다.</td></tr>
</table>

<table>
<tr><th colspan="2">성취기준 3.4 듣기
모든 학생은 다양한 상황의 다양한 자료로부터 정보를 얻기 위해 적극적으로 들어야 한다.</th></tr>
<tr><td colspan="2">큰 개념 : 듣기는 이해를 형성하기 위한 적극적인 과정이다.</td></tr>
<tr><th>핵심 질문</th><th>영속적 이해</th></tr>
<tr><td>A 영역. 적극적 듣기
• 소리를 듣는 것과 정보를 얻기 위해 듣는 것의 차이는 무엇인가?</td><td>• 듣기는 화자의 말과 비언어적인 정보에 대한 반응으로, 정보를 수용하고 의미를 형성하는 과정이다.</td></tr>
<tr><td>B 영역. 청취 이해력
• 청자는 어떻게 메시지를 이해하는가?</td><td>• 효과적인 청자는 고도의 복합적인 메시지를 해석하고 평가한다.</td></tr>
</table>

<table>
<tr><td colspan="2">성취기준 3.5 보기(viewing)와 미디어 소양
모든 학생은 인쇄물, 비인쇄물, 전자 문서 및 자료에 접근하고, 보고, 평가하고, 반응한다.</td></tr>
<tr><td colspan="2">큰 개념 : 미디어 소양이 있는 사람은 어휘, 이미지, 소리가 어떻게 의미 형성에 영향을 미치는지 평가할 수 있다.</td></tr>
<tr><td>핵심 질문</td><td>영속적 이해</td></tr>
<tr><td>A 영역. 의미의 구성
• 미디어가 전달하려는 것은 무엇인가?</td><td>• 사람들은 같은 미디어 메시지를 다르게 경험한다.</td></tr>
<tr><td>B 영역. 시각적이고 언어적인 메시지
• 미디어가 전달하는 메시지에는 어떤 가치, 생활양식, 관점이 담겨있는가?</td><td>• 미디어는 특정 가치와 관점에 근거한다.</td></tr>
<tr><td>C 영역. 미디어와 생활
• 미디어 선택에 영향을 미치는 것은 무엇인가?</td><td>• 개인의 경험과 필요가 미디어 선택에 영향을 미친다.</td></tr>
</table>

2. 수학

목적: 학생들은 수학을 통해서 의사소통을 하고 관계성을 찾고, 추론하며 문제를 제기하거나 해결하기 위해 양적인 접근을 시도한다.

<table>
<tr><td colspan="2">성취기준 4.1 수와 연산
모든 학생은 수적 감각을 키우고 모든 종류의 수에 대해 다양한 방법으로 표준적인 연산이나 어림을 수행한다.</td></tr>
<tr><td colspan="2">큰 개념 : 수학적 추론에는 수를 다루는 기능과 유창성이 필요하다.</td></tr>
<tr><td>핵심 질문</td><td>영속적 이해</td></tr>
<tr><td>A 영역. 수적 감각
• 수학적 개념들은 전체적인 통일성</td><td>• 때로는 특정한 방법으로 표현하는 것이 더 유용할 수 있으며, 여러 가</td></tr>
</table>

을 이루기 위해서 어떻게 연결되고 발전하는가? • 수를 어떻게 비교하고 대조할 수 있는가?	지 방법으로 표현할 때 문제에 대한 심층적인 이해를 형성할 수 있다. • 다양한 방법을 사용하여 수량을 표현할 수 있다. • 문제해결은 방법의 현명한 선택에 달려있다. • 수학적 유창성이란 수에 대한 이해와 적절한 사용 능력 둘 다를 포함한다.
B 영역. 연산 • 효과적이고 효율적인 계산전략을 위해서는 무엇이 필요한가? • 연산이 숫자에 어떠한 영향을 미치는가? • 수학적 표상(기호)은 다양한 문화 배경을 가진 사회의 필요를 어떻게 반영하는가?	• 연산 능력은 연산의 의미 이해와 적절한 적용 능력을 포함한다. • 수의 크기는 연산 결과에 영향을 미친다. • 많은 경우에 수학적 해답에 이르는 여러 개의 알고리즘이 있으며, 알고리즘은 종종 문화적 차이와 관련 있다.
C 영역. 어림 • 정확한 계산과 어림 중에서 무엇을 사용해야 하는지를 어떻게 결정하는가?	• 어림을 사용할 때에는 상황이 매우 중요하다.

성취기준 4.2 도형과 측정 모든 학생은 공간 감각과 도형의 속성, 관계, 측정을 활용하여 현상의 모형을 만들고, 설명하고, 분석하는 능력을 가진다.	
큰 개념 : 도형 - 공간 감각 및 도형들 간의 관계는 여러 가지 현상에 대한 이해와 문제를 해결하는 것을 돕는다. 큰 개념 : 측정 - 측정은 여러 가지 현상을 수량화하는 도구이다.	
핵심 질문	**영속적 이해**
A 영역. 도형의 속성 • 도형의 용어를 사용하여 어떻게 공	• 도형의 속성은 도형의 형태를 구성한다.

간적 관계를 설명할 수 있는가? • 도형들 간의 관계가 어떻게 현상에 대한 이해와 문제해결을 도울 수 있는가?	• 도형들 간의 관계는 다양한 현상을 이해하는 수단을 제공한다.
B 영역. 도형의 이동 • 도형의 이동과 대칭의 특징은 무엇인가?	• 수학에서는 도형의 이동 과정에서 형태와 넓이가 바뀌지 않을 수 있다.
C 영역. 도형의 좌표 • 기하 및 대수적 관계를 가장 잘 표현하고 증명하는 방법은 무엇인가?	• 기하의 가설이나 공식을 증명하거나 반박하기 위해서 추론이나 증명을 사용할 수 있다. • 기하 및 대수적 관계를 표현하거나 증명하기 위해서 도형의 좌표를 사용할 수 있다.
D 영역. 측정의 단위 • 문제 해결을 위해 측정을 어떻게 사용하는가?	• 주변의 사물이 가진 다양한 특성은 여러 가지 방법으로 측정할 수 있다. • 측정의 대상에 따라 측정의 방법이 달라진다. • 현상을 설명하고 비교하며 이해하기 위해 측정을 사용할 수 있다.
E 영역. 기하학적 사물의 측정 • 문제 해결을 위해 측정을 어떻게 사용하는가?	• 주변의 사물이 가진 다양한 특성은 여러 가지 방법으로 측정할 수 있다. • 측정의 대상에 따라 측정의 방법이 달라진다. • 현상을 설명하고 비교하며 이해하기 위해 측정을 사용할 수 있다.

<table>
<tr><td colspan="2">성취기준 4.3 규칙성과 대수
모든 학생은 변수들 사이의 관계를 표현하고 분석하며, 규칙성, 함수 및 대수의 개념과 절차를 포함하는 문제를 해결한다.</td></tr>
<tr><td colspan="2">큰 개념 : 대수를 사용하여 수학의 규칙성에 대한 의사소통을 할 수 있다.</td></tr>
<tr><th>핵심 질문</th><th>영속적 이해</th></tr>
<tr><td>A 영역. 규칙성과 대수
• 변화를 수학적으로 가장 잘 표현할 수 있는 방법은 무엇인가?
• 규칙성, 관계, 함수를 도구로 사용하여 실제 세계를 가장 잘 묘사하고 설명할 수 있는 방법은 무엇인가?</td><td>• 대수의 상징적 언어를 사용하여 수학의 규칙성에 대해 의사소통을 하거나 일반화를 한다.
• 대수적 표현은 규칙성과 관계를 일반화하는데 활용된다.</td></tr>
<tr><td>B 영역. 함수와 관계
• 변화의 규칙성이 함수의 특징과 어떻게 연결될 수 있는가?</td><td>• 규칙성과 관계는 도표, 수, 기호, 언어로 표현될 수 있다.</td></tr>
<tr><td>C 영역. 모형화(modeling)
• 어떻게 수학적 모형을 사용하여 실제적인 관계를 설명할 수 있는가?
• 어떻게 실제적인 모형을 사용하여 수학적 관계를 설명할 수 있는가?</td><td>• 수학적 모형은 실제적인 관계를 묘사하고 수량화하는데 사용될 수 있다.
• 실제적 모형은 수학적인 관계를 명료화하는데 사용될 수 있다.</td></tr>
<tr><td>D 영역. 과정(절차)
• 효과적이고 효율적인 대수 알고리즘을 위해서는 무엇이 필요한가?</td><td>• 대수적이고 수학적인 절차들이 상호 연결되고 발전하여 전체적인 통일성을 만든다.
• 대수의 가설 및 공식을 증명하거나 반박하기 위해서 추론이나 증명을 사용할 수 있다.</td></tr>
</table>

성취기준 4.4 자료 해석, 확률, 이산 수학 모든 학생은 자료 해석, 확률, 이산 수학의 개념을 이해하고 기술을 발전시켜 현상을 모델링하고 문제를 해결하며 자료를 해석하여 적절한 추론을 이끌어 낸다.	
큰 개념 : 자료 해석 - 자료를 읽고 이해하며 해석하여 의사소통하는 것은 복잡한 실제 세계의 상황을 모델링하고 적절한 추론을 이끌어내며 정보에 근거한 결정을 내리고 그 결정을 정당화하는데 있어서 매우 중요하다.	
핵심 질문	**영속적 이해**
A 영역. 자료 해석(통계) • 문제를 해결하기 위해서 어떻게 자료를 수집, 조직, 해석, 표현하는가?	• 자료를 수집하고 표현하며 요약하는 방법에 따라 자료가 전달하는 의미가 달라진다. • 통계적인 조사의 결과를 사용하여 주장을 지지하거나 반박할 수 있다.
B 영역. 확률 • 예상하거나 결론을 도출하기 위해서 경험적 및 이론적 확률을 어떻게 사용하는가?	• 모집단의 크기가 클수록 경험적 결과는 이론적 확률에 가까워진다.
C 영역. 이산 수학 - 체계적인 나열과 계산 • 자료나 사물을 분류하기 위해 특성을 어떻게 사용할 수 있는가? • 이것을 해결하기 위한 최상의 방법은 무엇인가? • 어떤 계산 전략을 사용하는 것이 최상인가?	• 특성에 따른 분류하기를 통해 수학적 문제를 해결할 수 있다. • 알고리즘을 사용하여 효과적이고 효율적으로 정보를 수량화하고 해석할 수 있다.
D 영역. 이산 수학 -시각적 도구(vertex-edge graphs)와 알고리즘 • 네트워크와 같은 시각적 도구가 어떻게 수학적인 문제 해결에 사용되는가? • 문제를 해결하기 위해서 알고리즘적인 사고를 어떻게 사용하는가?	• 최적화는 주어진 조건을 가지고 최상의 해법을 찾는 것이다. • 알고리즘을 사용하여 효과적이고 효율적으로 정보를 수량화하고 해석할 수 있다.

성취기준 4.5 수학적 과정 모든 학생은 문제해결과 수학적 의사소통을 위해 문제해결의 수학적 과정, 의사소통, 연결성, 추론, 표현, 기능을 사용할 수 있다.
큰 개념 : 이 성취기준과 관련하여 추가적인 큰 개념, 탐구질문, 영속적 이해는 없지만, 수학적 과정이란 앞의 네 개의 성취기준에서 상세히 기술된 구체적인 내용과 관련된 아이디어와 질문과 이해를 의미한다.

3. 과학

목적: 과학적 소양은 과학의 주요 개념과 원칙에 대한 이해, 자연세계의 다양성과 통일성에 대한 익숙함 그리고 과학적 지식과 사고를 개인 및 공동의 목적을 위해 사용하는 것을 포함한다.

성취기준 5.1 과학적 절차 모든 학생은 유용한 문제제기, 실험설계, 체계적인 관찰, 자료의 해석 및 분석, 결론도출, 결과발표의 일련의 과정에 필요한 문제해결, 의사결정, 탐구기능을 계발한다.	
큰 개념 : 과학은 우리가 함께 살아가는 세계에 대해 사유하고 조사하는 한 방법이다.	
핵심 질문	영속적 이해
A 영역. 습관적 사고 • 증거는 무엇으로 구성되는가? • 증거가 참이라는 것과 충분하다는 것을 언제 알 수 있는가? • 결과를 어떻게 정당화하며 다른 사람들에게 어떻게 설명할 수 있는가?	• 과학적 탐구는 과학적인 문제제기, 자료수집, 과학적 설명, 과학적 지식 및 이론에 근거한 설명, 의사소통과 과학적 설명의 정당화를 포함한다.
B 영역. 탐구와 문제 해결 • 질문을 과학적으로 만든다는 것은 무엇인가?	• 과학적 탐구는 과학적인 문제 제기, 자료수집, 과학적 설명, 과학적 지식 및 이론에 근거한 설명, 의사소통과 과학적 설명의 정당화를 포함한다.

C 영역. 안전 • 각 상황에서 안전을 최우선에 둔다는 것은 무엇인가? • 일반적인 규칙과 상황에 따른 특수한 규칙에는 어떤 것들이 있는가?	• 안전이 최우선이다.
D 영역. 화학적 반응 • 화학적 반응의 유형과 정도를 결정하는 것은 무엇인가?	• 원소와 혼합물이 반응하여 새로운 혼합물을 형성하는 방법에는 몇 가지가 있으며, 각 반응은 에너지의 흐름을 포함한다.

성취기준 5.2 과학과 사회 모든 학생은 서로 다른 문화의 사람들이 과학기술의 발전에 어떻게 기여했는지 이해하고, 과학기술의 발전에서 중대한 발견과 사건을 이해한다.	
큰 개념 : 과학은 인류 전체의 노력이다. 서로 다른 문화적 배경을 가진 사람들이 과학의 이해에 기여해왔다.	
핵심 질문	**영속적 이해**
A 영역 : 문화적 기여 • 과학에서 선행연구에 근거한다는 것은 무엇을 의미하는가?	• 과학적 아이디어의 개발이 과학 지식의 축적에 중요함을 이해한다.
B 영역 : 역사적 관점 • 과학과 기술은 서로 어떠한 영향을 미치는가?	• 기술은 사회의 필요와 요구에 따라 빠른 속도로 발전하며 문화적, 정치적, 환경적 가치와 제약에 의해 영향을 받는다.

<table>
<tr><td colspan="2">성취기준 5.3 수학적 응용
모든 학생은 과학적 이론을 모델링하고 표현하는 수단으로 수학을 도구로 사용하여 과학적 문제를 해결한다.</td></tr>
<tr><td colspan="2">큰 개념: 과학은 자연의 법칙을 발견하고 표현하는 수학의 역할 없이는 실행되거나 학습될 수 없다. 표, 그래프, 공식은 정보나 관계를 표현하는 대안적인 방법들로서 각각은 장단점이 있다.</td></tr>
<tr><th>핵심 질문</th><th>영속적 이해</th></tr>
<tr><td>A-D 영역. 수와 연산, 도형과 측정, 규칙성과 대수, 자료 해석과 확률
• 과학의 사물, 사건, 관계를 모형화하기 위해서 수학을 어떻게 사용하는가?</td><td>• 수학은 자연 세계 및 계획된 세계의 사물, 사건, 관계를 모형화하는 도구이다.</td></tr>
</table>

<table>
<tr><td colspan="2">성취기준 5.4 기술의 성격과 과정
모든 학생은 과학과 기술의 내적 상호작용을 이해하고 기술의 성격과 과정에 대한 개념적 이해를 발전시킨다.</td></tr>
<tr><td colspan="2">큰 개념 : 과학과 기술은 문제 해결에 있어서 상호 보완적으로 연결되어 있다.</td></tr>
<tr><th>핵심 질문</th><th>영속적 이해</th></tr>
<tr><td>A 영역. 과학과 기술
• 과학과 기술은 서로에게 어떻게 영향을 미치는가?</td><td>• 기술의 발전과 과학의 진보는 서로의 분야에서 상호 보완적인 관계이다.</td></tr>
<tr><td>B 영역. 기술의 성격
• 기술을 활용할 때의 물리적 및 사회적 제약을 완화하는 방법이 있는가?</td><td>• 물리적 제약과 사회의 가치는 기술을 통한 문제 해결을 제한한다.</td></tr>
<tr><td>C 영역. 기술과 디자인
• 시스템의 개념은 어떻게 디자인과 기술을 아우르는가?</td><td>• 시스템적 사고는 두 부분의 연결성을 모색한다.</td></tr>
</table>

<table>
<tr><td colspan="2">성취기준 5.5 생명의 특성
모든 학생은 생물의 구조 및 특성과 기초적 필요에 대해 이해하고 다양한 생물체를 탐구한다.</td></tr>
<tr><td colspan="2">큰 개념 : 자연 세계란 생명체와 물질과 에너지의 보존 및 변화의 원칙에 순응하는 삶의 과정으로 정의된다. 삶의 과정에 대한 지식은 인류의 건강과 복지를 증진하는데 사용한다.</td></tr>
<tr><th>핵심 질문</th><th>영속적 이해</th></tr>
<tr><td>A 영역. 생태계의 물질, 에너지, 조직
• 생물체에서 물질의 변화와 에너지의 전이는 어떻게 일어나는가?</td><td>• 모든 생물체는 서로의 물질과 에너지를 사용한다.
• 물질 및 에너지는 생물체내에서 구조를 만들고 유지하는데 필요하다.</td></tr>
<tr><td>B 영역. 다양성과 생물학적 변이
• 같은 종류의 생물체도 어떻게 모두 다른가?
• 이러한 점이 번식하고 생존하는데 어떠한 좋은 영향을 미치는가?</td><td>• 생물체는 유사성에 따른 분류학에 따라 분류된다.</td></tr>
<tr><td>C 영역. 생식과 유전
• 유전자 조작, 생식, 발달과 진화에 대한 이해가 어떻게 인간의 삶의 질에 영향을 미치는가?</td><td>• 생물체의 구조적 및 기능적 특징은 환경적 조건의 변화에 따른 생존 여부를 결정한다.</td></tr>
</table>

<table>
<tr><td colspan="2">성취기준 5.6 자연과학 – 화학
모든 학생은 물질의 구조와 특성을 이해한다.</td></tr>
<tr><td colspan="2">큰 개념 : 물질은 우리의 물리적 세계의 어디에나 존재한다. 물질의 구조는 물리적 속성, 화학적 반응과 활용에 영향을 미친다.</td></tr>
<tr><th>핵심 질문</th><th>영속적 이해</th></tr>
<tr><td>A 영역. 물질의 구조와 속성
• 물질의 속성이 어떻게 그 활용을 결정하는가?</td><td>• 물질의 원자 구조는 물질의 속성을 구성한다.</td></tr>
</table>

B 영역. 화학적 반응 • 화학적 반응의 유형과 정도를 결정하는 것은 무엇인가?	• 원소와 혼합물이 반응하여 새로운 혼합물을 형성하는 방법에는 몇 가지가 있으며, 각 반응은 에너지의 흐름을 포함한다.

성취기준 5.7 물리

모든 학생은 자연 법칙에 따른 운동, 힘, 에너지 전환을 이해한다.

큰 개념 : 에너지의 흐름은 모든 생물학적, 화학적, 물리적, 지질학적 시스템의 변화과정을 결정한다. 다양한 물리 및 생물학적 시스템을 분석하고 이해를 확장시키는데 에너지 보존의 법칙을 활용할 수 있다.

핵심 질문	영속적 이해
A 영역. 운동과 힘 • 한 개 혹은 몇 개의 운동 법칙이 적용되지 않는 우주는 지금의 우주와 얼마나 어떻게 다를 것인가?	• 행성과 별에서부터 당구공에 이르기까지 모든 물체의 운동에는 동일한 기본 법칙이 적용된다.
B 영역. 변화 에너지 • 물체가 에너지를 가졌는지 어떻게 알 수 있는가?	• 에너지는 다양한 형태로 존재한다. • 이러한 에너지의 형태는 몇 가지로 분류할 수 있는데, 질량의 운동과 관련된 것(운동 에너지)과 질량의 위치 및 에너지 장과 관련된 것(위치 에너지)으로 나눌 수 있다.

성취기준 5.8 지구과학

모든 학생은 지구의 구조, 역학, 지구 물리학적 시스템에 대해 이해한다.

큰 개념 : 지구의 역학 시스템은 지권, 수권, 대기권, 생물권으로 이루어져있다. 이들의 상호작용은 시스템에 지속적인 변화를 가져온다. 이러한 변화의 일부는 인간에 의해서 측정될 수도 있으나 대개는 매우 느리게 진행되어 지질학적 증거물을 통해 유추해야 한다.

핵심 질문	영속적 이해
A 영역. 토양의 특성과 물질	• 지구 시스템은 관측 가능한 속성을

• 지구에 있는 물질들의 속성과 지구의 움직임을 결정하는 물리적 법칙에 대한 이해가 어떻게 지구적 사건을 예측하도록 하는가?	가진 개별적인 요소들로 분리될 수 있다.
B 영역. 대기와 날씨 • 지구 시스템의 한 부분의 변화는 어떻게 시스템의 다른 부분에 영향을 미치는가?	• 지구의 요소들은 시스템을 구성한다. 이러한 시스템은 수시로 지속적인 상호작용을 통하여 지구의 일부 지역이나 전체 지역에 영향을 미친다.
C 영역. 지구가 형성된 과정 • 현재에 일어나는 지질학적 사건이 어떻게 지구의 과거에 대한 통찰력을 제공해 주는가?	• 지구의 요소들이 시스템을 구성한다. 이러한 시스템은 수시로 지속적인 상호작용을 통하여 지구의 일부 지역이나 전체 지역에 영향을 미친다.
D 영역. 지구를 연구하는 방법 • 기술은 인간의 감각과 지구에 대한 이해를 얼마나 확대시켰는가?	• 기술은 지구 시스템에 대한 이해와 지구 시스템이 인간의 행동에 미치는 영향에 대해 더 잘 이해할 수 있도록 한다.

성취기준 5.9 천문학과 우주 과학 모든 학생은 우주의 기원, 진화, 구조에 대해 이해한다.	
큰 개념 : 태양계는 우주의 수많은 성운 중에 하나인 은하계의 한 부분이다. 비록 구성은 상당히 다르지만, 행성의 요소와 적용되는 과학 법칙은 공통적이다.	
핵심 질문	**영속적 이해**
A 영역. 지구, 달, 태양의 체계 • 지구, 달, 태양 간의 상호작용의 결과로 발생하는 예상 및 관찰 가능한 규칙은 무엇인가?	• 관찰 및 예상 가능한 태양, 지구, 달 체계의 운동 규칙은 중력과 태양 에너지 때문에 발생한다.
B 영역. 태양계 • 태양계의 다른 행성들 및 물체들과	• 행성의 물리적 특성은 태양으로부터의 거리와 크기에 달려있다.

지구는 어떤 점이 비슷하고 어떤 점이 다른가? • 태양계는 생명이 존재하거나 지속될 수 있는 조건에 대해서 어떤 함의를 갖는가?	
C 영역. 별 • 태양과 다른 별들과의 공통점은 무엇인가?	• 태양은 별이다.
D 영역. 은하와 우주 • 우주에 질서가 있는가?	• 우주는 성운으로 구성되어 있으며, 각 성운은 동일한 원소로 구성되고, 동일한 법칙이 적용되는 태양계로 구성되어 있다.

성취기준 5.10 환경 연구

모든 학생은 환경을 인간의 행동과 자연현상에 의해 영향을 받는 상호 의존적인 요소 체계로서 이해한다.

큰 개념 : 생태계에서 생물체는 에너지의 흐름과 물질의 순환으로 서로 연결되어 있다. 인간은 자연 시스템과 인간 행동의 총화로서 생태계 평형에 영향을 미칠 수 있다.

핵심 질문	영속적 이해
A 영역. 자연의 시스템과 상호작용 • 생태계 한 부분의 변화는 어떻게 다른 부분의 변화에 영향을 미치는가?	• 생물체와 환경은 서로 연결되어 있다. • 시스템의 한 부분의 변화는 시스템의 다른 부분의 변화에도 영향을 미친다.
B 영역. 인간의 상호작용과 영향 • 인간은 어떻게 생태계의 다양성과 평형에 영향을 미치는가?	• 인간은 생태계의 생물 및 비생물적(non-living) 요소에 모두 영향을 미칠 수 있으며, 시스템 전체에 변화를 일으킬 수 있다.

4. 사회

목적: 사회과 교육은 학습자들에게 적극적이고 준비된 시민이 되는 데 필요한 지식, 기능, 태도를 제공하여 지역, 국가 및 전 세계 공동체에 기여할 수 있도록 한다.

<table>
<tr><td colspan="2">성취기준 6.1 사회 기능
모든 학생은 시민윤리, 역사, 지리, 경제에 대한 이해를 최대화하기 위해서 역사적 사고, 문제해결, 조사기능을 활용한다.</td></tr>
<tr><td colspan="2">큰 개념 : 사회기능의 발달은 학습자가 현대와 과거의 사람들, 장소, 문제, 사건들을 연구하기 위해 시간, 장소, 거리, 관계, 관점의 개념을 적용할 수 있도록 한다.</td></tr>
<tr><th>핵심 질문</th><th>영속적 이해</th></tr>
<tr><td>• 누구의 관점이 중요한가?
• 법적인 자료들을 어떻게 다룰 것인가?
• 현재의 사건은 과거의 사건과 어떻게 연결되는가?</td><td>• 역사적 사건의 의미는 여러 다른 관점에서 해석될 수 있다.
• 역사적 및 현대의 사건에 관해서 신뢰할 만한 자료와 그렇지 않은 자료가 있다.
• 역사가들은 중요한 사건들을 연결하는 연대표를 제작한다.</td></tr>
</table>

<table>
<tr><td colspan="2">성취기준 6.2 시민 윤리
모든 학생은 미국 민주주의의 가치와 원칙, 국가 및 세계 시민으로서의 권리, 책임과 역할에 대해 알고 이해하며 존중해야 한다.</td></tr>
<tr><td colspan="2">큰 개념 : 미국 민주주의의 역사적 기초와 기저의 가치 및 원칙에 대한 이해는 학습자가 시민으로서 바르고 책임 있는 결정을 내릴 수 있도록 준비시키며, 국가와 세계 시민으로서 참여를 권장한다.</td></tr>
<tr><th>핵심 질문</th><th>영속적 이해</th></tr>
<tr><td>A 영역. 시민 생활, 정치와 정부
• 정부는 무엇이며 어떤 일을 하는가?
• 규칙, 법, 정부는 왜 개인의 권리와</td><td>• 사회는 규칙, 법, 정부를 필요로 한다.
• 정부는 사람, 사회, 문화의 요구에</td></tr>
</table>

공공의 선을 항상 보호하지는 않는가? 이에 대해 어떠한 조치를 취해야 하는가?	따라 변할 수 있다. • 시민들은 자발적인 참여를 통해 정부에 영향을 미칠 수 있다.
B 영역. 미국의 가치와 원칙 • 미국의 민주주의의 기본적 가치와 원칙은 어떻게 변화해 왔으며 어떤 부분이 지속되는가?	• 미국 정부는 공정, 평등, 다양성에 대한 존중의 원칙 위에 세워졌다.
C 영역. 헌법과 미국 민주주의 • 헌법에 따라 설립된 미국 정부는 미국의 꿈을 그 목적, 가치, 원칙에 어떤 방식으로 반영하는가? • 공식적으로 표명되지 않아도 정부의 결정이 헌법에 기초하고 있다는 것이 어떻게 나타나는가? • 미국 시민의 책임과 역할은 왜 변화해 왔는가?	• 헌법은 살아있는 문서로서 정부와 시민의 역할과 책임을 정의한다.
D 영역. 시민권 • 시민과 집단들은 민주주의 과정에 어떻게 효과적으로 참여하는가? • 미국 시민의 권리들이 상충하지는 않는가?	• 시민권은 일생 동안 지속되는 노력이다. • 정부 활동에 적극적으로 참여하는 것은 시민의 책임이며, 그렇지 않다면 국가는 소수를 위해 소수가 운영하는 것이 될 것이다. • 공동선은 개인 권리의 희생을 요구할 수 있다. 공동선과 개인 권리 간의 섬세한 균형을 유지하기 위해 모든 시민이 함께 노력해야 한다.
E 영역. 세계 교육 - 세계적 변화, 문화와 관계 • 미국이 다른 국가들과 맺은 형식적 및 비형식적 관계는 무엇인가? • 문화들이 상호작용할 때 어떤 사회적, 정치적, 경제적 기회와 문제가 발생하는가?	• 국가들은 무역, 조약, 무력을 통해 상호작용한다. • 지구는 한 국가의 행동이 다른 국가들에게 영향을 미치는 세계적 공동체이다. • 전 세계적 문제와 도전에 대한 미국의 관점은 다른 국가 및 민족의 관

• 개인 및 집단의 정체성을 어떻게 강화하면서 타인의 정체성을 존중하고 인정해 줄 수 있는가?	점과 같지 않을 수 있다.

성취기준 6.3 세계사

모든 학생은 과거의 삶과 사건을 이해하고 현재 및 미래와 연결짓기 위해 세계사 지식을 활용할 수 있다.

큰 개념 : 세계사는 학생들이 타 문화의 사람들과 상호작용하고 현재 및 과거의 사회에 대해 학습하고 비판적으로 사고하는 바른 세계 시민으로 준비될 수 있도록 한다.

핵심 질문	영속적 이해
A-H 영역 : • 역사에서 일반적으로 배울 수 있는 것은 무엇인가? • 무엇이 시간이 흐르는 동안 사회를 변화시키는가? • 기술과 인구의 변화가 21세기 사회에 어떠한 영향을 미쳤는가? • 정치적 및 사회적 갈등은 왜 발생하는가? • 역사의 변화에 개인이 미친 영향은 어느 정도인가? • 어떻게 개인과 집단이 편견, 폭력성, 차별에 맞서왔는가?	• 과거는 현재와 미래에 영향을 미친다. • 사회는 내부 요소와 외부 요소에 모두 영향을 받는다. • 갈등은 인간 조직의 피할 수 없는 본성이다. • 모든 갈등이 해결될 수 있는 것은 아니다. • 모든 사회문제가 해결될 수 있는 것은 아니다. • 개인은 사회에 긍정적 변화를 일으킬 수 있다.

성취기준 6.4 미국 및 뉴저지 역사

모든 학생은 과거의 삶과 사건을 이해하고 현재 및 미래와 연결짓기 위해 미국과 뉴저지의 역사 지식을 활용할 수 있다.

큰 개념 : 미국과 뉴저지의 역사에 대한 학습은 학습자가 과거와 현재의 관계를 볼 수 있도록 하며, 현재의 주 및 국가의 문제를 역사적인 관점에서 조망할 수 있는 사고와 행동으로 이어질 수 있도록 한다.

핵심 질문	영속적 이해
A 영역 : 가족 및 공동체 생활 • 우리 가족의 유산과 전통이 어떻게 현재 가족의 삶에 영향을 미쳤는가? • 나는 어떻게 과거와 연결되어 있는가? • 때때로 왜 전통은 지속될 수 없는가? • 미국 역사에서 뉴저지는 어떠한 기여를 하였는가?	• 다양한 문화적 전통과 유산이 우리 주와 국가의 다양성에 기여한다.
B-L 영역 : • 이민자들이 세운 국가로서 어떻게 계속되는 이민을 규제할 수 있는가? • 21세기에도 미국이 세계의 슈퍼파워로 남을 것인가? 왜 그런가? • 미국과 같은 다양성의 사회가 다수의 힘과 소수의 권리 사이에서 어떻게 공정한 균형을 이룰 수 있는가? • 인종에 대한 편견이 왜 아직도 남아 있는가? • 우리에게 세계 문제를 해결해야 하는 윤리적 책임이 있는가? • 미국은 기회의 땅인가?	• 미국은 이민자들이 세운 국가이다. • 미국은 자연자원, 힘든 노동, 혁신으로 만들어졌다. • 개인과 집단은 미국에서 시민의 권리를 이루기 위해 노력하였다. • 부유한 국가는 그렇지 못한 다른 국가들에 대한 책임이 있다. • 아메리칸 드림은 누구나 노력을 통해서 목표를 이룰 수 있다는 아이디어이다.

<table>
<tr><td colspan="2">성취기준 6.5 경제
모든 학생은 핵심적인 경제원칙에 대해 이해한다.</td></tr>
<tr><td colspan="2">큰 개념 : 경제를 연구하는 것은 전 세계, 공적 및 사적 영역, 개인의 의사결정에서 자원의 관리에 대한 이해를 촉진시킨다.</td></tr>
<tr><td>핵심 질문</td><td>영속적 이해</td></tr>
<tr><td>A 영역 : 경제 소양
• 가격은 어떻게 결정되는가?</td><td>• 수요와 공급은 자본주의 사회의 기초적인 경제 원칙이다.</td></tr>
<tr><td>B 영역 : 경제와 사회
• 민주주의 정부는 비즈니스를 어느 정도 규제할 수 있는가?
• 미국이 경제적으로 번영한 이유는 무엇인가?
• 경제에서 정부의 활동에는 한계가 있는가?
• 국내 및 국제무역은 얼마나 자유로워야 하는가?</td><td>• 비즈니스의 규제는 독재 정부보다 민주주의에서 더 잘 기능한다.
• 여러 가지 요소에 의해 미국에서 생활 수준이 향상되었다.
• 지역, 주, 연합 정부는 세금을 사용하여 상품과 서비스를 제공한다.
• 자국 생산품을 보호하는 것은 다른 국가들의 반발을 일으킬 수 있다.</td></tr>
</table>

<table>
<tr><td colspan="2">성취기준 6.6 지리
모든 학생은 공간적 관계에 대한 지식과 그 밖의 지리적 기능에 대한 이해를 적용하여 인간의 행동을 물리적 및 문화적 환경과 관련하여 이해한다.</td></tr>
<tr><td colspan="2">큰 개념: 지리학 지식과 지리적 기능의 적용은 학생들이 사람과 사람의 행동, 장소, 환경의 관계를 이해할 수 있도록 하여 문제 해결 및 역사적 이해를 돕는다.</td></tr>
<tr><td>핵심 질문</td><td>영속적 이해</td></tr>
<tr><td>A 영역 : 공간적 용어로서의 세계
• 지리학의 도구들과 기술은 지구의 공간적 분산 및 규칙에 대한 질문을 어떻게 제기하고 해결하는가?</td><td>• GIS, GPS, 인터넷과 같은 기술적 도구들은 위치, 거리, 방향의 이해와 관련된 문제 해결을 돕는다.</td></tr>
</table>

B 영역 : 장소와 지역 • 인간의 이주가 지역에 어떠한 영향을 미치는가?	• 지역의 물리적 특성과 인간의 습성은 시간이 지남에 따라 변화한다. • 지역의 지리적 차이는 사회적, 경제적, 정치적 차이를 가져올 수 있다.
C 영역 : 물리적 시스템 • 지리적 특성은 바꿀 수 없는가? • 천연 자원은 역사의 흐름에 어떠한 영향을 미쳤는가?	• 우리가 사는 장소는 어떻게 사는가에 영향을 미친다. • 천연 자원은 국가의 부를 결정한다.
E 영역 : 환경과 사회 • 기술의 잠재적 한계는 무엇인가? • 인간의 행동과 환경은 서로에게 어떠한 영향을 미치는가? • 지구 온난화는 얼마나 큰 위협인가?	• 기술 혁신은 세계를 상호연결 짓는다. • 기술의 변화는 환경에 영향을 미친다.

* 출처:http://www.nj.gov/education/aps/njscp/

[부록 3] 텍사스주 저학년 사회과 단원 개발 사례

다음은 텍사스주 Weatherformd 지역의 사회과 자문교사인 Joy Bailery가 백워드 설계 모형에 따라 개발한 초등학교 저학년(1학년) 사회과 단원이다. 텍사스주 교육부 홈페이지에는 텍사스주에서 개발한 사회과의 핵심 지식과 기능에 따라 학년 별로 백워드 설계 모형에 따라 개발한 단원 사례를 제시하고 있다. 특징적인 것은 사례 단원마다, 백워드 설계 모형의 요소에 대한 설명을 제시한 점이다.

단원명 : "재화와 용역의 선택"

과목/학년 : 사회과 1학년 단원

단원개발 컨설턴트 :

Joy Bailery
Social Studies Coordinator
Weatherford ISD

> **주**
>
> 이 단원의 요소에 대한 설명은 단원 전반에 걸쳐서 박스로 처리하였다. 이 설명은 Grant Wiggins and Jay McTigh (1999, 2005)가 쓴 Understanding by Design에 기초한다.

Understanding by Design 단원 계획 개관

◆학생들이 알아야만 하고, 할 수 있어야만 하는 것을 확인함으로써 최종적으로 학생들에게 기대하는 학습결과를 마음에 두고 단원 계획을 시작한다.

- 영속적 이해
  - 포괄적 이해
  - 소재적 이해
- 핵심 질문
  - 포괄적 핵심 질문
  - 소재적 핵심 질문
- Texas Social Studies Essential Knowledge And Skills(TEKS) as objectives
  * 여기에서 이해란 "일반화를 이해한다"의 의미임

◆학생들의 이해의 증거를 다음을 통해서 확인한다.

- 수행과제(Performance tasks)
- 다른 평가 증거(Other assessments)

◆WHERE 과정을 통해 학생들의 이해를 촉진할 수 있는 학습경험과 수업을 만들어라:

- Where
- Hook
- Explore/Enable/Equip
- Rethink/Reflect
- Exhibit/Evaluate
- Tailored
- Organize

단원 개요

이 단원에서는 학생들이 자신이 사는 지역에 필요한 비즈니스 모델을 만들고 해당 비즈니스에서 제공되는 재화와 용역에 대하여 알리는 브로슈어를 만든다. 브로슈어에는 학교에 전학 와서 그 지역을 잘 모르는 학생이 가족과 함께 그들의 필요와 욕구를 충족시키기 위해 이용할 수 있는 정보를 포함시켜야 한다. 학생들의 만든 브로슈어는 재화와 용역, 필요와 욕구, 경제적 선택에 대한 학생들의 이해를 반영해야 한다.

영속적 가치가 있는 이해(Enduring Understanding)란 무엇인가?

영속적 가치가 있는 이해란 단원 개념으로서 :

- 교실 밖에서도 지속적으로 가치를 가짐.
- 교과의 핵심에 자리하며, 교과의 지식을 "doing"하는 것을 포함.
- 추상적이거나 때로는 오해한 아이디어에 대한 심층적 학습(uncoverage)을 요청함.
- 학생들의 참여 가능성을 제공함.

포괄적 이해

- 단원의 내용 지식을 초월한다.
- 다른 학년과 코스에서도 동일한 개념이 적절하게 표현을 달리하여 발견된다.

포괄적 이해

- 재화와 용역을 교환한다는 것은 사람들이 자신의 다양한 욕구와 함께 기본적인 필요를 충족시키기 위해서 경제적 선택을 하는 것이다.

소재적 이해

- 단원의 주제에 한정된다.
- 단원의 구체적인 지식과 기능으로부터 도출된 일반화를 포함한다.

소재적 이해

- 지역 수준(우리 동네)에서 재화와 용역을 교환한다는 것은 사람들이 자신의 다양한 욕구와 함께 기본적인 필요를 충족시키기 위해서 경제적 선택을 하는 것이다.

핵심 질문이란 무엇인가?

단원의 길잡이로서 핵심 질문은 :

- 교과의 심층(heart)으로 파고들게 한다.
- 개인의 학습을 통해서 그리고 해당 교과의 역사 속에서 자연스럽게 되풀이된다.
- 다른 중요한 질문들을 불러일으킨다.
- 영속적 가치가 있는 이해에 도달할 수 있는 교과와 주제의 출입문이 되어준다.
- 명백한 정답이 없는 질문이다.
- 학생들의 흥미를 불러일으키고 유지시킬 수 있도록 하기 위해 계획적으로 만든 질문이다.

포괄적 핵심 질문

- 단원을 넘어서는 큰 개념과 영속적 가치가 있는 이해를 지향한다.
- 구체적인 주제나 사건을 언급하는 것이 아니다.

포괄적 핵심 질문

- 욕구와 필요는 어떻게 다른가?
- 재화와 용역은 어떠한 방식으로 기본적 요구와 필요를 충족시키는가?
- 사람들은 돈을 써야겠다는 선택을 할 때 어떤 요인들을 고려하는가?

소재적 핵심 질문

- 단원의 내용 지식을 초월한다.
- 다른 학년과 코스에서도 동일한 개념이 적절하게 표현을 달리하여 발견된다.

소재적 핵심 질문

- 지역수준에서는 재화와 용역의 교환을 통해 어떻게 기본적인 필요와 욕구를 충족시키는가?

이 단원의 특기 사항

이 단원은 인간의 기본적 필요, 돈을 버는 방법, 일의 가치라는 사회과 개념에 중점을 두는 수업으로 실행된다.

수행과제 요약

학생들은 학급에 있는 다른 학생들에게 재화와 용역을 공급하기 위해 일을 하게 된다. 학급의 경제체제에서는 학생들이 재화와 용역을 사고파는데 화폐를 사용한다.

1학년 사회과 핵심 지식과 기능 : 단원의 목표

이 단원의 목표

1학년

(1.7) **경제학**. 학생들은 재화와 용역을 이해한다.	학생들은 다음을 할 수 있다. (A) 집, 학교, 지역에서 재화와 용역의 사례를 확인한다. (B) 사람들이 재화와 용역을 교환하는 방식을 확인한다.
(1.8) **경제학**. 학생들은 원하는 재화와 용역을 모두 가질 수 없는 조건을 이해한다.	학생들은 다음을 할 수 있다. (A) 사람들은 가질 수 있는 것보다 더 많은 것을 갖고 싶은 욕구가 있다는 사례를 확인한다. (B) 사람들이 가질 수 있는 것보다 더 갖고 싶어 하는 욕구가 선택을 요구한다는 이유를 설명한다.
(1.17) **사회과 기능**. 학생들은 비판적인 사고기능을 테크놀로지를 포함하여 다양한 자원으로부터 수집한 정보를 조직하고 사용하는데 적용한다.	학생들은 다음을 할 수 있다. (A) 대화, 면담, 음악 등과 같은 다양한 구두 자원을 활용하여 주제에 대한 정보를 수집한다.

	(B) 그림, 그래픽, TV, 지도, 컴퓨터 이미지, 문학, 인공물 같은 다양한 시각 자료를 활용하여 주제에 대한 정보를 수집한다.
(1.18) **사회과 기능.** 학생들은 글로, 구두로, 시각적 형식으로 의사소통한다.	학생들은 다음을 할 수 있다. (A) 아이디어를 지식과 경험에 기반하여 구두로 표현한다. (B) 그림, 지도, 연대기, 그래프를 포함하는 시각 자료와 문자 자료를 고안한다.

이해의 측면들은 무엇인가?

영속적인 이해를 분석하는 데는 여섯 가지 측면이 있다. 각각의 이해의 측면에 대한 설명은 아래 오른쪽 박스에 제시한다.

이해의 측면	이 단원에의 적용 예
설명하기 사건, 행위, 아이디어에 대한 정당한 근거를 제공하는 지적이고 적절한 설명이나 이론	재화와 용역의 교환은 어떠한 방식으로 우리의 기본적인 필요와 욕구를 충족시키는가?
해석하기 의미를 제공하는 해석, 이야기(narratives), 번역	학급에서 판토마임으로 직업을 보여준다. 다른 학생들은 무슨 직업인지 추측하고 그 직업이 제공하는 재화와 용역을 알아낸다.
적용하기 지식을 새로운 상황과 다양한 맥락 속에서 효율적으로 활용하는 능력	자신이 선택한 비즈니스에 관한 브로슈어를 만든다.
관점 가지기 비판적이고 통찰이 있는 견해	사람들은 돈을 쓰는 선택을 하면서 어떤 요소들을 고려하는가?

공감하기 다른 사람의 느낌과 세계관을 그 사람처럼 느끼는 능력	여러분의 가족에게 가장 중요한 재화와 용역은 무엇인가?
자기 지식 가지기 자신의 무지와 어떻게 사람의 사고와 행동 양식이 이해를 돕기도 하지만 편견을 가져오기도 하는 지에 대한 것을 아는 지혜	학교에서 사람들이, 여러분을 포함해서, 해야 할 일을 제대로 수행하지 않는다면 학교는 어떻게 될까?

수행과제란 무엇인가?

수행과제란 학생들이 개념과 일반화와 관련하여 알아야 하고 할 수 있어야 하는 것을 드러낼 수 있는 기회를 제공하는 하나의 복잡한 시나리오를 의미한다. 수행과제의 요소는 머리글자 GRASPS로 요약된다. 목표 (goal)는 과제의 목적을 언급한다; 역할(role)은 시나리오에서 학생들의 참여를 설명한다; 청중(audience)은 학생들이 대상으로 하는 사람들을 확인한다; 상황은 시나리오를 설명한다; 산출물(product)은 학생 이해의 구체적인 증거이다; 기준(standards/criteria)은 학생들이 어느 정도 과제를 성공적으로 완수하였는가를 묘사한다.

GRASPS: 수행과제 윤곽

GRASPS	이 단원에서의 GRASPS 적용 예
목표(Goal) • 과제에 대한 공식적 설명을 제공한다. • 과제의 목표, 문제, 도전, 장애물을 수립한다.	이 과제의 목표는 학생들이 새로 전학 온 학생에게 지역의 비즈니스에 대해 정보를 제공하는 것이다.
역할(Role) • 과제에서 학생이 담당해야 할 역할을 결정한다. • 과제에서 학생이 담당해야 할 일을 진술한다.	학생의 역할은 전학 온 학생들과 그들의 가족에게 지역 비즈니스에 관한 정보를 제공하는 것이다.

청중(Audience) • 시나리오의 맥락에서 목표로 하는 청중을 결정한다. • 청중으로 의뢰인이나 위원회를 포함시킨다.	청중은 학급 친구, 전학 온 학생, 참관 온 지역 상공회의소 위원들이다.
상황(Situation) • 시나리오의 맥락을 결정한다. • 상황을 설명한다.	상황은 다른 학생들에게 지역 비즈니스에 관해 정보를 주는 지역 대표의 역할을 하는 학생을 포함한다.
산출물(Product) • 학생들이 최종적으로 만들어 내야 하는 것과 왜 그것을 만들어 내야하는 가를 명료하게 제시한다.	모든 학생들은 각자 하나의 지역 비즈니스 모델과 브로슈어를 성공적으로 산출한다. 브로슈어는 경제 용어, 즉 "재화, 용역, 욕구, 필요"를 포함한다. 완성된 모델과 브로슈어는 학교 또는 지역 상공회의소에 전시된다.
기준(Standards and Criteria) • 학생들에게 성공의 모습을 확실하게 제시한다. • 성공에 대한 구체적인 기준을 확인한다. • 학생들에게 루브릭을 제공한다.	수행과제의 성공적 완수에 요구되는 것은 루브릭 4 수준에서 설명된다.

수행과제 서술

교사는 학생들에게 다음과 같이 이야기 한다. 올해 우리는 인간의 기본적인 필요와 이러한 필요가 어떻게 충족되는지에 대해 공부하였다. 우리가 사는 지역에 사는 많은 사람들은 여러분의 가족에게 재화와 용역을 제공하는 직업을 가지고 있다. 직업을 가진 사람들은 그들이 제공하는 재화와 용역에 대해서 임금을 받는다. 여러분의 부모님도 역시 다른 사람에게 재화와 용역을 제공하는 직업을 가지고 있다. 그들이 받는 임금은 여러분 가족의 욕구의 일부와 필요를 충족시키기 위해서 사용된다. 새로운 학생이 우리 지역으로 이사 오면, 그들은 가족과 함께 가족이 필요로 하는 것과 원하는 것을 사기 위해서 어디로 가야할 지를 잘 모른다. 여러분은 짝 한명과 함께 우리 지역에 하나의 사업 모형(business model)을 만들어내야 한다. 여러분은 새로 전학 온 학생이 알기를 원한다고 생각하는 사업 한 가지를 선택한다. 사업 모형은 박스, 두꺼운 마분지, 색도화지, 그리고 교실에서 활용 가능한 자료들을 사용해서 만들어야 한다. 모형은 가능한 실제와 비슷하게 만들어야 한다. 여러분은 모형을 만드는데 필요하다면 실제 해당 사업장의 사진을 붙여놓고 사용할 수 있다. 모형 만들기가 끝나면, 여러분은 짝과 함께 사업의 이름, 그 사업이 제공하는 재화와 용역의 목록을 쓰고, 여러분이 선택한 사업이 어떠한 욕구와 필요를 충족할 수 있는지를 설명하는 브로슈어를 만들어야 한다. 우리가 이 일을 완성하게 되면, 우리는 상공회의소 회원을 초빙해서 여러분들은 여러분들이 한 일을 그들에게 설명하게 될 것이다. 여러분이 완성한 모형과 브로슈어는 학교 벽이나 상공회의소에 게시하게 될 것이다.

루브릭(Rubric)이란 무엇인가?

루브릭이란 평가자가 학생들의 활동에 관해 신뢰성 있는 판단을 할 수 있도록 하고, 학생들로 하여금 자기평가를 할 수 있도록 돕는 채점 기준(scoring guide)이다. 루브릭은 다음 질문에 대해 답을 제공한다: 목표하는 성취(mastery) 또는 다양한 성취의 정도는 어떤 특징과 모습을 갖는가?

수행과제 루브릭

수행의 최고 수준부터 제시 :

Level 4 - 급우들에게 제공하는 사업과 정보를 선택하는 데 있어서 창의적인 접근을 함. 활동에 능동적으로 참여하면서 짝과 함께 모형과 브로슈어의 세부적인 부분까지 완성함. 재화와 용역, 직업의 필요성의 개념을 일반화하는 수준의 이해를 나타내면서 다른 사람들에게 프로젝트를 설명함.

LEVEL 3 - 수업에서 제공된 목록에서 사업을 스스로 선택함. 짝과 함께 모형과 브로슈어를 완성하지만, 때때로 과제를 수행하는 데 지시를 받음. 재화와 용역, 직업의 필요성의 개념을 일반화하는 수준의 이해를 나타내면서 다른 사람들에게 프로젝트를 설명함.

LEVEL 2 - 수업에서 제공된 목록에서 사업을 선택하지만, 과제를 수행하는 데 지시를 많이 받음. 짝과 함께 모형과 브로슈어를 완성하기 위해 활동을 하지만, 많은 도움이 필요함. 재화와 용역, 직업의 필요성에 대한 개념에 대한 일반화 수준의 이해를 거의 하지 못함.

LEVEL 1 - 수업에서 제공된 목록에서 사업을 선택하지만, 과제를 완성하기 위해서 교사의 일대일 상호작용이 요구됨. 모형과 브로슈어를 완성하기 위해 활동을 하지만, 스스로 활동을 성공적으로 마치지 못함. 재화와 용역, 직업의 필요성에 대한 개념을 이해하지 못함.

수행의 다른 증거들은 무엇인가?

수행과제 이외의 수행의 다른 증거의 예들은 다음을 포함한다.
- 관찰/대화 - 교실 토론, 상담, 모니터링
- 퀴즈/테스트 - 사지 선다형, 예고 없는 쪽지 시험, 오픈 북 시험, 에세이, 구두 시험, 보고서
- 프로젝트 - 장기간에 걸친, 여러 가지 과제에 기초한 연구

다른 수행의 증거:

- 학생들은 직업, 재화, 용역, 욕구, 필요, 자원봉사라는 단어를 포함하는 자신의 그림 사전을 만든다.
- 학생들은 캠핑 여행을 가려고 할 때 필요한 물건 목록을 만들고, 이를 기본적 필요와 욕구로 범주화한다.
- 학생들은 학급 활동에서 생성된 직업 목록에서 하나의 직업을 선택하여 카드에 그림을 그리고, 카드 뒷면에는 적어도 하나의 문장을 포함하여 그 직업에 대해 설명하는 글쓰기를 한다.
- 학생들은 학생들 앞에서 직업을 팬터마임으로 표현한다. 다른 학생들은 팬터마임으로 표현된 직업을 추측하고 그 직업이 제공하는 재화와 용역을 찾아낸다.
- 학생들은 과제 말미에 핵심 질문에 대해 답을 한다.

단원의 구조

WHERE: 단원의 순서

머리글자 WHERE는 무엇인가?

머리글자 WHERE는 다음을 의미한다. where는 단원이 처음부터 끝까지 어디로 가는지; hook는 학생들의 흥미와 관심을 끌고 어떻게 몰입하게 할 것인지; explore & equip는 어떻게 교과를 탐색하게 하고, 학습을 준비시킬 것인지; rethink & reflect는 학생들의 활동과 아이디어를 어떻게 다시 생각하게

<table>
<tr><td colspan="2">하고 반성적으로 사고하게 할 것인지; exhibit/evaluate는 학생들의 결과를 어떻게 게시하고 평가할 것인지를 의미한다.</td></tr>
<tr><th>WHERE의 요소</th><th>이 단원에서의 WHERE 적용 예</th></tr>
<tr><td>Where

• 단원이 어디로 향해 갈 것인지에 대한 개요를 제시한다.
• 단원 시작 시점부터 학생들이 단원에서 기대하는 바를 의식하게 한다.</td><td>• 탐구 질문을 교실 벽면에 게시하고 학생들과 함께 검토한다.
• 학생들에게 친숙하지 않은 단어들의 의미를 검토한다. 학생들에게 탐구 질문에 관해서 서로 이야기하게 하고, 그들이 생각하는 답을 추측해 볼 수 있는 시간을 준다.
• 학생들과 수행과제에 대해 논의한다.</td></tr>
<tr><td>Hook

• 학생들을 생각하게 만들고 흥미를 불러일으킬 수 있는 주안점을 적용한다.
• 쟁점, 이상한 점, 문제, 이해를 지향하게 하는 도전, 핵심 질문, 핵심 아이디어, 최종 수행과제를 활용한다.</td><td>• 학생들에게 그들의 책상 또는 가방에 있는 물건들의 그림을 그리게 한다.
• 필요와 욕구의 일반적 의미를 논의한다.
• 학생들은 소집단으로 필요와 욕구에 따라 그림으로 그린 물건들을 분류하고 이를 차트로 만든다.
• 소집단별로 급우들에게 자신들의 생각을 발표하고 토의한다.</td></tr>
<tr><td>Explore/Enable/Equip

• 학생에게 단원의 큰 개념을 연구하고 탐색하도록 허용하는 학습경험을 제공한다.
• 학생에게 안내된 수업과 코칭을 통해 최종 수행을 해낼 수 있도록 준비시킨다.</td><td>• 학생들은 직업, 재화, 용역, 필요, 욕구, 자원봉사라는 단어를 포함하는 개인용 그림 사전을 만든다.
• 학생들은 각 단어의 의미를 기억하는 것을 도울 수 있는 원본 그림을 보고 그린다.(이 단어들은 일 년 동안 사회과 단어 사전에 포함시키든가, 아니면 단원 단어 사전으로 만들 수도 있다.)
• 학생들은 캠핑 여행에 관한 이야기책을 읽는다.
• 각 학생은 캠핑을 갈 때 꼭 가져가야 할 물품을 세 가지씩 선택한다.</td></tr>
</table>

	• 그런 다음 학생들은 자신이 선택한 물건들을 발표한 다음 칠판에 학급 목록을 만들기 위해 칠판이나 궤도지에 그것을 쓴다. • 학생들에게 어떻게 캠핑에 꼭 필요한 세 가지 물건을 선택하는 결정을 하였는가에 대해 질문한다. • 학생들은 두 명씩 짝지어서 학급 목록에 나온 물건들을 하나하나씩 욕구인지 필요인지 범주화하고 토론한다. • 급우들과 서로의 생각을 나누고 토론한다. • "If You Give a Mouse a Cookie" 책을 읽는다. • 학생들에게 자신이 원하지만 가질 수 없었던 상황을 떠올려 보라고 한다. • 선택을 해야 할 필요와 선택을 해야 할 때 고려해야 할 요소들을 토론한다. • 쥐(mouse)가 원하는 모든 것의 목록을 함께 만든다. 그리고 이것들을 욕구 또는 필요로 범주화하게 하고 왜 그렇게 생각했는지를 설명하게 한다. (쥐가 원했던 것들을 나타내는 그림이나 실제 대상물을 박스에 담아둔다.) • 학생들에게 "If you Give a Child a Pencil" 또는 "If you Give a Teacher a Book"와 같은 새 책의 제목들을 생각해 보라고 한다. 학생들은 생각해 낸 제목을 가지고 형식을 따라서 그리고 욕구와 필요의 개념을 사용하여 새로운 책을 써 보도록 한다. • 사람들은 어떻게 자신의 욕구와 필요를 만족시키는가? 그리고 이러한 사실이 어떻게 재화와 용역과 관계되는가? • 학생들의 사고를 촉진시키기 위해서 사람들의 직업에 대한 삽화가 들어있는 책을 한두 권 읽게 한다. • 학생들과 함께 직업의 목록을 생성한다. 직업의 목록을 재화와 용역을 제공하는 방식에 따라 학생들과 함께 범주화한다.

	• 학생들에게 급우들에게 팬터마임으로 직업을 묘사하고, 보는 학생들에게 직업을 추측하게 하고 그 직업이 어떤 재화 또는 용역을 제공하는지 알아맞히도록 한다. • 지역의 사업과 직장인의 그림과 사진을 게시판에 게시한다. 그림들은 종이에서 오린 것, 부모가 보내온 것, 폴라로이드 또는 디지털 카메라로 찍은 사진을 포함한다. • 학생들과 함께 각 그림이 나타내는 사업에 대한 이야기를 한 문장으로 쓴다. 이때 학생들의 개인 단어 사전에 있는, 이 사업과 관련된 단어들을 포함해서 쓰도록 한다. • 게시판 뒤에 또는 컬러 코딩을 사용해서 재화를 제공하는 사업과 용역을 제공하는 사업을 구분한다. • 각 학생들에게 빈 인덱스카드나 두꺼운 종이를 나누어 주고, 한 쪽에는 자신이 이전 활동에서 생성한 목록에서 하나의 직업을 수행하는 그림을 그리게 한다. 카드 뒤편에는 학생들에게 "재화 또는 용역"의 단어를 포함해서 자신이 선택한 직업을 표현하는 문장을 적어도 한 개 이상 쓰게 한다. • 완성된 카드를 모아서 천장에 붙이거나 모빌을 만들어서 전시한다.
Reflect/Rethink • 학생들이 개념을 사용하면서, 다시 생각해 보는 기회를 제공한다. • 필요하면, 수정하고, 연습하고, 정련하게 한다.	• 수행과제를 마치면서, 학생들에게 모형들에 대해 반성적으로 생각하게 한다. 학생들에게 어떤 재화와 용역이 가족들에게 가장 중요한 것이었는지, 왜 그렇게 생각하는지에 대해 말하게 한다. • 과제 말미에 각 학생들에게 핵심 질문에 대해 답해 보도록 한다. • 학생들로 하여금 그들의 답을 급우들과 공유하게 하고 최종 교실 토론을 하게 한다.

Exhibit/Evaluate	
• 학생들의 활동을 질과 효율성의 측면에서 평가한다. • 최종 수행과제와 다른 평가 증거를 통해 이해한 것을 드러내게 한다.	• 학생들은 재화와 용역의 교환이 사람들의 기본적인 필요뿐만 아니라 욕구의 많은 부분을 충족시킬 수 있다는 것과 선택의 행위를 필요로 한다는 이해를 수행과제를 통해서 드러낸다.

*출처: http://ritter.tea.state.tx.us/ssc/downloads/toolkits/K-5/Grade_1/G1%20 Exemp%20Curr%20Unit.pdf (2009.9.1 download)

[부록 4] 교사의 단계별 단원설계 루브릭

1. 1단계 - 기대하는 학습결과 확인하기 루브릭

영역	뛰어남	우수함	노력이 요구됨	부족함
내용 기준	단원에 관련된 모든 교과의 내용기준들을 포함시켰다.	단원과 직접 관련되는 구체적인 내용기준들만을 포함시켰다.	단원과 관련된 일반적인 내용기준의 영역만 포함시켰다.	내용기준 없이 선호도와 개인적 관심에 근거하였다.
핵심 질문	단원의 소재를 학습하는 학생들의 나이 및 인지 수준에 맞는 핵심 질문들을 만들었으며, 이 질문들은 학생들이 깊이 있게 사고하도록 하며 탐구를 가능하게 하는 방식으로 설정되었다. 또한 그 질문들은 다른 학습에 전이가 가능한 이해해야 할 중요한 내용들을 드러낸다.	핵심 질문들은 학생들에게 흥미롭고 답하기를 원하는 방식으로 구성되었다. 그러나 학생들이 질문에 대한 답을 선행지식에 비추어 쉽게 답할 수 있도록 설정되었다.	개방적 질문을 사용하였으나 그에 대한 답들은 깊이 있는 사고를 요구하지 않는, 쉽고 명백한 질문들로 설정되었다.	정답이 분명하고 단순한 사고를 요구하는 질문들로 설정되었다.
일반화	이해를 요구하는 일반화들은 교과가 기반하고 있는 학문의 핵심에 놓여있으며 핵심 질문의 내용이 반영되어 있다. 즉, 해당 단원의 학습소재들이나 사실적 지식들을 넘어서는 '빅 아이디어'	대체로 빅 아이디어들을 반영하고 있으나 몇 몇 진술은 '알아야 할 지식'과 혼용하고 있다.	빅 아이디어가 드러나 있지 않고 잠재적으로만 녹아있다.	다른 학습에의 전이가 없이 특정 맥락에서만 사용되는 방식으로 기술되어있다.

	또는 큰 개념이 반영되어 있다.			
사실적 지식 및 개념	핵심 질문들을 답하는 데에 요구되는 정보들과 사실, 개념들을 열거하였다. 또한 이들은 일반화를 구성하는 구체적인 예 또는 부분들이다.	전체 단원의 학습에 필요한 주요 사실들과 개념들을 포함시켰으나 핵심 질문들을 답하는 데에 필요한 정보들이 다소 결여되어있다.	중요한 몇 가지 사실들과 개념들만을 나열했을 뿐 단원 전반에 비추어 볼 때 종합적이지 않다.	포함된 사실과 정보들이 협소하고 때로는 정확하지 않다.
사고기능 및 과정적 지식	핵심 질문들을 답하는데 필요한 교과특수적 기능과 고등 사고기능들을 비롯한 일반적 기능들을 포함시켰다.	핵심 질문들을 답하는 데 필요한 기능들을 포함시켰으나 학습목표와 혼용하는 경향이 있다.	단원의 소재와 관련된 '재미있는' 활동들을 기술하였다.	주로 단순 암기를 요구하는 활동만 포함시켰다.

2. 2단계 - 다양한 이해의 증거 결정하기 루브릭

영역	뛰어남	보통임	노력 요함	부족함
일관성 (aligneme n)t	이해의 증거로서 평가들이 단원의 학습활동들과 일관된다. 즉 학습자들이 알고, 할 수 있어야 할 모든 것들이 다양하게 평가되고, 기대되는 학습의 결과물로서의 이해, 평가, 학습활동 간의 관련성이 드러난다.	평가가 단원의 학습내용과 일관되지만 구체적이지 않고 명백히 드러나지 않으며 암묵적으로 제시되어 있다.	평가가 단원의 학습내용과 어떻게 관련이 되는지를 알기 힘들고 단지 몇 개의 핵심 질문에 대한 증거 수집을 열거하였다.	평가가 단원의 학습내용과 어떻게 관련이 되는지가 전혀 드러나지 않는다.

수행 과제들	수행과제에서 기대하는 학습의 결과들을 풍부하게 구체화하면서, 1단계의 핵심 질문들을 다룬다. 또한 실생활에 가까운 문제해결을 통하여 학생들이 맥락 속에서 수행을 할 수 있도록 한다. 이해하지 않고는 과제를 성공적으로 수행할 수 없도록 되어 있다.	수행과제에서 핵심 질문들을 다루고 있으나 기대하는 학습결과의 단지 한 부분에만 초점을 맞추고 있다. 실생활 과제의 모습을 갖추고 있으며, 이해를 한 학생들만이 과제를 성공적으로 수행할 수 있도록 개발되었다.	단순히 "재미있는 활동"의 형태로 구성되었으며 핵심 질문들과의 관련성이 명백하게 드러나지 않는다. 실생활 적용을 시도하였으나 기대하는 학습결과물과 학습과정의 구체성이 결여되어 있다.	학습자들이 이해하기를 원하는 것과의 관련성이 없는 단순히 재미있는 활동들에 관여시키는 방식으로 과제들이 구성되었다.
다른 증거들	단원 학습에 필요한 지식과 기능의 습득을 드러내는 여러 가지 평가 기회를 제공하였다. 학습자들이 알아야 할 것을 드러낼 수 있도록 다양한 전통적인 평가방법들을 고안하였다. 수행과제의 결과물과 함께 '다른 이해의 증거'들은 학습자들이 알고, 이해하고, 할 수 있어야 하는 모든 것들을 지원하였다.	학습자들이 습득해야 하는 지식과 기능들을 평가하고 있으나 전통적인 평가 방식들이 다양하게 사용하지 않았다. 또한 단원에서 반드시 요구되는 것들을 알고 할 수 있어야 하는 것에만 평가가 한정되는 경향이 있다.	수행과제 이외의 평가방법들을 기술하였으나 기능과 사실 습득의 기초적 학습 증거물만을 수집하였다.	다른 이해의 증거물들이 평가과제 및 학습과 관련성이 적다.
자기 평가	단원 전체에 걸쳐서 학습자들은 자신의 학습에 대한 자기평가를 할 다양한 기회를 제공받았고, 비판적 사	학습자들은 '아하'의 순간을 경험한 후에 자기평가를 하고 심도 있는 반성의 기회를 제공받았다.	자기평가의 기회를 제공하지만, 깊은 사고가 요구되지 않았다. 또한 학습자들이 내용에 대한 반성을	교사가 학습자의 학습에 대한 유일한 평가자이며, 학생들이 스스로의 학습에 대해서 자기평가와 반성

	고와 메타인지적 기능을 활용할 수 있는 기회를 가졌다.		하는 것인지, 학습의 과정에 대하여 반성하는 것인지의 구분이 명확하지 않다.	을 할 것이라고 가정하고 별도의 구체적인 자기평가의 기회를 제공하지 않았다.

3. 3단계 - 학습활동 계획하기 루브릭

영역	뛰어남	보통임	노력요함	부족함
시작하기 (W & H)	학년수준에 맞게 학생들의 흥미와 호기심을 자극하였다. 그리고 학생들에게 단원이 어디로 향해 가는지 그리고 그것을 배우는 것이 왜 중요한지를 단원을 시작할 때에 명확히 제시하였다. 또한 학생들과 기대하는 학습결과물과 과정에 대한 논의를 함께 하였고 학생들의 선행지식과 연결시켰다.	흥미유발을 유도했으나 학년수준에 적합한 것인지를 재검토할 필요가 있었다. 학생들에게 단원이 어디로 향해 가는지를 분명히 알렸으나, 왜 그것이 중요한지를 충분히 논의하지 않았거나, 학생들이 수행해야 할 과제에 대한 기대치에 대한 설명이 도입부에서 이루어지지 않았다. 하지만 학생들의 선행지식은 연결시켰다	흥미유발을 한다고 언급하였으나 그 내용에 대해서 구체적으로 서술하지 않았다. 학생들에게 단원의 소재에 대해서 언급하고, 그것의 중요성과 어디로 향해 가는지를 충분히 설명하지 않았고, 학습의 기대하는 결과에 대한 논의가 계획되지 않았다.	학생들에게 단원에 대한 도입이유에 대하여 설명을 하지 않고 바로 수업을 시작하였다.
학습경험하기 (Engage) (Experience) (Enable) (Equip)	학생들이 습득해야 할 모든 지식 및 기능들과 완벽히 일관되는 여러가지 학습 기회를 다양한 활동들을 통하여 제공하였다. 또한 수행과제	1단계에 포함되어 있는 지식과 기능들을 습득할 기회를 제공하였으나, 이 외에 수행과제들을 성공적으로 완수하는 데 필요한 관련지식	1단계에 포함되어 있는 지식과 기능들을 준비시키는 학습기회들을 고안하였으나, 보다 구체적이고 자세한 설명이 필요하였다.	1단계에 포함되어 있는 지식과 기능과의 관련성이 매우 적었다.

	들, 다른 이해의 증거들, 그리고 자기평가를 성공적으로 완수하는 데 필요한 관련지식과 기능들을 준비시키는 기회를 제공하였다.	과 기능들을 가르치는 활동을 포함시키지 않았다.		
반성하고 재고하기 (Reflect) (Revise) (Rethink)	중요한 개념과 아이디어 그리고 정보들이 제시될 때마다 학생들이 자신이 배운 학습내용에 대해서 반성할 수 있는 기회를 주었다.	학생들이 수행을 달성하거나 시험을 본 이후에 학습내용에 대해서 반성할 수 있는 기회를 주었다.	반성의 기회를 계획했으나 그것이 학습내용에 대한 반성(R)인지, 학습 과정에 대한 반성인지(E-2) 분명하지 않았고, 내용에 대한 반성이 단원을 마칠 때에 이루어졌다.	학생들에게 학습내용에 대해서 반성할 수 있는 기회를 제공하지 않았다.
자기평가하기 (Evaluate) (E-2)	학생들로 하여금 학습자로서 자기스스로를 그리고 학습자로서 어떤 성과를 이루었는지를 생각하게끔 하는 자기평가 혹은 반성을 계획하였다. 단원전체에 걸쳐서 자기평가를 전략적으로 배치했다.	학생들로 하여금 학습자로서 자기스스로를 그리고 학습자로서 어떤 성과를 이루었는지를 생각하게끔 하는 자기평가 혹은 반성을 계획하였다. 그러나 학생들이 수행과제를 마친 후에 자기평가를 하도록 계획하였다.	학습에 대한 자기평가와 반성의 기회를 계획했으나 학습내용에 대한 반성과 혼동되어 있고 자기평가가 단원의 마지막에 제시되어 있다.	학습에 대한 자기평가와 반성의 기회를 제공하지 않고 단원을 진행하였다.
다양화하기 (Tailor)	맞춤형 수업이 일어날 수 있는 부분들을 명백히 제시하였다. 그리고 어떠한 방식으로 맞춤형 수업이 일어	맞춤형 수업의 기회를 명시하였으나 구체적인 방법을 제시하지 않았다.	맞춤형 수업의 기회가 명시되지는 않았으나 암묵적 방식으로 드러내고 있었다.	모든 학생들이 같은 내용을 동시에 학습하도록 계획하였다.

	나는지 그리고 내용, 과정, 결과물 중심의 다양화를 학생들의 준비도, 관심사 및 흥미, 학습스타일에 따라 적절히 계획하였다.			
조직 Organize Overall	하나의 큰 개념에서 다른 개념으로 자연스럽게 넘어가도록 학습내용과 방법들을 계열화하였으며, 전 단원에 걸쳐서 전략적으로 평가를 배치하였고, 무엇을 언제 어떻게 가르쳐야 할지를 학습경험의 흥미로움을 최대화하면서 논리적으로 계획하였다.	학습내용과 방법들을 논리적으로 계열화 하였으나 순서가 패턴화 되고 반복적으로 제시되어 학생들이 다소 지겹게 느낄 수 있는 가능성이 있었다.	학습내용들을 제시하였으나 서로 간의 연결고리를 찾기 힘들게 되어 있어서 학생들이 학습과정에서 혼동스러워 할 가능성이 있었다.	학습내용의 논리적 연결과 계열화를 하지 않고 학습활동들을 나열하였다.

[부록 5] 유용한 웹사이트

다음의 웹사이트들은 [Understanding by Design]의 저자인 Jay McTighe가 제공한 것이다. jaymctighe.com에서 Resources를 선택하면 UbD-related weblinks를 볼 수 있다.

1. 의사결정 수준별 교육과정 웹사이트

1. 주 교육과정

- New Jersey
  http://www.nj.gov/education/aps/njscp/
- Delaware
  http://www.doe.k12.de.us/infosuites/staff/ci/default.shtml
- Pennsylvania
  http://www.portal.state.pa.us/portal/server.pt?open=512&objID=4228&mode=2

2. 학교구 교육과정

- Grand Island, NE
  http://www.gips.org/learning/Curriculum-Components/
- Colorado Springs, CO
  http://www.d11.org/doi/curriculum/
- Weathersfield, CT
  www.wethersfield.k12.ct.us
- Lincoln, MA
  http://www.lincnet.org/Curriculum/curriculummain.shtml

3. 교육과정 맵핑

- Nanuet Union School District

http://nufsd.rubiconatlas.org/c/etc/options.php?UserID=0

- Hopkinton Public Schools MA
  http://hopkinton.rubiconatlas.org/c/etc/options.php
- Jakarta International School
  http://jisedu.rubiconatlas.org/c/etc/options.php?UserID=0
- Graded School in Sao Paulo, Brazil
  http://graded.rubiconatlas.org/c/etc/options.php?UserID=0

2. 백워드 디자인의 1단계

1. 직업교육 : 소비자, 가족, 생활기술들

- http://www.nj.gov/education/aps/njscp/Phase1allAreas.pdf#page=24
- http://www.doe.k12.de.us/programs/ci/content_areas/files/fcs/CBig%20Idea,%20Enduring%20Understandings,%20and%20Essential%20Questions.pdf

2. 건강과 체육

- http://www.nj.gov/education/aps/njscp/Phase1allAreas.pdf#page=3
- http://www.doe.k12.de.us/programs/ci/content_areas/files/Grade%20Cluster%20Enduring%20Understandings.pdf

3. 영어/언어

- http://www.nj.gov/education/aps/njscp/Phase1allAreas.pdf#page=7
- http://www.greece.k12.ny.us/devel/Dist_Indices/departments.htm
- http://www.region15.org/curriculum/

4. 수학

- http://www.mcps.k12.md.us/curriculum/math/elmath.htm
- http://www.montgomeryschoolsmd.org/curriculum/math/msmath.htm
- http://www.montgomeryschoolsmd.org/curriculum/math/hsmath.htm
- http://www.doe.k12.de.us/files/pdf/pcs_MathClarification.pdf
- http://www.region15.org/teaching_learning.shtml
- http://www.region15.org/teaching_learning.shtml

5. 과학

- http://www.project2061.org/publications/atlas/default.htm
- http://www.project2061.org/publications/atlas/default.htm
- http://www.nj.gov/education/aps/njscp/Phase1allAreas.pdf#page=13
- http://www.doe.state.de.us/files/pdf/science_clarification.pdf
- http://www.seattlescience.com/sections/modules/general-resources
- http://www.esbd.org/resources/big_ideas.html

6. 사회

- http://www.nj.gov/education/aps/njscp/Phase1allAreas.pdf#page=17
- http://www.doe.k12.de.us/infosuites/staff/ci/DRC/drc_clarification Docs.shtml
- http://og.ca.campusgrid.net/home/Teacher+Information/essential_que stions.htm
- http://www.michiganepic.org/historythemes/themes_themesus1.html
- http://www.region15.org/curriculum/
- http://www.civiced.org/912toc.htm
- http://www.civiced.org/stds_orgquestions_01.html
- http://www.montgomeryschoolsmd.org/curriculum/socialstd/curriculu m/curriculum.html
- http://mcps.k12.md.us/curriculum/socialstd/curriculum/nslg.html

- http://www.montgomeryschoolsmd.org/curriculum/socialstd/curriculum/ushist.html
- http://www.socialstudieshelp.com/Amer_History_Syallbus.htm
- http://www.e2t2c2.net/penn/ushistory/default.htm
- http://www.montgomeryschoolsmd.org/curriculum/socialstd/curriculum/nslg.html
- http://www2.apsva.us/1540108217813880/site/default.asp
- http://www.aliefisd.net/
- http://www.region15.org/curriculum/
- http://www.greece.k12.ny.us/instruction/ela/612/Essential%20Questions/culture.htm
- http://www.aliefisd.net/group_profile_view.aspx?id=86619032-3924-434fae27-2da1d5c603a1
- http://www.monroe.k12.fl.us/Curriculum/SocialStudies/ssc04dmr/Grade_Levels/economics/complete_curriculum_05.htm
- www.londonderry.org/assets/documents/curriculum/lhs_econ.pdf
- http://www.vermillion.k12.sd.us/Curriculum/maps/SocialStudies/CURRICULUM%20MAP%20economics.doc
- http://www.journalofamericanhistory.org/textbooks/2006/calder/index.Html

7. 시각 및 행위 예술

- http://www.nj.gov/education/aps/njscp/Phase1allAreas.pdf#page=1
- http://www.doe.k12.de.us/infosuites/staff/ci/content_areas/vparts.sht

8. 과학기술

- http://www.nj.gov/education/aps/njscp/Phase1allAreas.pdf#page=22
- http://www.doe.k12.de.us/programs/ci/content_areas/files/tech/CBig%20Idea,%20Overarching%20Enduring%20Understandings%20and%20Essential%20Questions.pdf

- http://www.project2061.org/publications/atlas/sample/toc2.htm

9. 세계/외국어
- http://www.nj.gov/education/aps/njscp/Phase1allAreas.pdf#page=21
- http://www.state.nj.us/education/aps/cccs/wl/frameworks/wlo/
- http://www.doe.k12.de.us/programs/ci/content_areas/files/DE WL clarification.pdf
- http://ed.sc.gov/agency/offices/cso/foreign_language/
- http://www.state.nj.us/education/aps/cccs/wl/frameworks/wlo/
- https://www.glastonburyus.org/curriculum/foreignlanguage/foreignlanguagecurriculum/essentialquestions/Pages/default.aspx
- http://www.foreignlanguage.org/curriculum/index.htm#units

10. 기타
Service Learning-http://www.peacecorps.gov/wws/educators/servicelearning/ Jewish Studies-http://urj.org/chai/teach/elearning/

3. 백워드 디자인의 2 단계

1. 일반적 웹사이트
- http://www.ctcurriculum.org/
- http://standardstoolkit.k12.hi.us/index.html
- http://www.hightechhigh.org/schools/HTH/
- http://www.ceschangelab.org/cs/clpub/view/cl_cat/29
- http://performanceassessment.org/performance/prubrics.html
- http://www.qcsd.org/21307386221332/site/default.asp
- http://www.uwstout.edu/soe/profdev/rubrics.sht
- http://nanunet.lhric.org/Rubrics/McRel/rubrics.htm#Rubrics%20for%20Information%20Processing%20Standards

- http://curriculum.qca.org.uk/key-stages-1-and2/assessment/assessmentofsubjects/index.aspx
- http://rubistar.4teachers.org/index.php
- http://www.teach-nology.com/web_tools/rubrics/
- http://school.discoveryeducation.com/schrockguide/assess.html

2. 영어/언어
- http://www.isbe.state.il.us/ils/ela/capd.htm
- http://www.greece.k12.ny.us/devel/Dist_Indices/departments.htm

3. 건강과 체육
- http://www.isbe.state.il.us/ils/pdh/capd.htm
- http://www.rmc.org/allguide/assessment/all_guide.php?feed=product&level=2

4. 수학
- http://www.sasked.gov.sk.ca/branches/aar/afl/aims_resource.shtml
- http://www.exemplars.com/
- http://www.nottingham.ac.uk/education/MARS/tasks/
- http://balancedassessment.concord.org/
- http://www.exemplars.com/resources/rubrics/science.html

5. 과학
- http://pals.sri.com/
- http://www.isbe.state.il.us/ils/science/capd.htm
- http://www.exemplars.com/resources/rubrics/science.html
- http://www.exemplars.com/resources/rubrics/continuum.html
- http://www.corwinpress.com/booksProdDesc.nav?contribId=527664&prodId=Book225952

6. 사회

- http://www.k12.wa.us/SocialStudies/CBAs/default.aspx
- http://www.isbe.state.il.us/ils/social_science/capd.htm
- http://coe.ilstu.edu/iga/interact/assess/5-8.htm
- http://www.historyteacher.net/rubric.htm
- http://teacherweb.com/PA/DallasHighSchool/gilroy/DocumentBased QuestionRubric.doc

7. 시각 및 행위 예술

- http://www.isbe.state.il.us/ils/fine_arts/capd.htm

8. 세계/외국어

- http://flenj.org/CAPS/?page=149
- http://www.isbe.net/ils/foreign_languages/stage_J/assessment.htm
- http://www.fcps.edu/DIS/OHSICS/forlang/PALS/rubrics/
- http://www.sil.org/lingualinks/LANGUAGELEARNING/Other Resources/ACTFLProficiencyGuidelines/contents.htm
- http://www.coe.int/T/DG4/Linguistic/Source/Framework_EN.pdf
- http://www.coe.int/T/DG4/Portfolio/?L=E&M=/documents_intro/ Data_bank_descriptors.html
- http://www.carla.umn.edu/assessment/VAC/

[부록 6] 2007 개정 교육과정과 2009 개정 교육과정

1. 2007 개정 국민공통기본 교육과정(초 1 ~ 고1) 편제 및 시간 배당

<table>
<tr><th colspan="2" rowspan="2">학교
학년
구분</th><th colspan="6">초 등 학 교</th><th colspan="3">중 학 교</th><th>고등학교</th></tr>
<tr><th>1</th><th>2</th><th>3</th><th>4</th><th>5</th><th>6</th><th>7</th><th>8</th><th>9</th><th>10</th></tr>
<tr><td rowspan="14">교
과</td><td>국 어</td><td colspan="2" rowspan="2">국 어
210 238</td><td>238</td><td>204</td><td>204</td><td>204</td><td>170</td><td>136</td><td>136</td><td>136(8)</td></tr>
<tr><td>도 덕</td><td>34</td><td>34</td><td>34</td><td>34</td><td>68</td><td>68</td><td>34</td><td>34(2)</td></tr>
<tr><td rowspan="4">사 회</td><td colspan="2" rowspan="4">수 학
120 136</td><td rowspan="4">102</td><td rowspan="4">102</td><td rowspan="4">102</td><td rowspan="4">102</td><td colspan="4">사 회</td></tr>
<tr><td>102</td><td>·</td><td>68</td><td>102(6)</td></tr>
<tr><td colspan="4">역 사</td></tr>
<tr><td>·</td><td>102</td><td>68</td><td>102(6)</td></tr>
<tr><td>수 학</td><td colspan="2">바른 생활
60 68</td><td>136</td><td>136</td><td>136</td><td>136</td><td>136</td><td>136</td><td>102</td><td>136(8)</td></tr>
<tr><td>과 학</td><td colspan="2" rowspan="3">슬기로운 생활
90 102</td><td>102</td><td>102</td><td>102</td><td>102</td><td>102</td><td>136</td><td>136</td><td>136(8)</td></tr>
<tr><td rowspan="2">실 과</td><td rowspan="2">·</td><td rowspan="2">·</td><td rowspan="2">68</td><td rowspan="2">68</td><td colspan="4">기술 · 가정</td></tr>
<tr><td>68</td><td>102</td><td>102</td><td>102(6)</td></tr>
<tr><td>체 육</td><td colspan="2" rowspan="2">즐거운 생활
180 204</td><td>102</td><td>102</td><td>102</td><td>102</td><td>102</td><td>102</td><td>68</td><td>68(4)</td></tr>
<tr><td>음 악</td><td>68</td><td>68</td><td>68</td><td>68</td><td>68</td><td>34</td><td>34</td><td>34(2)</td></tr>
<tr><td>미 술</td><td colspan="2" rowspan="2">우리들은 1학년
80</td><td>68</td><td>68</td><td>68</td><td>68</td><td>34</td><td>34</td><td>68</td><td>34(2)</td></tr>
<tr><td>외국어
(영어)</td><td>34</td><td>34</td><td>68</td><td>68</td><td>102</td><td>102</td><td>136</td><td>136(8)</td></tr>
<tr><td colspan="2">재량 활동</td><td>60</td><td>68</td><td>68</td><td>68</td><td>68</td><td>68</td><td>102</td><td>102</td><td>102</td><td>102(6)</td></tr>
<tr><td colspan="2">특별 활동</td><td>30</td><td>34</td><td>34</td><td>68</td><td>68</td><td>68</td><td>68</td><td>68</td><td>68</td><td>68(4)</td></tr>
<tr><td colspan="2">연간 총
수업시간 수</td><td>830</td><td>850</td><td>952</td><td>952</td><td>1,054</td><td>1,054</td><td>1,122</td><td>1,122</td><td>1,122</td><td>1,190(70)</td></tr>
</table>

※ 이 표의 국민공통기본 교육기간에 제시된 시간수는 34주를 기준으로 한 연간 최소 수업시간수이다. 단, 3~6학년의 연간 총 수업 시간수는 주 5일 수업에 따라 감축된 시간수이므로 학교에서는 교과수업 시간수 중 연간 34시간의 범위 내에서 감축하여 운영한다.

2. 2007 개정 고등학교 교육과정(고 1 ~ 고3) 편제 및 시간 배당

(1) 보통 교과

구 분		선 택 과 목
교과	국 어	문법(6), 화법(6), 독서(6), 작문(6), 문학(6), 매체 언어(6)
	도 덕	현대 생활과 윤리(6), 윤리와 사상(6), 전통 윤리(6)
	사 회	한국 지리(6), 세계 지리(6), 경제 지리(6), 한국 문화사(6), 세계 역사의 이해(6), 동아시아사(6), 법과 사회(6), 정치(6), 경제(6), 사회·문화(6)
	수 학	수학의 활용(6), 수학I(6), 미적분과 통계 기본(6), 수학II(6), 적분과 통계(6), 기하와 벡터(6)
	과 학	물리I(6), 물리II(6), 화학I(6), 화학II(6), 생명 과학I(6), 생명 과학II(6), 지구과학I(6), 지구과학II(6)
	기술·가정	농업 생명 과학(6), 공학 기술(6), 가정 과학(6), 창업과 경영(6), 해양 과학(6), 정보(6)
	체 육	운동과 건강 생활(4), 스포츠 문화(4), 스포츠 과학(6)
	음 악	음악 실기(4), 음악과 사회(4), 음악의 이해(6)
	미 술	미술과 삶(4), 미술 감상(4), 미술의 창작(6)
	외국어	영어I(6), 영어II(6), 실용 영어 회화(6), 심화 영어 회화(6), 영어 독해와 작문(6), 심화 영어 독해와 작문(6) 독일어I(6), 독일어II(6), 프랑스어I(6), 프랑스어II(6), 스페인어I(6), 스페인어II(6), 중국어I(6), 중국어II(6), 일본어I(6), 일본어II(6), 러시아어I(6), 러시아어II(6), 아랍어I(6), 아랍어II(6)
	한 문	한문I(6), 한문II(6)
	교 양	생활과 철학(4), 생활과 논리(4), 생활과 심리(4), 생활과 교육(4), 생활과 종교(4), 생활 경제(4), 안전과 건강(4), 환경(4), 진로와 직업(4)
	이수단위	132
특별 활동		8
총이수 단위		140

① ( ) 안의 숫자는 단위 수이며, 1단위는 매주 50분 수업을 기준으로 하여 1학기(17주) 동안 이수하는 수업량이다.

② <삭제> ③ <삭제>

④ 학교는 필요한 경우 시·도교육감의 승인 하에 【표 3】의 전문교과 과목을 개설하거나 새로운 과목을 신설할 수 있다.

(2) 전문 교과

교과	과목				기준 학과
농생명산업	농업 이해	농업 기초 기술	농업 정보 관리	농업 경영	식물 자원과
	생물 공학 기초	재배	작물 생산 기술	숲과 인간	동물 자원과
	산림 자원 기술	원예	생활 원예	생산 자재	농업 토목과
	원예 기술 Ⅰ	원예 기술 Ⅱ	동물 자원	사육 기술 Ⅰ	식품 가공과
	사육 기술 Ⅱ	누에와 비단	조경	조경 기술 Ⅰ	농업 기계과
	조경 기술 Ⅱ	농업과 물	농촌과 농지 개발	농업 토목 기술 Ⅰ	조경과
	농업 토목 기술 Ⅱ	농업 기계	농업 기계 공작	농업 기계 기술 Ⅰ	농산물유통정보과
	농업 기계 기술 Ⅱ	식품 과학	식품 위생	식품 가공 기술 Ⅰ	환경·관광 농업과
	식품 가공 기술 Ⅱ	농산물 유통	농산물 유통 관리 Ⅰ	농산물 유통 관리 Ⅱ	생물 공학과
	환경 보전	환경 관리 Ⅰ	환경 관리 Ⅱ	농업과 관광	
공업	공업 입문	기초 제도	정보 기술 기초	전문 제도	기계과
	기계 일반	전기 일반	공업 영어	기계 설계	전자 기계과
	기계 공작법	원동기	유체 기기	공기 조화 설비	금속 재료과
	기계 기초 공작	공작 기계 Ⅰ	공작 기계 Ⅱ	산업 설비	전기과
	금형 제작	전자 기계 이론	전자 기계 회로	전자 기계 공작	전자과
	전자 기계 제어	로봇 기초	로봇 제작	재료 일반	통신과
	금속 제조	재료 가공	주조	금속 처리	컴퓨터 응용과
	전기 응용	전기 회로	전기 기기	전력 설비 Ⅰ	토목과
	전력 설비 Ⅱ	전기·전자 측정	자동화 설비	전자 기기	건축과
	전자·전산 응용	전자 회로	계측 제어	통신 일반	디자인과
	정보 통신	통신 시스템	컴퓨터 구조	시스템 프로그래밍	화학 공업과
	프로그래밍	디지털 논리 회로	측량	역학	환경 공업과
	토목 설계	토목 일반	토목 재료·시공	수리·토질	세라믹과
	지적 전산	지적 실무	건축 구조	건축 계획 일반	식품 공업과
	건축 목공	건축 시공 Ⅰ	건축 시공 Ⅱ	디자인 일반	섬유과
	색채 관리	조형	제품 디자인	공예	인쇄과
	시각 디자인	컴퓨터 그래픽	공업 화학	단위 조작·공정 제어	자동차과
	제조 화학	분석 화학	기능성 세라믹	세라믹 원리·공정	조선과
	구조 세라믹	세라믹 디자인	발효 공업	식품 제조 기계	항공과
	식품 분석	식품 공업 기술	섬유 재료	방적·방사	컴퓨터 게임과
	제포·봉제	염색·가공	인쇄 일반	인쇄·사진 재료	만화·애니메이션과
	평판 인쇄	특수 인쇄	사진·전자 제판	사진	영상 제작과
	자동차·건설 기계	자동차 기관	자동차 섀시	자동차전기.전자제어	
	건설 기계 구조·정비	자동차 차체 수리	선박 이론	선박구조	
	선박 건조	항공기 일반	항공기 기체	항공기 기관	
	항공기 장비	항공기 전자 장치	환경 공업 일반	수질 관리	
	대기·소음 방지	폐기물 처리	컴퓨터 게임 기획	컴퓨터게임프로그램	
	컴퓨터게임그래픽	만화·애니메이션기초	애니메이션 제작	만화 창작	
	영화·방송 제작	촬영·조명	방송 시스템		

교과	과목				기준 학과
상업정보	상업 경제	컴퓨터 일반	회계 원리	기업과 경영	경영 정보과
	경영과 법	마케팅과 광고	경영 정보 시스템	기업 자원 관리	회계 정보과
	커뮤니케이션 실무	원가 회계	기업 회계	전산 회계	무역 정보과
	세무 회계	금융과 생활	국제화와 기업 경영	무역 영어	유통 경영과
	전자 무역과 국제 상무	유통 정보 관리	물류 관리	자료 처리	정보 처리과
	프로그래밍 실무	소프트웨어 개발	사무 관리 실무	멀티미디어 일반	멀티미디어과
	멀티미디어 기획	멀티미디어 실무	웹 프로그래밍	전자 상거래 일반	전자 상거래과
	인터넷 쇼핑몰 관리	전자 상거래 실무	인터넷 마케팅	창업 일반	응용디자인과
					관광경영과
수산·해운	수산 일반	해사 일반	해양 일반	수산·해운 정보처리	해양 생산과
	수산 생물	수산 경영 일반	해양 생산 기술	수산 양식	수산 양식과
	양식 생물 질병	수산 가공	수산물 유통	해양 환경	자영 수산과
	해양 오염	냉동 일반	냉동 기계	냉동 공조 실무	수산 식품과
	열기관	선박 보조 기계	선박 전기·전자	기계 설계·공작	해양 환경과
	잠수 기술	항해	선박 운용	해사 법규	냉동 공조과
	해사 영어	선화 운송	전자 통신 공학	전자 통신 기기	동력 기계과
	전자 통신 운용	생선회 실무	해양 레저·관광	항만 물류 일반	항해과
	해양 정보 관리				전자 통신과
					해양 레저과
					항만 물류과
					해양 정보과
가사·실업	인간 발달	식품과 영양	급식 관리	한국 조리	조리과
	동양 조리	서양 조리	제과 제빵	의복 재료·관리	의상과
	패션 디자인	한국 의복 구성	서양 의복 구성	자수와 편물	실내 디자인과
	주거	실내 디자인	가구 디자인	디스플레이	유아교육과
	영·유아 교육 원리	영·유아 교육 프로그램	영·유아 놀이 교육	영·유아 생활 지도	관광과
	관광 일반		관광 서비스 실무	관광 외식·조리	간호과
	관광 영어	관광 경영 실무	관광 중국어	간호의 기초	복지 서비스과
	보건 간호	관광 일본어	기초 복지 서비스	노인 생활 지원	미용과
	헤어 미용	기초 간호 임상 실무	메이크업	공중 보건	
		피부 관리			
과학	물리 실험	화학 실험	생명 과학 실험	지구 과학 실험	
	과학사	전자 과학	정보 과학 Ⅰ	정보 과학 Ⅱ	
	고급 수학	고급 물리	고급 화학	고급 생명 과학	
	고급 지구 과학	과제 연구 Ⅰ	과제 연구 Ⅱ	환경 과학	
	현대 과학과 기술	원서 강독	워크숍	과학 철학	
체육	스포츠 개론	스포츠 경기 과학	체육과 진로 탐구	육상 운동	스포츠경기과
	체조 운동	수상 운동	개인·대인 운동	단체 운동	체육지도과
	투기 운동	빙상·설상 운동	표현·창작 운동	체력 운동	
	전문 스포츠 경기 체력	전문 스포츠 경기 초급	전문 스포츠 경기 중급	전문 스포츠 경기 고급	
	전문 스포츠 경기 실습				
	스포츠 경영·행정	스포츠 교육	코칭론	건강 관리	
		전공 실기	전공 실습		

교과	과목				기준 학과
예술	음악 이론	음악사감상	시창·청음	음악 전공 실기	음악과
	합창	합주	연주	컴퓨터와 음악	미술과
	교양 실기				무용과
	미술 이론	미술사	소묘	기초 회화	문예창작과
	기초 조소	기초 디자인·공예	미술 전공 실기	영상 매체와 미술	연극영화과
	미술 감상과 비평				사진과
	무용의 이해	기초 한국 무용	기초 발레	기초 현대 무용	
	무용 전공 실기	무용 음악	안무	무용 감상과 비평	
	문학의 이해	문장론	고전문학의감상과 비평	현대문학의감상과 비평	
	시 창작 기초	소설 창작 기초			
	문학 전공 실기		희곡 창작 기초	매체와 문학	
	연극의 이해	무대 기술	말과 글과 몸의 표현	연극 제작 실습	
	연극 감상과 비평	영화의 이해	영화 기술	영화 창작과 표현	
	영화 제작 실습	영화 감상과 비평			
	사진의 이해	기초 촬영	중급 촬영	암실 실기	
	사진 편집	디지털 사진 촬영	디지털 사진 표현 기법	사진 감상과 비평	
외국어	심화 영어	영어 청해	영어 회화 Ⅰ	영어 회화 Ⅱ	영어과
	영어 독해	영어 작문	영어권 문화 Ⅰ	영어권 문화 Ⅱ	독일어과
	영어 문법				프랑스어과
	기초 독일어	독일어 청해	독일어 회화 Ⅰ	독일어 회화 Ⅱ	스페인어과
	독일어 독해	독일어 작문	독일어권 문화 Ⅰ	독일어권 문화 Ⅱ	중국어과
	독일어 문법				일본어과
	기초 프랑스어	프랑스어 청해	프랑스어 회화 Ⅰ	프랑스어 회화 Ⅱ	러시아어과
	프랑스어 독해	프랑스어 작문	프랑스어권 문화 Ⅰ	프랑스어권 문화 Ⅱ	아랍어과
	프랑스어 문법				
	기초 스페인어	스페인어 청해	스페인어 회화 Ⅰ	스페인어 회화 Ⅱ	
	스페인어 독해	스페인어 작문	스페인어권 문화 Ⅰ	스페인어권 문화 Ⅱ	
	스페인어 문법				
	기초 중국어	중국어 청해	중국어 회화 Ⅰ	중국어 회화 Ⅱ	
	중국어 독해	중국어 작문	중국 문화 Ⅰ	중국 문화 Ⅱ	
	중국어 문법				
	기초 일본어	일본어 청해	일본어 회화 Ⅰ	일본어 회화 Ⅱ	
	일본어 독해	일본어 작문	일본 문화 Ⅰ	일본 문화 Ⅱ	
	일본어 문법				
	기초 러시아어	러시아어 청해	러시아어 회화 Ⅰ	러시아어 회화 Ⅱ	
	러시아어 독해	러시아어 작문	러시아 문화 Ⅰ	러시아 문화 Ⅱ	
	러시아어 문법				
	기초 아랍어	아랍어 청해	아랍어 회화 Ⅰ	아랍어 회화 Ⅱ	
	아랍어 독해	아랍어 작문	아랍 문화 Ⅰ	아랍 문화 Ⅱ	
	아랍어 문법				
국제	영어 강독	독일어 강독	프랑스어 강독	스페인어 강독	
	중국어 강독	일본어 강독	러시아어 강독	아랍어 강독	
	국제 정치 Ⅰ(6)	국제 정치 Ⅱ(6)	국제 경제 Ⅰ(6)	국제 경제 Ⅱ(6)	
	세계 문제	비교 문화 Ⅰ(6)	비교 문화 Ⅱ(6)	정보 과학	
	국제법	지역 이해	인류의 미래 사회	한국의 전통 문화	
	한국의 현대 사회	한국어	과제 연구 Ⅰ(6)	과제연구 Ⅱ(6)	
	예능 실습				

① 전문 교육을 주로 하는 고등학교에서는 【표 3】에서 필요한 전문 과목을 80단위 이상 이수한다.

② 전문 교육을 주로 하는 고등학교에서는 다음 과목을 필수로 이수한다.

㉮ 농생명 산업 계열 : 농업 이해, 농업 기초 기술, 농업 정보 관리

㉯ 공업 계열 : 공업 입문, 기초 제도, 정보 기술 기초

㉰ 상업 정보 계열 : 상업 경제, 회계 원리, 컴퓨터 일반

㉱ 수산 · 해운 계열 : 해양 일반, 수산·해운 정보 처리, 수산 일반(수산 계열), 해사 일반 (해운 계열)

㉲ 가사 · 실업 계열 : 인간 발달, 컴퓨터 일반

㉳ 체육 계열 : 스포츠 개론, 스포츠 경기 과학, 체육과 진로 탐구

㉴ 외국어 계열 : 각 학과 해당 기초외국어(영어과는 심화 영어), 청해, 회화 I, 문화 I, 독해

㉵ 국제 계열 : 영어 강독, 지역 이해, 한국의 전통 문화

③ 전문 교과의 각 과목에 대한 이수 단위는 시·도 교육감이 정하되, 외국어와 국제에 관한 교과의 각 과목별 이수 단위는 8단위 이하로 배당한다.

④ 국제 계열 고등학교에서 이수하는 외국어 과목은 외국어에 관한 교과의 과목에서 선택하여 이수한다.

3. 2009 개정 고등학교 교육과정(고 1 ~ 고3)의 편제 및 시간 배당

(1) 보통 교과

교과 영역	교과(군)	과목
기초	국어	국어*, 화법과 작문Ⅰ, 화법과 작문Ⅱ, 독서와 문법Ⅰ, 독서와 문법Ⅱ, 문학Ⅰ, 문학Ⅱ
	수학	수학*, 수학의 활용, 수학Ⅰ, 미적분과 통계기본, 수학Ⅱ, 적분과 통계, 기하와 벡터
	영어	영어*, 영어Ⅰ, 영어Ⅱ, 실용 영어 회화, 심화 영어 회화, 영어 독해와 작문, 심화 영어 독해와 작문
탐구	사회 (역사/도덕 포함)	사회*, 한국사*, 한국 지리, 세계 지리, 동아시아사, 세계사, 법과 정치, 경제, 사회·문화, 도덕*, 생활과 윤리, 윤리와 사상
	과학	과학*, 물리Ⅰ, 물리Ⅱ, 화학Ⅰ, 화학Ⅱ, 생명과학Ⅰ, 생명과학Ⅱ, 지구과학Ⅰ, 지구과학Ⅱ
체육·예술	체육	체육*, 운동과 건강 생활, 스포츠 문화, 스포츠 과학
	예술 (음악/미술)	음악*, 음악 실기, 음악과 사회, 음악의 이해 미술*, 미술과 삶, 미술 감상, 미술 창작
생활·교양	기술·가정 제2외국어 한문 교양	기술·가정*, 농업 생명 과학, 공학 기술, 가정 과학, 창업과 경영, 해양 과학, 정보 독일어Ⅰ, 독일어Ⅱ, 프랑스어Ⅰ, 프랑스어Ⅱ, 스페인어Ⅰ, 스페인어Ⅱ, 중국어Ⅰ, 중국어Ⅱ, 일본어Ⅰ, 일본어Ⅱ, 러시아어Ⅰ, 러시아어Ⅱ, 아랍어Ⅰ, 아랍어Ⅱ 한문Ⅰ, 한문Ⅱ 생활과 철학, 생활과 논리, 생활과 심리, 생활과 교육, 생활과 종교, 생활경제, 안전과 건강, 진로와 직업, 보건, 환경과 녹색성장

① 각 과목의 기본 단위 수는 5단위이며, 각 과목별로 1단위 범위 내에서 증감 운영이 가능하며, 가능한 한 한학기에 이수하도록 한다.

② * 표 한 과목은 교과(군)별 학습의 위계를 고려하여 선택할 수 있도록 지도한다. 이 과목은 4단위 범위 내에서 증감하여 운영할 수 있다.

③ 위 표에 제시된 과목 이외에 전문교과의 과목을 편성·운영할 수 있다.

(2) 전문교과는 개정 중에 있음.

4. 2007 개정 교육과정과 2009 개정 교육과정의 주요 차이점

(1) 총론

구 분	2007 개정 교육과정	2009 개정 교육과정
초·중·고 공통사항 (용어 및 교과명 변경)	◦용어 - 국민공통기본교육과정 - 선택중심 교육과정 ◦교과명 - 외국어(영어) ◦특별활동, 재량활동	◦용어 - 공통 교육과정 - 선택 교육과정 ◦교과명 - 영어 ◦창의적 체험활동
초·중·고 공통사항 (신설사항)		◦학년군, 교과군 개념 ◦교육과정 자율권 확대 - 교과별 기준시수를 20%증감 운영 등 ◦교과 교실제 운영 활성화 유도 ◦학습부진아, 다문화 가정 자녀 등에 대한 특별한 배려와 지원 ◦학교 교육과정 편성·운영 지원을 위한 국가 및 시·도교육청 지원 사항 신설
초등학교	◦초등 통합교과 '우리들은 1학년' 분리 독립 ◦정보통신 활용교육, 보건교육 등을 재량활동을 활용하여 지도	◦'우리들은 1학년'을 폐지하고, 창의적 체험활동 내용으로 반영 ◦정보통신 활용교육, 보건교육, 한자교육 등을 창의적 체험활동을 활용하여 지도 ◦초등 '돌봄활동' 지원 사항 신설(교육청 지원사항)
중학교	◦선택과목 - 한문, 정보, 환경, 생활 외국어, 보건 등	◦선택과목 - 한문, 정보, 환경, 생활 외국어, 보건, 진로와 직업 등 ◦학기당 이수과목 수를 8개 이하로 편성

고등학교	◦고1 교과 필수 ◦총 이수단위 : 210단위 ◦외국어 계열 고등학교 : 전문교과 이수단위의 50%를 전공 외국어로 하고, 전공포함 3개의 외국어 교육	◦고교 모든 교과 선택 ◦총 이수단위 : 204단위 ◦학기당 이수과목 수를 8개 이하로 편성 ◦다른 학교에서의 이수를 인정 ◦대학과목 선이수제의 과목을 개설할 수 있고, 국제적으로 공인받은 교육과정 과목을 선택과목으로 인정 ◦과학, 영어, 예술 등 영역별 중점 학교를 운영할 수 있으며, 학교자율과정의 50% 이상을 관련 교과목으로 편성 ◦외국어 계열 고등학교 : 전문교과 이수단위의 60%를 전공외국어로 하고, 전공외국어 포함 2개의 외국어 교육
범교과 학습 요소	◦민주시민교육, 경제교육 등 35개 요소	◦녹색교육, 한자교육, 한국문화사 교육 추가

(2) 각론

구 분	2007 개정 교육과정	2009 개정 교육과정
국어 선택과목	◦화법, 독서, 작문, 문법, 문학, 매체언어	◦화법과 작문 Ⅰ·Ⅱ ◦독서와 문법 Ⅰ·Ⅱ ◦문학 Ⅰ·Ⅱ
사회(도덕)과	◦선택과목(13과목) - 현대생활과 윤리, 윤리와 사상, 전통 윤리 - 법과 사회, 정치, 경제, 사회·문화 - 한국지리, 세계지리, 경제지리 - 한국문화사, 세계역사의 이해, 동아시아사 ◦고1 역사	◦선택과목(9과목) - 생활과 윤리, 윤리와 사상 - 법과 정치, 경제, 사회·문화 - 한국지리, 세계지리 - 동아시아사, 세계사 ◦한국사
과학과	◦고1 과학	◦과학(융합과목으로 편성)
고등학교 선택과목	◦환경	◦환경과 녹색성장
비교과 활동	◦특별활동 ◦창의적 재량활동	◦창의적 체험활동

참고문헌

곽병선, 김경자, 손민호 외 (2009). 2009 개정 교육과정이 추구하는 인간상과 교육목표 개선 연구. 한국교육과정평가원 교육과정개정연구위원회. 서울: 한국교육과정평가원.

교육과학기술부 (2007). 초등학교 교육과정 해설 I: 총론, 재량활동. -교육과학기술부 고시 제 2007-79호에 따른-. 서울: 교육과학기술부.

교육과학기술부 (2009). 초・중등학교 교육과정 총론. -교육과학기술부 고시 제 2009-41호-. 서울: 교육과학기술부.

교육부 (1997). 초등학교 교육과정. 서울: 교육부.

교육부 (1998). 초등학교 교육과정 해설(I). -총론, 재량활동-. 교육부 고시 제 1997-15호에 따른-. 서울: 교육부.

교육부 (2000). 초・중・고등학교 국가수준의 교육과정 기준 -총론- (1954~1997). 서울: 교육부.

교육부 (2007). 초등학교 교육과정. 서울: 대한교과서주식회사.

국가교육과학기술자문회의 (2008). 국가교육과학기술정책의 비전과 전략(안). 제1회 국가교육과학기술자문회의 제1호 안건. 2008.10.29.

국가교육과학기술자문회의 (2009). 2009 교육과정 구상 및 추진안. 국가교육과학기술자문회의 교육과정특별위원회 T/F연구팀. 2009.5.21.

국가교육과학기술자문회의 (2009). 우리 교육과정의 문제 진단과 대안 탐색 (ppt 자료). 국가교육과학기술자문회의 교육과정특별위원회 T/F연구팀. 2009.9.23.

국가교육과학기술자문회의 (2010). 교과 교육과정 개편 구상(안). 국가교육과학기술자문회의 교육과정위원회 제5차 회의 1호 안건(보고). 2010.7.30.

김경자 (2000). 학교교육과정론. 서울: 교육과학사.

김경자 (2010). 초등학교 통합교육과정의 의미 분석과 개선 방향 탐색. 교육과정연구, 23(2). 121-151.

김경자 외 (2010). 2009 개정 교육과정에 따른 교과교육과정 개선 연구계획서. 한국교육과정평가원 지원과제.

김경자 (2010). 초등학교 통합교육과정의 의미 분석과 개선 방향 탐색. 초등교육연구, 23(2), 121-151

김경자, 온정덕 (2012). 초등 예비교사들의 통합교육과정에 대한 개념인식

및 단원 재구성 사례연구. 교육과학연구. 43(2), 121-146
김경자, 온정덕 (2011). 초등학교 저학년 교사의 통합교과 교육과정의 교육적 의도에 대한 인식과 수업 분석: 초등교육연구, 24(3), 73-95.
김경자, 조경원, 임현식 외 (2003). 창조적 지식기반사회를 위한 학교 교육과정론. 서울: 교육과학사.
김경자, 조경원, 임현식 외 (2006). 학습조직 강화와 학교재건을 위한 초등교육과정 개발연구. 서울: 교육과학사.
김경자, 허숙, 이원희 외 (2010). 2009년 개정 교육과정에 따른 교과 교육과정 개선 방안 연구. 서울: 국가교육과학기술자문회의.
김명희 (2001). 이해를 위한 교수 모형의 적용에 관한 연구. 교육과정연구, 19(1), 283-318.
김재춘 (2009). 개정 교육과정(총론)의 가능성과 한계 탐색. 교육과정연구, 28(3): 57-83
김진수 (2012). STEAM 교육론. 양서원.
문교부. (1992). 국민학교 교육과정. 서울: 교육부.
박미자 (2008). 백워드 설계 모형을 적용한 이해 중심의 초등 과학과 단원 개발. 이화여자대학교. 석사학위논문.
박순경 (2010). 2009 개정 교육과정에 따른 교과 교육과정 개선 방향 탐색. 서울: 국가교육과학기술자문회의.
박순경, 백경선, 한혜정, 한춘희 (2009). 2009 개정 교육과정에 따른 초등학교 교육과정 편성 · 운영 방안 연구. 연구보고 RRC 2010-21-1. 서울: 한국교육과정 평가원.
백윤수, 박현주, 김영민, 노석구, 이주연, 정진수, 최유현, 한혜숙, 최종현 (2012). 융합인재교육(STEAM) 실행방향 정립을 위한 기초연구. 연구보고서. 한국과학창의재단.
양세미 (2009). '이해'중심 초등 사회과 수행평가과제 개발 및 양호도 검증. 이화여자대학교 교육대학원 석사학위 논문.
온정덕 (2011). 이해중심교육과정의 적용 사례 고찰: 초등예비교사들을 중심으로. 교육과정연구, 29(1), 41-67.
윤선민 (2009). '이해'중심 초등 사회과 경제 단원 개발. 이화여자대학교 교육대학원 석사학위 논문.
이경진, 김경자 (2005). '실행'을 중심으로 본 교육과정의 의미와 교사의 역할. 교육과정연구, 23(3), 57-80.
이지은, 강현석 (2010). 백워드 설계의 초등 수업 적용 가능성 탐색. 초등교육연구, 23(2), 383-409.
이지현 (2014). 봉사학습 프로그램 개발 및 효과 연구. 경인교육대학교 교육

전문대학원 석사학위논문
장수빈 (2010). 이해중심 차별화 수업 모형에 따른 초등학교 5학년 사회과 수업 설계 및 적용. 이화여자대학교 일반대학원 석사학위 논문.
조난심, 김성렬, 박순경 외 (2009). 2009 개정 초・중등학교 교육과정(총론) 시안 개발 연구. 연구보고 CRC 2010-1. 서울: 한국교육과정평가원
조재식 (2005). 백워드(backward) 교육과정 설계 모형의 고찰. 교육과정연구, 23(1), 63-94.
최상묵 (2009). 미래 전략과 정부의 역할. 이화여대 R & D 포럼, 2009. 10.20.
주영주 외. (2006). 이화교원교육기준 개발 연구. 서울: 이화여자대학교 교원교육분야 특성화 사업 지원단.
주은희 (2014). 맞춤형 수업이 학습자의 이해와 학습태도에 미치는 영향. 경인교육대학교 교육전문대학원. 석사학위논문
한국교육개발원 (1996). 교육과정 2000 연구 개발-수준별 교육과정안(연구보고 CR 96-31). 서울: 한국교육개발원.
황윤한, 조영임 (2004). 차별화 수업과 다중지능 학습양식. 다중지능교육연구, 1, 55-81.
황윤한, 조영임 (2005). 차별화 수업: 이해와 적용. 서울: 교육과학사.
Association for Supervision and Curriculum Development. (2009). *21st century skills: Promoting creativity and innovation in the classroom.* Alexandria, VA: Association for Supervision and Curriculum Development.
Beane, J.A. (1997). *Curriculum integration: Designing the core of democratic education.* Teachers College, Columbia University.
Bloom, B. S. (Ed.). (1956). T*axonomy of educational objectives: Classification of educational goals. Handbook 1: Cognitive domain.* New York: Longman, Green & Co.
Bransford, T. D., Brown, A. L., & Cocking, R. R. (1999). *How people learn: Brain, mind, experience, and school.* Committee on Developments in the Science of Learning, National Research Council.
Bruner, J. S. (1960). *The process of education.* Harvard University Press.
Bruner, J. S. (1965). *Man: A course of study.* Occasional paper, Social Studies Curriculum Program, no. 3. Cambridge, MA: Educational Services.
Csikszentimihalyi, M. (1988). Society, culture, and person: A systems view of creativity. In R. J. Sternberg (Ed.), *The nature of creativity:*

Contemporary psychological perspectives (pp. 325-339). London: Cambridge University Press.

Chosun.com (2008. 11.27). 토플러 "이번 경제 위기, 과거 공황과 전혀 다르다." Available at http://www.chosun.com/site/data/html_dir/ 2008/11/ 27/2008112700872.html

Drake, S. & Burns, R. (2004). *Meeting Standards through integrated Curriculum.* Alexandria, Virginia: Association for Supervision and Curriculum Development.

Drake, S. (2007). *Creating standards-based integrated curriculum: Aligning curriculum, content, assessment, and instruction*(2nd Ed). Thousand Oaks, CA: SAGE.

________ (2012). *Creating standards-based integrated curriculum: The common core state standards*(3rd Ed.). Thousand Oaks, CA: SAGE.

Gardner, H. (1991). *The Unschooled mind: How children think and how school should teach.* NY: Basic Books.

Gardner, H. (1993). *Multiple intelligences: The theory in practice.* NY: Basic Books.

Gardner, H. (2006). *The development and education of the mind: The selected works of Howard Gardner.* NY: Routledge.

Getzels, J., & Jackson, P. (1962). *Creativity and intelligence.* NY: Wiley.

Gregory, G. H. & Chapman. C. (2002). *Differentiated instructional strategies: One size doesn't fit all.* Thousand Oaks, CA: Corwin Press.

Grossman, P., Wineburg, S., & Beers, S. (2000). When theory meets practice in the world of school. In S. Wineburg & P. Grossman. (Eds.), *Interdisciplinary curriculum: Challenges to implementation.* (pp. 1-16). New York: Teachers College Press.

Jacobs, H. (Ed.). (2010). *Curriculum 21: Essential education for a changing world.* Alexandria, VA: Association for Supervision and Curriculum Development

James Madison University. (2010). *James Madison University undergraduate catalog.* Harrisonburg, VA: JMU.

Lubart, T. I. (1994). Creativity. In R. J. Sternberg (Ed.), *Thinking and problem solving* (pp. 289-332). San Diego: Academic Press.

Marzano, R. J. (2003). *What works in schools: Translating research into action.* Alexandria, VA: Association for Supervision and Curriculum

Development.

McTighe J., & Wiggins, G. (2004). *Understanding by design: Professional development workbook.* Alexandria, VA: Association for Supervision and Curriculum Development.

National Council for the Social Studies. (1994). *Expectations of excellence: Curriculum standards for social studies.* Washington, D. C.: NCSS

____________________ (2010). *National curriculum standards for social studies: A framework for teaching, learning and assessment.* Maryland: NCSS.

OECD. (2001). *Education policy analysis 2001.* Paris: OECD.

OECD. (2005). *Education at a glance: OECD indicators 2005.* Paris: OECD.

Oljace, G. (2012). *STEM is elementary: Why elementary science, technology, engineering, and mathematics prepares students to beat the gaps.*

Perkins, D. (1998). What is understanding? In M. S. Wiske, (Ed.). *Teaching for understanding: Linking research with practice.* (pp. 39-57). San Francisco: Jossey-Bass.

Perrone, V. (1988). Why do we need a pedagogy of understanding? In M. S. Wiske, (Ed.). *Teaching for understanding: Linking research with practice.* (pp. 39-57). San Francisco: Jossey-Bass.

Savage, T. V., Armstrong, D. G., & Potthoff, B. J.(1999). *Effective teaching in elementary social studies.* (4th Ed.). Prentice Hall.

Seo, K. H. (2000). *Children's construction of personal meanings of mathematical symbolism in a reform-oriented classroom.* Unpublished doctorial dissertation. Columbia University.

Shulman, L. S. (1986). Those who understand: Knowledge growth in teaching. *Educational Researcher,* 15(2), 4-14.

Shulman, L. S. (1987). Knowledge and teaching: Foundations of the new reform. *Harvard Educational Review*, 57(1), 1-22.

Tanner, D., & Tanner, L. (2006). *Curriculum development: Theory into practice.* (4th Ed.). Prentice Hall.

Tomlinson, C. A. (1995). Deciding to differentiated instruction in the middle school: One school's journey. *Gifted Child Quarterly,* 39(2), 77-114.

Tomlinson, C. A. (1999). Mapping a route toward differentiated instruction.

Educational Leadership, 57(1), 12-16.

Tomlinson, C.A. (1999). *The differentiated classroom: Responding to the needs of all learners.* Alexandria, VA: Association for Supervision and Curriculum Development

Tomlinson, C. A. (2001). *How to differentiate instruction in mixed-ability classrooms* (2nd ed.). Alexandria, VA: Association for Supervision and Curriculum Development.

Tomlinson, C. A. (2003). *Differentiation in practice, grades K-5: A resource guide for differentiating curriculum.* Alexandria, VA: Association for Supervision and Curriculum Development

Tomlinson, C. (2005). *Differentiation in practice, grades 9-12: A resource guide for differentiating curriculum.* Alexandria, VA: Association for Supervision and Curriculum Development

Tomlinson, C. A. & McTighe, J. (2006). *Integrating differentiated instruction and understanding by design.* Alexandria, VA: Association for Supervision and Curriculum Development.

Tyler, R. W. (1949). *Basic principles of curriculum and instruction.* Chicago: The University of Chicago Press.

US Department of Labor, Secretary's Commission on Achieving Necessary Skills(SCANS). (1991). *What work requires of schools.* Washington, D.C.: Government Printing Office.

Virginia Department of Education. (2008). *Curriculum framework of standards of learning. Commonwealth of Virginia.*

Wiggins, G., & McTighe, J.(1998). *Understanding by design.* Alexandria, Virginia: Association for Supervision and Curriculum Development.

____________________ (2005). *Understanding by design.* (2nd Ed.) Alexandria, Virginia: Association for Supervision and Curriculum Development.

Wraga, W. G. (1997). Patterns of interdisciplinary curriculum organization and professional knowledge of the curriculum field. *Journal of Curriculum and Supervision.* 12(2). 98-11

저 자 약 력

▸김 경 자

전, 이화여자대학교 사범대학 초등교육과 교수
University of Southern California
(교육과정, M.S., Ph.D.)
kjkimmee@ewha.ac.kr

▸온 정 덕

현, 경인교육대학교 교육학과 교수
James Madison University 교수 역임
University of Iowa(교육과정/초등교육, Ph.D)
jdohn@ginue.ac.kr

개정판

이해중심 교육과정

-백워드 설계-

•

개정판 2쇄 인쇄 - 2023년 9월 10일
개정판 2쇄 발행 - 2023년 9월 15일

•

저　자 -김경자 · 온정덕

•

발행인 - 김의용
발행처 - 교육아카데미

•

주소 - 서울시 성북구 석관동 77-37
전화 - (02) 3142-9924(代),
(02) 967-9947
팩스 - (02) 967-9948
E-mail : educa9937@naver.com
등록 - 1996년 9월 6일. No.2-2243

•

정가 22,000원

★본 도서는 저작권협약에 의하여 무단복제를 금합니다.
★파본된 도서는 교환하여 드립니다.